भारतीय एवं पाश्चात्य काव्यशास्त्र की पहचान

भारतीय एवं पाश्चात्य काव्यशास्त्र की पहचान

प्रो. हरिमोहन

वाणी प्रकाशन

वाणी प्रकाशन

4695, 21-ए, दरियागंज, नयी दिल्ली 110 002

शाखा

अशोक राजपथ, पटना 800 004

फ़ोन: +91 11 23273167 फ़ैक्स: +91 11 23275710

www.vaniprakashan.in

vaniprakashan@gmail.com

Bhartiya Evam Pashchatya Kavyashashtra Ki Pahchan

by Prof. Harimohan

ISBN : 978-81-8143-811-9

Criticism

आवृत्ति 2015

मूल्य : ₹ 300

हर्ष प्रिंटर्स, दिल्ली-110 093 में मुद्रित

वाणी प्रकाशन का लोगो मक़बूल फ़िदा हुसेन की कूची से

अनुक्रम

1. भारतीय काव्यशास्त्र की परंपरा

सम्पूर्ण वाङ्मय को दो स्वतंत्र प्रकारों में विभाजित किया गया है—'शास्त्र' तथा 'काव्य'। काव्यानुशीलन के लिए शास्त्र का ज्ञान आवश्यक है। राजशेखर ने चार वेद, छः वेदांग, चार शास्त्र— इन चौदह विद्याओं के साथ काव्य-विद्या को पन्द्रहवां स्थान दिया है और इस विद्या को चौदह विद्याओं का एकमात्र आधार स्वीकार किया है। उन्होंने काव्य-विद्या तथा साहित्य-विद्या को एक दूसरे का पर्याय माना है। उनके अनुसार—'शब्द और अर्थ के सहभाव को बताने वाली विद्या (शास्त्र) साहित्य-विद्या है। इस विद्या की चौंसठ उपविधाएँ हैं, जिन्हें विद्वान् कला कहते हैं। उपविद्याएँ या कलाएँ काव्य का जीवन हैं।'

काव्य कवि-मन के सौंदर्यबोध की कलात्मक अभिव्यक्ति को कहा जा सकता है। कवि ने अपने मन के सौंदर्यबोध के लिए रस और अलंकार जैसे कलात्मक उपादानों की परिकल्पना आरंभ से ही की है। काव्य और काव्य-शास्त्र लगभग एक ही समय में परिकल्पित, निर्मित किए गए होंगे, ऐसा माना जा सकता है। अब तक उपलब्ध प्रमाणों के आधार पर माना जाता है कि हमारा प्राचीनतम काव्य वेदों में सुरक्षित है, फिर रामायण और उपलब्ध महाभारत में। समीक्षाशास्त्र का प्राचीनतम ग्रंथ भरतमुनि का 'नाट्यशास्त्र' है। नाट्यशास्त्र का समय ईसापूर्व छठी शती से लेकर ईसा की दूसरी शती तक माना गया है। काव्य का सैद्धान्तिक विवेचन-विश्लेषण 'नाट्यशास्त्र' से पूर्व ही आरंभ हो गया होगा। तब बाद में चल कर उसे इस ग्रंथ में व्यवस्थित किया गया होगा। अतः काव्य के सैद्धान्तिक विवेचन-विश्लेषण की भारतीय परंपरा ई॰ दूसरी शती पूर्व से भी पहले आरंभ हो चुकी थी। रामायण में भी बाल्मीकि ने रस का व्यावहारिक प्रयोग किया है। उससे भी पूर्व अथर्ववेद में रस ग्रहण की कल्पना की गई है। फिर भी, इन ग्रंथों में रस के व्यावहारिक विवेचन का रूप ही उपलब्ध है, सैद्धान्तिक नहीं—अतः 'नाट्यशास्त्र' ही काव्य-शास्त्र का प्राचीनतम उपलब्ध ग्रंथ है और भरतमुनि काव्य-शास्त्र के आदि चिंतक।

यहाँ निष्कर्षतः कहा जा सकता है कि भरत मुनि से लेकर पंडितराज जगदनाथ तक लगभग डेढ़ हजार वर्ष तक फैली हुई संस्कृत काव्यशास्त्र की परंपरा में अनेक काव्य सिद्धांतों का प्रतिपादन एवं खण्डन-मण्डन होता रहा। ये सिद्धांत 'संप्रदाय' कहे

जाते हैं। ये संम्प्रदाय मुख्य रूप से छह हैं, जिनके प्रणेता आचार्यों के नाम उनके सम्मुख अंकित हैं—

1. रस संप्रदाय-भरतमुनि
2. अलंकार संप्रदाय-भामह
3. रीति संप्रदाय-वामन
4. ध्वनि संप्रदाय-आनंदवर्धन
5. वक्रोक्ति संप्रदाय-कुंतक
6. औचित्य संप्रदाय-क्षेमेन्द्र

यहाँ 'संप्रदाय' का अर्थ संकुचित नहीं हैं। बल्कि इसका आशय है एक विचार को स्वीकार करते हुए उसे आगे बढ़ाने वाले विद्वान एक संप्रदाय के कहे जाते हैं। संप्रदाय का अर्थ है धरोहर। वैचारिक धरोहर । अंग्रेजी में इसे हम School of thought कहेंगे।

सर्वप्रथम नाट्यशास्त्र की उपलब्धि और सीमाएँ

भरतमुनि द्वारा रचित नाट्यशास्त्र मूलतः नाटक के अंग-प्रत्यंगों का विवेचन प्रस्तुत करता है। नाटक, क्योंकि काव्य का एक रूप है, अतः नाट्य शास्त्र को काव्य-शास्त्र का ग्रंथ माना जा सकता है।

नाट्यशास्त्र के विविध प्रकरणों में कई साहित्य-सिद्धांतों की चर्चा की गई है—यथा—

(*i*) रस छठे (सातवें प्रकरण में)
(*ii*) अलंकार (सोलहवें प्रकरण में)
(*iii*) रूपक और उसके भाग (अठारहवें प्रकरण में)
(*iv*) नाटकीय वृत्तियाँ (बीसवें प्रकरण में)

यह ग्रंथ रस-विश्लेषण की दृष्टि से बहुत महत्त्व का है। इसमें दिए गए एक सूत्र की व्याख्या सम्पूर्ण संस्कृत काव्य शास्त्र में विभिन्न दृष्टियों से हुई है। वह सुपरिचित सूत्र है : "विभावानुभावव्यभिचारिसंयोगाद्रसनिष्पत्तिः।

इसमें अलंकार इत्यादि का वर्णन-विवेचन सीमित ही है। (उन्होंने कुल चार अलंकार ही माने हैं—उपमा, रूपक, यमक और दीपक)। भरतमुनि का ध्यान नाटक विद्या पर ही केंद्रित हैं सम्पूर्ण काव्य का विश्लेषण वे नहीं कर पाए। फिर भी ऐतिहासिक दृष्टि से इस ग्रंथ का महत्त्व निर्विवाद है।

आद्याचार्य भरतमुनि (समय अनुमानतः दूसरी शती ई० पू० से दूसरी शती ई० के बीच) के उपरांत भामह के समय तक (छठी शती का मध्यकाल) काव्यशास्त्र का

इतिहास नहीं मिलता। भामह के बाद तो काव्यशास्त्र की एक स्वस्थ परंपरा मिलती है। भारतीय काव्यशास्त्र की इस परंपरा का अध्ययन सुविधा की दृष्टि से कालक्रमानुसार, प्रवृत्त्यात्मक दृष्टि को ध्यान में रखते हुए छः भागों में विभक्त किया जा सकता है–

1–काव्य शास्त्र का आरम्भिक काल–या अन्वेषण का युग (भामह से रुद्रट तक अर्थात् छठी शती के मध्य से 875 ई॰ तक)

2–प्रौढ़ काल (आनंदवर्धन एवं अभिनवगुप्त का युग–9वीं शताब्दी के मध्यभाग से 10वीं-11वीं शती)

3–प्रतिक्रिया का युग (कुन्तक से महिमभट्ट तक 10वीं शती से 11वीं शती का मध्यकाल)

4–औचित्य का युग (क्षेमेन्द्र और मम्मट का युग 11वीं शताब्दी का उत्तरार्द्ध)

5–व्याख्यायुग (अग्निपुराण के सम्पादक से लेकर हिंदी रीति युग तक–12वीं शती के निकट से 19वीं शताब्दी तक)

6–आधुनिक युग (भारतेन्दु से अब तक-19वीं शताब्दी से अब तक)

1–भारतीय काव्यशास्त्र का आरम्भिक काल–अन्वेषण का युग

काल-अवधि–छठी शती के मध्य से 875 ई॰ तक।

आचार्य–भामह, दण्डी, वामन, लोल्लट, शंकुक और रुद्रट।

भरतमुनि के पश्चात् आचार्य भामह से काव्यशास्त्र को सम्यक् निरूपण की दृष्टि मिली। भामह और उनके बाद कुछ दूर तक काव्य-शास्त्र के नए प्रतिमानों का संधान किया गया, नए-नए सिद्धांतों को प्रस्तुत किया गया। नवीन सिद्धांतों के नवोन्मेषण के कारण इस काल-अवधि को अन्वेषण का युग कहा जा सकता है।

इस युग के आचार्यों के मतों व उपलब्धियों को इस प्रकार देखा जा सकता है–

आचार्य भामह (लगभग छठी शती का पूर्वमध्य)

प्रथम उपलब्ध काव्य-शास्त्र के आचार्य के रूप में हमें आचार्य भामह का नाम मिलता है। कश्मीर-निवासी यह आचार्य कवि और आलोचक दोनों ही प्रतिभाओं से युक्त थे।

भामह के समीक्षा-ग्रन्थ का नाम 'काव्यालंकर' है। इसमें उन्होंने काव्य के लक्षण, काव्य के भेद, काव्य का उद्देश्य (प्रयोजन), शिल्प-गुण, दोष, अलंकार आदि का सक्रम विवेचन किया है। भामह के मत और उपलब्धियाँ इस प्रकार देखी जा सकती हैं–

(i) भामह शब्द और अर्थ की साथ-साथ उपस्थिति को काव्य मानते हैं–"शब्दार्थौ सहितौ काव्यम्"

(ii) उन्होंने काव्य के दो भेद स्वीकार किए हैं– गद्य और पद्य। गद्य के पुनः दो

उपभेद किए—अभिनेयार्थ कथा और आख्यायिका। इसी प्रकार पद्य के भी—सर्गबद्ध और अनिबद्ध, दो उपभेद उन्होंने किए हैं।

(iii) उन्होंने काव्य का हेतु (उद्‌भावक तत्त्व) 'प्रतिभा' स्वीकार किया है। उन्होंने कहा कि प्रतिभा-शक्ति से स्फुरित सत्काव्य कवियों को प्रीति और कीर्ति प्रदान करता है।

(iv) उन्होंने काव्य में गौडीय—वैदर्भ वृत्तियों तथा तीन गुणों—ओज, माधुर्य और प्रसाद की चर्चा की है। उन्होंने 11 काव्यदोष भी गिनाए हैं अर्थात् नाट्यशास्त्र में वर्णित दोषों से एक अधिक।

(v) भामह काव्य का मूल तत्त्व 'अलंकार' स्वीकार करते हैं। उनके अनुसार काव्य का मूल प्राण अलंकार है, अलंकार का मूल प्राण है वक्रोक्ति और वक्रोक्ति का भी प्राण है अतिशयोक्ति।

उन्होंने अतिशयोक्ति की पृथक् अलंकार के रूप में चर्चा की। उन्होंने कुल 38 अलंकारों का नामोल्लेख किया है।

भामह के अलंकार-निर्देशन में यह उल्लेख्य है। कि—(अ) उन्होंने अलंकार का शब्दालंकार तथा अर्थालंकार के रूप में विभाजन नहीं किया;

(ब) उन्होंने रसवत् वा प्रेयस् अलंकारों की कल्पना करके रस को अलंकार के अन्तर्गत मान लिया था।

आचार्य भामह अलंकार-संप्रदाय के जन्मदाता के रूप में जाने जाते हैं।

आचार्य दण्डी (लगभग सातवीं शती का उत्तरार्ध)

दक्षिण भारत के निवासी आचार्य दण्डी भी भामह की तरह कवि और आलोचक दोनों थे। उनके विचार भी बहुत सीमा तक आचार्य भामह से मिलते हैं।

उनके द्वारा रचित ग्रंथ का नाम है : 'काव्यादर्श'। उनके मत और उपलब्धियाँ इस प्रकार हैं—

(*i*) उन्होंने शब्द और विशिष्ट अर्थ की संगति को काव्य माना है—

(*ii*) उन्होंने काव्य के दो की जगह तीन भेद माने—गद्य, पद्य और मिश्र।

(*iii*) उन्होंने महाकाव्य के लक्षणों का सविस्तार उल्लेख किया।

(*iv*) उन्होंने काव्य के कारणों में प्रतिभा, अध्ययन और अभ्यास तीनों को ही महत्त्व दिया; बल्कि किसी सीमा तक अध्ययन और अभ्यास को प्रतिभा की अपेक्षा अधिक आवश्यक समझा।

(*v*) काव्य-प्रयोजन, वृत्तियों, गुण-दोषों के संबंध में उनकी मान्यता भामह के अनुरूप है। वृत्तियों को वे 'मार्ग' कहते हैं।

(*vi*) दण्डी ने प्रथम बार अलंकारों का लक्षण निरूपित किया है, जो इस प्रकार

है—"काव्यशोभाकरान् धर्मान् अलंकारान् प्रचक्षते" अर्थात् काव्य में सौंदर्यकारक तत्त्वों को अलंकार कहते हैं।

इन्होंने 36 अलंकारों का विवेचन किया है। ये भी अतिशयोक्ति को सभी अलंकारों का मूल मानते हुए उसे पृथक् अलंकार स्वीकार करते हैं।

काव्यादर्श में उन्होंने द्वितीय परिच्छेद में अर्थालंकारों और तृतीय परिच्छेद में यमक का विवेचन किया है।

उन्होंने वक्रोक्ति को अलग अलंकार नहीं माना। वह अतिशयोक्ति में ही तिरोहित है।

(vii) काव्य-वाङ्मय के उन्होंने दो भेद माने हैं— स्वभावोक्ति तथा वक्रोक्ति।

उद्भट (लगभग नवीं शती का पूर्वार्द्ध)

उद्भट का एक ग्रंथ 'काव्यालंकारसारसंग्रह' नाम से उपलब्ध है। वैसे यह माना जाता है कि उन्होंने दो पृथक् ग्रंथों की रचना की थी, जिनमें से एक में भरतमुनि के नाट्यशास्त्र के अनुरूप और दूसरे में भामह के काव्यालोचन के अनुरूप काव्य-समीक्षा-सिद्धांतों का प्रतिपादन किया था। उपलब्धियाँ इस प्रकार हैं—

(*i*) उनका अलंकार-वर्णन भामह के अलंकारवर्णन के अनुरूप है। किंतु उन्होंने अलंकार की संख्या 41 दी है।

(*ii*) उन्होंने शब्दालंकार के रूप में पुनरुक्तवदाभास की कल्पना की है तथा अनुप्रास के तीन भेद दिए हैं—छेक, वृत्ति और लाट। यमक का उल्लेख कहीं नहीं है।

(*iii*) इसी प्रकार अर्थालंकारों में कुछ नए अलंकारों का विवेचन है, ये नए अलंकार हैं— काव्यलिंग, दृष्टांत और संकर।

(*iv*) उद्भट ने रस का विवेचन इस ग्रंथ में नहीं किया है।

(*v*) इनका वृत्ति-विवेचन काव्य-शिल्प के क्षेत्र में महत्त्वपूर्ण है। उन्होंने तीन शक्तियों का उल्लेख किया है—परुषा, उपनागरिका और ग्राम्या (कोमला)।

(*vi*) उन्होंने गुण और अलंकार—दोनों का शब्दार्थ के साथ अनिवार्य संबंध स्वीकार किया, साथ ही गुण को वर्ण का धर्म माना।

वामन (लगभग 8वीं-9वीं शताब्दी के बीच)

रीतिसंप्रदाय के प्रवर्तक कश्मीरी आचार्य वामन ऐसे प्रथम काव्याचार्य हैं जिन्होंने समीक्षा शिल्प सौंदर्य निर्धारित किया। उन्होंने काव्य और सौंदर्य को एक दूसरे का पर्याय माना।

उसके द्वारा प्रणीत समीक्षा-ग्रंथ का नाम है काव्यालङ्कार सूत्र वृत्ति। उनकी स्थापनाएँ इस प्रकार हैं—

(*i*) वे काव्य और सौंदर्य को एक ही मानते हैं; अतः वे काव्य के सौंदर्य का निरंतर विकास उचित समझते हैं। उनके अनुसार इस विकास के दो उपाय हैं—

(अ) दोषों का अभाव और

(ब) गुण व अलंकारों का सद्भाव।

(*ii*) वे सौंदर्य, सौंदर्य के साधन और अलंकारों को एक ही मानते हैं।

(iii) उन्होंने 'वृत्ति' और दण्डी द्वारा दिए गए 'मार्ग' शब्द को ग्रहण न करके एक नया नाम दिया—'रीति'। और रीति को ही काव्य की आत्मा स्वीकार किया—'रीतिरात्मा काव्यस्य।' वामन की 'रीति' की व्याख्या इस प्रकार है—

'विशिष्ट पद रचना रीति है, और ऐसी ही रचना है—काव्य। विशेष पद से आशय है—गुणात्मकता (विशेषो गुणात्मा)। गुण होते हैं—काव्य के शोभाकारक धर्म। अतः वे काव्य का मूल तत्त्व गुण में प्राप्त करते हैं।

उनकी मान्यता का क्रम इस प्रकार देखा जा सकता है—काव्य = विशिष्ट पद रचना = काव्य सौंदर्य = रीति = गुण = अलंकार।

उनकी दृष्टि में रीति और गुण एक ही प्रतीत होते हैं अतः यह माना जा सकता है कि उन्होंने परोक्षतः काव्य की आत्मा को गुण मान लिया था।

वस्तुतः वे शब्दार्थ को काव्य का शरीर और रीति को काव्य की आत्मा स्वीकार करते हैं।

(i) उन्होंने काव्य के दो भेद किए—अनिबद्ध तथा निबद्ध। निबद्ध=महाकाव्य। निबद्ध को उन्होंने श्रेष्ठ काव्य माना।

(ii) वामन ने काव्य का हेतु प्रतिभा ही स्वीकार किया, जिसमें चित्त की एकाग्रता पर बल दिया गया है।

(iii) काव्य का प्रयोजन उन्होंने पूर्ववर्ती आचार्यों की भाँति प्रीति-कीर्ति ही माना।

(v) उन्होंने कुल 33 अलंकारों का विवेचन किया है। जिनमें से दो शब्दालंकार हैं—अनुप्रास और यमक, शेष 31 अर्थालंकार हैं।

स्मरणीय है कि इन्होंने रसवत्, प्रेयस्, ऊर्जस्वी, पर्यायोक्ति, उदात्त, भाविक और सूक्ष्म अलंकारों को छोड़ दिया है तथा दो नए अलंकारों की कल्पना इन्होंने की है। वे हैं—व्याजोक्ति तथा वक्रोक्ति।

लोल्लट (लगभग 800-880 ई.)

कश्मीरी आचार्य लोल्लट एक दार्शनिक, आलोचक थे। इनके ग्रंथ अनुपलब्ध हैं। अतः इनका समय भी निर्विवाद स्थिर नहीं हो सका है। कुछ विद्वान् इनका समय 800 और 880 ई. के मध्य मानते हैं। इनके मतों को अभिनवगुप्त और मम्मट की रचनाओं में दिए गए उद्धरणों से समझा जा सकता है। उन उद्धरणों के आधार पर लोल्लट की मान्यताएँ इस प्रकार हैं–

(i) वे मूलतः रसवादी आचार्य हैं; भरतमुनि के रस-निष्पत्ति वाले प्रसिद्ध सूत्र के प्रथम व्याख्याकार भी हैं। ये निष्पत्ति का तात्पर्य उपचिति और संयोग का तात्पर्य उपचेय-उपचायक सम्बन्ध स्वीकार करते हैं।

(ii) लोल्लट, 'स्थायिन्येव रसः' के समर्थक हैं और रस की सत्ता अनुकार्य में स्वीकार करते हैं। नट में रस की सत्ता को गौण मानते हैं।

(iii) उन्होंने आठ रसों का विस्तृत विवेचन किया है, जिनमें वात्सल्य तथा प्रेयस् भी हैं।

(iv) उन्होंने रसौचित्य पर विशेषतः विचार किया है।

लोल्लट के विश्लेषण-विवेचन को स्पष्टतः नहीं समझा जा सकता, क्योंकि उनके मतों का जिन आचार्यों (अभिनव गुप्त और मम्मट) ने उपयोग किया है, उन्होंने अपनी दृष्टि के अनुरूप उनकी व्याख्या प्रस्तुत की है; परिणामतः लोल्लट का मूल मत धूमिल हो गया है। लोल्लट के मत में एक और अभाव यह है कि उन्होंने प्रेक्षक की दृष्टि से रसास्वाद की प्रक्रिया पर विचार नहीं किया।

शंकुक (लगभग 840 ई.)

शंकुक का भी स्वतंत्र रूप से कोई काव्यशास्त्र का ग्रंथ उपलब्ध नहीं है। लोल्लट की तरह इनकी मान्यताओं को भी अभिनव भारती (अभिनवगुप्त) तथा 'काव्य प्रकाश' (मम्मट) ग्रंथों में दिए गए उद्धरणों से समझा जा सकता है। संक्षेप में यह कि–

(i) शंकुक भी रसवादी आचार्य थे। वे नाट्यानुकृति को रस मानते थे।

(ii) उनके अनुसार स्थायीभाव तो कवि निबद्ध पात्र अर्थात् अनुकार्य में है, जो वास्तव में रस नहीं है। रस तो नट-नटी की अनुकृति है। नट अपने कुशल अभिनय से रंगमंच पर इस प्रकर होता है, जैसे वह अनुकार्य ही हो। दर्शक को अनुमान से यह आभास होता है कि नट स्थायीभाव का ही उपभोग कर रहा है। इस प्रकार मूल स्थायीभाव की अनुकृति का अनुमान ही रस है (अर्थात् नट की ओर से अनुकृति और प्रेक्षक की ओर से अनुमिति = रस)।

शंकुक ने रस के प्रकरण पर नाटक के संदर्भ में ही विचार किया है, यही कारण है कि उनका सम्पूर्ण रस-विवेचन अभिनय की सफलता और कुशलता पर आधारित है। फिर भी अनुकृति और अनुमिति को समझने का उनका प्रयास मौलिक और प्रशंसनीय है।

रुद्रट (समय लगभग 833-875 ई.)

रसवादी आचार्य रुद्रट कश्मीरी थे। इनके द्वारा ग्रंथ प्रणीत हुआ। इस ग्रंथ में रस और अलंकार का समानरूप से विवेचन हुआ है।

इस ग्रंथ में उनकी उपलब्धियों को इस प्रकार देखा जा सकता है–

(i) वे महाकाव्य में रस की स्थिति अनिवार्य मानते हैं।

(ii) ग्रंथ के प्रथम भाग में उन्होंने शृंगार रस का विस्तृत विवेचन, प्रेयस् नामक दशम रस का निरूपण तथा अन्य रसों का लक्षण-निरूपण किया है। उन्होंने विप्रलम्भ शृंगार के चार भेद निर्दिष्ट किए हैं–अनुराग, मान, प्रवास और करुण।

उन्होंने नायक-नायिका में किसी की मृत्यु हो जाने पर करुण विप्रलम्भ शृंगार की काल्पनिक स्थिति मानी है। उल्लेखनीय है कि एकपक्षीय प्रेम उन्होंने शृंगाराभास कहा है।

जिस प्रेयस् रस का उन्होंने उल्लेख किया उसका स्थायीभाव दिया है–स्नेह। यौन-प्रेम के अतिरिक्त अन्य जितने भी प्रेम हैं उनको स्नेह के अंतर्गत माना।

(iii) ग्रंथ के द्वितीय भाग में उनके द्वारा अलंकारों का विवेचन-वर्गीकरण किया गया है। यह विवेचन बहुत विस्तृत है। इस वर्गीकरण के चार आधार हैं–

अर्थालंकार =	1. वास्तव	(23 अलंकार)	
	2. औपम्य	(21 अलंकार)	
	3. अतिशय	(12 अलंकार)	
	4. श्लेष	(10 अलंकार)	कुल 36 अलंकार

रुद्रभट्ट

इन्हें आनंदवर्द्धन का समसामयिक भी माना जाता है। इनकी रचना का नाम है–'शृंगारतिलक'। रुद्रभट्ट मूलतः रसवादी आचार्य थे।

'शृंगारतिलक' में शृंगार रस का विवेचन-विश्लेषण मिलता है। जिसमें नवरस, भाव तथा नायक-नायिका भेद (प्रथम परिच्छेद), विप्रलम्भ शृंगार (द्वितीय परिच्छेद) तथा अन्य रसों (तृतीय परिच्छेद) का विवेचन किया गया है।

2. प्रौढ़ काल

काल-अवधि—9वीं शती के मध्य से 10वीं-11वीं शती।

प्रमुख आचार्य—आनंदवर्द्धन, भट्ट तौत, भट्ट नायक, अभिनवगुप्त।

भारतीय काव्यशास्त्र के इतिहास में 9वीं शती के मध्य के 10वीं—11वीं शती तक काव्य-शास्त्र और समीक्षा के नए-नए सिद्धांतों का गम्भीर और तात्त्विक प्रतिपादन मिलता है। इस अवधि में काव्य-शास्त्र का अध्ययन-चिन्तन अपनी प्रौढ़ अवस्था को प्राप्त हुआ लगता है। अतः इस युग को प्रौढ़ काल कहना उचित प्रतीत होता है।

इस युग के प्रमुख आचार्य, उनके सिद्धांत इस प्रकार हैं—

आनंदवर्द्धन (लगभग 850-875)

आचार्य आनंदवर्द्धन 'ध्वनि सिद्धांत' के जनक के रूप में जाने जाते हैं। इनके द्वारा प्रणीत ग्रंथ का नाम 'ध्वन्यालोक' है। इस ग्रंथ को काव्य शास्त्र के इतिहास में एक युग निर्माता ग्रंथ माना जाता है। इसे अलंकार शास्त्र का मार्गदर्शक ग्रंथ मान सकते हैं। आनंदवर्द्धन की मान्यताएँ 'ध्वन्यालोक' के अनुसार इस प्रकार समझी जा सकती हैं—

(i) उन्होंने काव्य की आत्मा 'ध्वनि' निर्दिष्ट करते हुए कहा कि सदस्यों द्वारा प्रशंसित जो अर्थ काव्य की आत्मा के रूप में प्रतिष्ठित है उसके दो भेद हैं-(अ) वाच्य (ब) प्रतीयमान। वैसे तो अलंकारवादियों ने भी अर्थ के दो भेद बताए—(1) वाच्य और अभिधेय। किंतु आनंदवर्द्धन ने वाच्य को इतना महत्त्व न देते हुए प्रतीयमान अर्थ को महत्त्व दिया। अर्थात् काव्य की आत्मा 'प्रतीयमान अर्थ को अनुभूति का विषय बताया, जो वाच्य की अपेक्षा व्यक्त न होकर अव्यक्त रहता है। इसे ही व्यंग्य कहते हैं। व्यंग्य अर्थ ही ध्वनि है।

(ii) उन्होंने ध्वनि के भेद व्यंग्य की प्रधानता के आधार पर किए—संलक्ष्यक्रमध्वनि, असंलक्ष्यक्रमध्वनि।

(iii) उन्होंने व्यंग्य प्रधान को उत्तम काव्य, व्यंग्य से अधिक वाच्य की वासना वाले काव्य को मध्यम काव्य (या गुणीभूत व्यंग्य काव्य तथा चित्रकाव्य) को अधम काव्य कहा।

भट्ट तौत (समय लगभग 950-980 ई.)

भट्ट तौत को आचार्य अभिनवगुप्त का गुरु माना जाता है। इनका स्वतंत्र रूप से कोई ग्रंथ उपलब्ध नहीं है। इनके मतों का उल्लेख अभिनव गुप्त के ग्रंथ 'अभिनव भारती'

में मिलता है। उन्हीं उल्लेखों के आधार पर कहा जा सकता है कि–

(i) भट्ट तौत काव्य की रचना-प्रक्रिया को दो स्तरों में देखते हैं–(अ) दर्शन या अनुभूति (ब) उस अनुभूति का वर्णन। अर्थात् पहले कवि ब्राह्य या अंतर्जगत् का दर्शन कर अनुभूति ग्रहण करता है और बाद में उस अनुभूति को व्यक्त करता है। उसकी यह वर्णनात्मक अभिव्यक्ति हो 'काव्य' है।

(ii) काव्यास्वादन की प्रक्रिया के संदर्भ में वे कहते हैं कि उस काव्य को पढ़कर (जो कवि के दर्शन (अनुभूति) की अभिव्यक्ति है। सहृदय भी वही दर्शन करता है और इस प्रकार आनंद प्राप्त करता है।

(iii) भट्ट तौत ने आचार्य शंकुक की अनुकृति और अनुमिति का खण्डन किया; इस क्षेत्र में उनका योगदान इसलिए महत्त्वपूर्ण है। उन्होंने कहा कि यथार्थ या मिथ्या साधन से भी तत्सम्बन्धी साध्य का अनुमान तो हो जाता है; पर वास्तविक साध्य के सदृश किसी अन्य साध्य का अनुमान नहीं होता।

(iv) वे शांत रस को (जो नवम रस माना जाता है) मोक्षदायक और सर्वोत्तम स्वीकार करते हैं।

(v) वे रस को साध्य मानते हैं, अन्य साधन–अर्थात् वे रसवादी आचार्य थे।

भट्ट नायक (लगभग 935-985 ई.)

भट्ट नायक भी रसवादी आचार्य थे। इनका मूल ग्रंथ 'हृदयदर्पण' माना जाता है; किंतु वह अनुपलब्ध है। भट्ट तौत की तरह ही इनके मत का उल्लेख 'अभिनव भारती' में मिलता है, जिसके आधार पर इनकी मान्यताओं को समझा जा सकता है। प्रमुखतः यह कि–

(i) उनके अनुसार–रस न प्रतीत होता है, न उत्पन्न होता है और न अभिव्यक्त होता है। अतः रस न स्वगत है (क्योंकि करुणरस में सामाजिक को दुःख का अनुभव न होकर आनंद का ही अनुभव होता है), न परगत है (क्योंकि परगत मानने पर सामाजिक का उस भाव से संबंध ही क्या रहेगा? वह उदासीन हो जाएगा) न प्रत्यक्ष प्रतीति है और न परोक्ष। वह अनुकृति अभिव्यक्ति से भी भिन्न मात्र भाक्त व्यापार है।

(ii) भट्ट नायक का 'भुक्तिवाद' काव्यशास्त्रीय रससिद्धांत के इतिहास में महत्त्वपूर्ण योगदान है। शंकुक की स्थापनाओं के दोषों का निवारण करते हुए उन्होंने रसनिष्पत्ति के सम्बन्ध में अपना मौलिक मत दिया कि–न तो रस की उत्पत्ति होती है और न अनुमिति, उसकी अभिव्यक्ति भी नहीं होती, बल्कि अनुभव और स्मृति के आधार पर उसकी प्रतीति होती है। उन्होंने रसनिष्पत्ति

की तीन श्रेणियाँ मानी—(1) अभिधा (2) भावकत्व (3) भोजकत्व। वे स्थायीभाव को भोज्य, विभाव-अनुभाव संचारी भाव को भोजक और रसनिष्पत्ति को भुक्ति या भोग मानते हैं।

(iii) भट्टनायक का 'भावनाव्यापार' ही साधारणीकरण-सिद्धांत' है, जो भारतीय काव्यशास्त्र की एक महत्त्वपूर्ण कड़ी है।

अभिनवगुप्त (लगभग 980-1220 ई. के मध्य)

शैव दर्शन और तंत्र शास्त्र के पक्षधर अभिनवगुप्त रसशास्त्र के सबसे प्रसिद्ध आचार्य हैं। उनके ग्रन्थें का नाम है—'अभनवभारती' तथा 'लोचन'। ये दोनों ही ग्रन्थ क्रमशः भारत के नाट्यशास्त्र और ध्वन्यालोक पर लिखी गई टीकाएं हैं। फिर भी इन दोनों ही ग्रन्थों में उनकी मौलिक स्थापनाएँ भी देखने को मिलती हैं। उनके कुछ मत इस प्रकार है—

(i) वे काव्य का प्रयोजन 'आनंदसाधना' मानते हैं।

(ii) उन्होंने रसध्वनि को 'काव्य की आत्मा', भावध्वनि को 'प्राण' तथा वस्तु-अलंकार ध्वनि को 'जीवित' शब्दों से अभिहित किया।

(iii) उन्होंने व्यंजना वृत्ति का परिचय दिया है, जो आनंदवर्धन के मत के अनुकूल है। फिर भी यह विश्लेषण विशेष महत्त्वपूर्ण है, वे कहते हैं कि शब्द की जिस शक्ति से संकेत की अपेक्षा करते हुए वाच्य का अवगमन होता है उसे अभिधाशक्ति कहते हैं। उससे अन्यथा अनुपपत्ति की सहायता से अर्थबोधन की शक्ति तात्पर्यशक्ति कहलाती है। मुख्यार्थ बाध इत्यादि सहकारियों को दृष्टिगत रखते हुए अर्थ के प्रतिभासन की शक्ति लक्षणा शक्ति कहलाती है। उन तीनों शक्तियों को मूल मानकर किसी अन्य अर्थ का प्रतिभास होता है जिसके परिशीलन से सहृदयों की प्रतिभा पवित्र हो जाती है, उस अर्थ के द्योतन में सहायक शक्ति को ध्वनन व्यापार कहते हैं और वह पहले आए हुए तीनों व्यापारों को दबाकर, प्रधान बनकर, काव्य की आत्मा बन जाता है।

(iv) उनके द्वारा भरतसूत्र की जो व्याख्या की गई, वह विशेष महत्त्व रखती है। भरतसूत्र के मौलिक व्याख्याकारों में से वे अंतिम आचार्य हैं। उन्होंने शंकुक, भट्ट तौत, भट्टनायक आदि के मतों पर विचार करते हुए रससिद्धांत के लिए अपनी स्थापना इस प्रकार दी है—(1) रस की निष्पत्ति प्रेक्षकों में ही होती है। (2) मिट्टी में कुछ गंध होती है किंतु वह अव्यक्त रहती है। जल पाकर जैसे वह व्यक्त हो जाती है, उसी प्रकार संस्कार रूप में स्थित

भाव (स्थायीभाव) विभावादि के संयोग से अव्यक्तावस्था से व्यक्तावस्था में आकर साधारणीकरण तक पहुँच जाते हैं।

. अभिनव गुप्त अपने इस 'अभिव्यक्तिवाद' में वस्तुतः नायक के 'साधारणीकरण' तत्व से तो सहमत हैं, किंतु वे इसके द्वारा प्रतिपादित शब्द के भावकत्व और भोजकत्व व्यापारों से सहमत नहीं हैं।

(3) वे रसनिष्पत्ति और साधारणीकरण में अभिनय के महत्त्व को स्वीकार करते हुए, सफल अभिनय से सहृदय दर्शक की तन्मयता को सिद्ध करते हैं।

(4) उनके मत में 'संयोग' शब्द का अर्थ है—व्यंजना और 'निष्पत्ति'का अर्थ है 'अभिव्यक्ति'। इसीलिए उनके इस मत का नाम 'अभिव्यक्तिवाद' पड़ा।

(v) उन्होंने अलंकारों पर भी विचार किया है। गुणीभूत व्यंग्य को वे अलंकारों का सामान्य लक्षण मानते हैं।

वे रस की अलंकाररूपता पर विचार करते हुए रस को आत्मा और अलंकार्य मानते हैं।

राजशेखर (लगभग 880-920 ई.)

राजशेखर विदर्भ (बरार) के निवासी थे। इनके द्वारा प्रणीत प्रसिद्ध ग्रंथ का नाम 'काव्यमीमांसा' है, किंतु अभी तक उसका 'कविरहस्य' भाग ही प्राप्य है जो काव्यमीमांसा के 18 भागों में से एक है। 18 अध्यायों में विभक्त इस भाग में राजशेखर की महत्त्वपूर्ण स्थापनाएँ हमें उपलब्ध होती हैं। उनके मत इस प्रकार हैं—

(i) काव्य की रचना और स्वरूप पर विचार करते हुए वे 'काव्यपुरुष' की कल्पना करते हैं, जो काव्यशास्त्र में बहुत प्रसिद्ध माना गया है। इसमें ही स्थान-स्थान पर वे अपना मत परोक्षतः व्यक्त करते हैं कि—

(अ) रस ही काव्य की आत्मा है,

(ब) काव्य के गुण हैं—समता, प्रसन्नता, मधुरता, उदारता और ओजस्विता।

(द) काव्य-रचना के लिए विषय के बारह स्रोतों की सूची उन्होंने दी है—वेद, स्मृति, इतिहास, पुराण इत्यादि।

(य) गुणों और अलंकारों से युक्त वाक्य का नाम काव्य है।

(ii) वे कवि-प्रतिभा और आलोचक पर विचार करते हुए तीन प्रकार की बुद्धि मानते हैं—स्मृति, मति और प्रज्ञा। और कहते हैं कि कवि के लिए तीनों प्रकार की बुद्धि आवश्यक है। प्रतिभा भी दो तरह की है—कारयित्री और भावयित्री। कारयित्री प्रतिभा कवि के लिए उपकारी है। इस प्रतिभा के 3

भेद हैं–सहजा, आहार्या और औपदेशिकी, जिसके आधार पर कवि भी तीन तरह के होते हैं–सारस्वत, आभ्यासिक और औपदेशिक।

भावयित्री प्रतिभा आलोचक (भावक) का उपकार करती है। यह प्रतिभा भी कवि के लिए लाभदायक है। आलोचक के भी कई भेद हैं, आरोचकी, सतृणाभ्यवहारी, मत्सरी तथा तत्त्वाभिनिवेशी।

धनंजय और धनिक (लगभग 10वीं शती ई. का उत्तरार्द्ध)

इस दोनों को भाई-भाई माना जाता है। अनुमान है कि वे दोनों दसवीं शती के अंत में विद्यमान थे। धनंजय के ग्रंथ का नाम 'दशरूपक' हेः और धनिक ने उस ग्रंथ पर 'अवलोक' नामक टीका लिखी। यह 'नाट्यशास्त्र का ग्रंथ है। इस ग्रंथ की कुछ मान्यताएँ इस प्रकार हैं–

(i) रसनिष्पत्ति के विषय में इन्होंने व्यंजनावाद को अस्वीकृत कर तात्पर्यवाद का समर्थन किया।

(ii) शांतरस को वे काव्य में ग्राह्य मानते हैं, नाटक में नहीं।

(iii) उन्होंने रूपक के दस भेदों का उल्लेख किया है–नाटक, प्रकरण, भाण, प्रहसन, डिम, व्यायोग, समवकार, वीथी, अंक ओर ईहामृग।

(iv) रूपक के 3 आधार माने गए हैं–वस्तु, नेता और रस। फिर इनके प्रकार आदि का वर्गीकृत परिचय दिया है।

(v) रस के सम्बन्ध में उनकी मान्यता है कि स्थायीभाव स्वाद्यत्व के कारण रस बनता है, और वह रसिक में ही विद्यमान होता है, अनुकार्य में नहीं, क्योंकि रसिक ही विद्यमान है। अनुकार्य तो केवल वृत्त है अर्थात् पहले वर्तमान था, अब नहीं है। काव्य भी अनुकार्यपरक नहीं है, रसिक-परक है, क्योंकि रसिक वर्तमान है।

प्रतिक्रिया-युग (लगभग 950-1000 ई.)

प्रमुख आचार्य–कुन्तक तथा महिमभट्ट।

कुन्तक–(समय–दशम शतक का अंत–एकादश शतक का आरंभ लगभग)

आचार्य कुन्तक 'वक्रोक्ति सिद्धांत के प्रवर्तक आचार्य हैं। भामह और दण्डी द्वारा निर्दिष्ट अलंकार का मूलतत्त्व वक्रोक्ति-कुन्तक द्वारा काव्य की आत्मा घोषित की गई है।

उनके प्रसिद्ध ग्रंथ का नाम 'वक्रोक्तिजीवित' है। इस ग्रंथ में कुन्तक की मान्यताएँ इस प्रकार मिलती हैं–

(i) काव्य का प्रयोजन—काव्य-बंध, उच्च कुल में समुत्पन्न (परिश्रमहीन और मंदबुद्धि राजकुमार आदि) के हृदयों को आह्लादित करने वाला, कोमल मृदु शैली से कहा हुआ धर्म आदि की सिद्धि का मार्ग है।
प्रकारांतर से वे चतुर्वर्ग की प्राप्ति ही काव्य का उद्देश्य मानते हैं।

(ii) काव्य में अलंकार और अलंकार्य—शब्द और अर्थ दोनों ही अलंकार्य होते हैं और चतुरतापूर्ण शैली से कथन (वैदग्धभंगीभणिति) रूप वक्रोक्ति ही उन दोनों का अलंकार होती है।

(iii) साहित्य का स्वरूप—काव्य की शोभाशालिता एवं सौंदर्याधायकता के प्रति शब्द और अर्थ की न्यून और आधिक्य से रहित कुछ अनिर्वचनीय (लोकोत्तर) मनोहर स्थिति (ही) 'साहित्य' है। वे "शब्दार्थो सहितौ काव्यम्" को काव्य का लक्षण स्वीकार करते हुए शब्द और अर्थ का विशिष्ट लक्षण लेने पर बल देते हैं।

(iv) वक्रोक्ति को वे काव्य की आत्मा सिद्ध करते हैं। वे कहते हैं कि वक्रोक्ति ही शब्द तथा अर्थ दोनों का एकमात्र अलंकार है। प्रसिद्ध कथन से भिन्न प्रकार की विचित्र वर्णन-शैली ही वक्रोक्ति है। वैदग्ध्य अर्थात् चतुरतापूर्ण कवि-कर्म (काव्य-निर्माण) का कौशल, उसकी भंगी-शैली या शोभा उससे भणिति अर्थात् (वर्णन) कथन करना, विचित्र (असाधारण) प्रकार की वर्णन शैली ही वक्रोक्ति कहलाती है।

वे कवियों के व्यापार की वक्रता के मुख्यतया छः प्रकार मानते हैं—1—वर्ण-विन्यास-वक्रता, 2—पद-पूर्वार्द्ध वक्रता 3—प्रत्यय-वक्रता 4—वाक्य-वक्रता 5—प्रकरण-वक्रता 6—प्रबंध-वक्रता।

(v) वे स्वभावोक्ति को अलंकार नहीं मानते।

महिमभट्ट (लगभग ग्यारवीं शताब्दी का मध्यकाल)

ये कश्मीर-निवासी प्रतीत होते हैं। इनकी कृति का नाम 'व्यक्ति-विवेक' है। वे अनुमानवादी आचार्य थे। उन्होंने ध्वनिसिद्धांत का खण्डन किया है, आनंदवर्द्धन के ध्वनिसिद्धांत को अनुमान में अंतर्भूत करके अपनी विलक्षण प्रतिभा का परिचय दिया है। उनकी मान्यताएँ विशेष प्रचलित नहीं हुईं।

उनके कुछ मत द्रष्टव्य हैं—

(i) वाक्य का स्वरूप—वाक्य उसे कहते हैं जिसमें केवल एक अर्थ होता है, क्रिया की प्रधानता होती हैं, गुणवता होती है और जिसके (अवयव) पद साकांक्ष होते हैं। पर जहाँ भेद दिखाना इष्ट हो वहाँ अन्य शब्दों की

आकांक्षा नहीं होती।

(ii) वे अर्थ के दो प्रकार मानते हैं—वाच्य और अनुमेय। शब्द-व्यापार विषयक अर्थ वाच्य है, उसे वे मुख्य कहते हैं।

अनुमेयार्थ वह है जो उस मुख्य (वाच्य) अर्थ से अथवा उसे लिंगभूत मानकर अनुमान द्वारा अनुमित होता है। अनुमेय अर्थ के वे 3 भेद मानते हैं—वस्तुमात्र, अलंकार और रस। इनमें से प्रथम दो तो वाच्य में भी सम्भव हैं, किंतु अन्तिम—रस केवल अनुमेय है। अतः इनकी मान्यता रसवादी है।

औचित्य युग

काल-सीमा—ग्यारहवीं शती का उत्तरार्द्ध।

प्रमुख आचार्य—क्षेमेद्र, मम्मट

क्षेमेन्द्र (लगभग ग्यारहवीं शती का उत्तरार्द्ध)

ये भी कश्मीर निवासी थे। इनके तीन ग्रंथ प्रसिद्ध हैं—औचित्य-विचार चर्चा, सुवृत्त-तिलक और कविकण्ठाभरण। इनमें से औचित्य विचार-चर्चा का काव्यशास्त्र में विशेष स्थान है। वे औचित्य सिद्धांत के जनक हैं, काव्य में औचित्य की महत्त्वपूर्ण स्थिति इन्होंने सिद्ध की है। इनकी स्थापनाएँ इस प्रकार हैं—

(i) वे कहते हैं कि अलंकार आदि उचित स्थान पर धारण करने पर ही अलंकार होते हैं। औचित्य से युक्त गुण ही सर्वथा गुण कहलाते हैं। अतः जो पदार्थ जिसके सदृश (अनुरूप) होता है, उसे प्राचीन आचार्यों ने उचित कहा है। उचित के भाव को औचित्य कहते हैं।

वे पद-औचित्य, वाक्य-औचित्य, प्रबंध-औचित्य, गुण-औचित्य स्वभाव-औचित्य और प्रतिभा औचित्य की व्यापक चर्चा करते हैं।

(ii) उनकी मान्यता में काव्य का जीवित तत्त्व औचित्य ही है।

मम्मट (लगभग ग्यारहवीं शती का उत्तरार्द्ध)

ये कश्मीर-निवासी थे। इनका प्रसिद्ध ग्रंथ है—काव्यप्रकाश। इस ग्रंथ में दस उल्लास हैं जिनमें काव्य-लक्षण, काव्य-प्रयोजन, काव्य-हेतु तथा काव्य-भेदों का, शब्द-शक्ति का, ध्वनि-भेदों तथा उनके अंतर्गत रस-भावादि का, गुणीभूत व्यंग्य, चित्रकाव्य का, दोष-गुण-शब्दालंकार एवं अर्थालंकार का विवेचन किया गया है।

इन्होंने ध्वनिवाद की दृष्टि से अपने पूर्ववर्त्ती सभी आचार्यों के मतों का व्यवस्थापूर्ण सम्पादन किया है। काव्यशास्त्र में इनका महत्त्वपूर्ण स्थान है, इसका अनुमान इसी बात से लगाया जा सकता है कि काव्य-प्रकाश पर संस्कृत में ही 70 से अधिक टीकाएँ लिखी गई हैं।

वे मूलतः ध्वनिवादी आचार्य हैं।

उनकी मान्यताएँ-स्थापनाएँ इस प्रकार हैं—

(i) काव्य-प्रयोजन—यश की प्राप्ति, सम्पत्ति-लाभ, सामाजिक व्यवहार की शिक्षा, रोगादि विपत्तियों का विनाश, तुरंत ही उच्चकोटि के आनंद का अनुभव और प्यारी स्त्री के समान मनभावन उपदेश देने के लिए काव्य-ग्रंथ उपादेय (प्रयोजनीय) है।

(ii) काव्य-हेतु—एक तो कविता रचने की शक्ति, दूसरे लोक और शास्त्र आदि के अवलोकन की चतुराई, तीसरे काव्य जानने वालों द्वारा शिक्षा पाकर उसका इसका अभ्यास—ये तीनों बातें काव्य की उत्पत्ति के हेतु (कारण) हैं।

(iii) काव्य का स्वरूप—काव्य का स्वरूप यह है कि उसके शब्दों और अर्थों में दोष तो नहीं ही हों, किंतु गुण अवश्य हों, चाहे अलंकार कहीं-कहीं पर न भी हों।

(iv) वे मानते हैं कि वाच्यार्थ की अपेक्षा व्यंग्यार्थ वाला चमत्कारपूर्ण काव्य उत्तम काव्य है।

(v) वे रस के संबंध में कहते हैं कि—विभाव, अनुभाव और व्यभिचारी भावों से व्यंजनवृत्ति द्वारा जो स्थायीभाव प्रतिपादित (सिद्ध) किया जाता है उसी (स्थायीभाव) का नाम रस है।

यह रस कार्यरूप नहीं है, (क्योंकि विभावादि कारणों के नष्ट हो जाने पर भी उसकी उत्पत्ति हो सकती है) और न वह ज्ञाप्य है। क्योंकि ज्ञाप्य पदार्थ तो सिद्ध होता है। रस सिद्ध नहीं है किंतु विभावादि द्वारा व्यक्त किया गया आस्वादनयोग्य है।

(vi) उन्होंने काव्य-दोष तथा गुणों का विवेचन करते हुए, मुख्य काव्य-गुणों का भी निदर्शन किया है।

व्याख्या—गुण

समय-सीमा—बारहवीं शती के मध्य से

प्रमुख आचार्य—रुय्यक से लेकर रीतिकालीन आचार्यों तक।

आलोचना-युग के पश्चात् हिंदी के रीतिकालीन आचार्यों तक एक भी आचार्य ऐसा नहीं हुआ जिसकी मान्यताओं या स्थापनाओं को नितांत मौलिक कहा जा सके। प्रायः सभी आचार्यों ने अपने पूर्ववर्त्ती आचार्यों के सिद्धांतों की व्याख्या ही अपनी टीकाओं में की है। इस युग को व्याख्या का युग कहना उचित जान पड़ता है। इस

युग के प्रमुख आचार्य हैं—संस्कृत के रुय्यक, विश्वनाथ, पंडितराज जगन्नाथ, जयदेव, अप्पयदीक्षित, रामचन्द्र गुणचन्द्र, शारदातनय शिंगभूपाल, भानुदत्त, रूपगोस्वामी, चिंतामणि, अमरचन्द और देवेश्वर, तथा हिंदी के रीतिकालीन आचार्य केशवदास, चिंतामणि, कुलपति, देव, श्रीपति, सोमनाथ, भिखारीदास, प्रतापसाहि आदि हैं।

इस युग के आचार्यों का परिचय और कृतित्व इस प्रकार है—

रुय्यक (लगभग बारहवीं शताबदी का मध्य भाग)

कश्मीर निवासी आचार्य रुय्यक का प्रसिद्ध ग्रंथ 'अलंकार-सर्वस्व' है। इसे 'अलंकार-सूत्र' भी कहा जाता है। इन्होंने 'व्यक्तिविवेक' पर भी अपनी टीका लिखी है। उसके कृतित्व का संक्षिप्त विवरण इस प्रकार है—

(i) उन्होंने महिमभट्ट के अनुमानवाद को व्यक्तिविवेक की टीका में अमान्य ठहराया है।
(ii) अलंकार-सर्वस्व को अलंकारों का प्रौढ़ और प्रामाणिक ग्रंथ कहा जा सकता है। इसमें दो नए अलंकारों का भी उल्लेख है—विकल्प और विचित्र।
(iii) इन्होंने अपने पूर्ववर्ती आचार्यों के सिद्धांतों की आरंभ में एक तुलनात्मक समीक्षा प्रस्तुत की है, जो बहुत महत्त्वपूर्ण कार्य है।
(iv) वे रस को असंलक्ष्यक्रम व्यंग्य मानते हैं, और रस सिद्धांत का खण्डन करके अलंकार तथा ध्वनि का एक साथ समर्थन करते हैं।

विश्वनाथ (लगभग 12वीं शती का मध्यकाल)

इन्हें प्रायः उड़ीसा का निवासी माना जाता है। समय भी चौदहवीं शती का पूर्वार्द्ध कहा जाता है। इनके प्रसिद्ध ग्रंथ का नाम है—'साहित्यदर्पण'। यह अत्यंत महत्त्वपूर्ण ग्रंथ है।

विश्वनाथ रसवादी आचार्य थे। उन्होंने मम्मट, आनंदवर्धन, कुन्तक, भोजराज आदि के काव्य लक्षणों का खण्डन प्रस्तुत करके रस को काव्य की आत्मा घोषित किया है—किंतु स्मरणीय है कि वे रस को असंलक्ष्यक्रम व्यंग्य ध्वनि का ही एक रूप स्वीकार करते हैं। उनकी मान्यताएँ संक्षेप में इस प्रकार हैं—

(i) काव्य का प्रयोजन, चतुवर्ग (धर्म, अर्थ, काम, मोक्ष) फल की प्राप्ति है।
(ii) काव्य का स्वरूप—विभिन्न आचार्यों के मतों का खण्डन करते हुए उन्होंने 'रसात्मक वाक्य' को काव्य कहा है।
(iii) काव्य के रूप—वे कहते हैं कि जो केवल सुने जा सकें—वे गद्य और पद्य दो प्रकार के श्रव्य काव्य होते हैं।

छंदों में लिखे काव्य को पद्य कहते हैं—जिसके 5 भेद हैं। (अ) मुक्तक (ब)

युग्मक। (स) सन्दानितक (विशेषक) (द) कलापक (य) कुलक। गद्य को चार प्रकार का माना है–

1–मुक्तक 2–वृत्तगन्धि 3–उत्कलिकाप्राय 4–चूर्णक।

ये प्रकार समास-रहित या पद्य के अंश या दीर्घ और लघुसमासों की उपस्थिति के आधार पर (क्रमशः) हैं।

पण्डितराज जगन्नाथ (सत्रहवीं शताब्दी का मध्यभाग)

शाहजहाँ द्वारा पण्डितराज की उपाधि से विभूषित आचार्य जगन्नाथ की प्रसिद्धि उनकी रचना 'रसगंगाधर' के कारण है। उनकी यह अपूर्ण रचना मानी जाती है। इस ग्रंथ के दो आनन हैं–

(i) प्रथम आनन में काव्य-लक्षण, काव्य-हेतु तथा काव्य-भेदों के निरूपण के पश्चात् रस, रस-दोष तथा गुण आदि का सांगोपांग वर्णन है।

(ii) द्वितीय आनन में ध्वनि के विभिन्न भेद-उपभेद हैं तथा अभिधा-लक्षणा का विवेचन है। इसके बाद अलंकार निरूपण है। 70 अलंकारों के वर्णन के बाद ही ग्रंथ समाप्त है।

उनके कृतित्व में उनकी धारणाओं को इस प्रकार देखा जा सकता है–

(i) काव्य-लक्षण के संबंध में इन्होंने पूर्ववर्त्ती आचार्यों के विचारों पर विचार करके अपना मत दिया है। कि–रमणीयार्थ का प्रतिपादन करने वाले शब्द को काव्य कहते हैं।

(ii) काव्य का हेतु–वे प्रतिभा मानते हैं। और प्रतिभा नाम है–काव्य-निर्माण के लिए अनुकूल शब्दार्थों की उपस्थिति का।

(iii) काव्यभेद–वे काव्य के चार भेद मानते हैं–

(अ) उत्तमोत्तम (ब) उत्तम (स) मध्यम (द) अधम।

व्यंजना-वृत्ति (चमत्कारजनक अर्थ) का प्रतिपादक काव्य उत्तमोत्तम है।

(iv) उन्होंने ध्वनिकाव्य के दो भेद माने हैं–अभिधामूलक, लक्षणामूलक। जिनमें से अभिधामूलक तीन प्रकार का है–रसध्वनि, वस्तुध्वनि और अलंकार-ध्वनि।

(v) उन्होंने गुण को रस के अतिरिक्त शब्द–अर्थ और रचना का भी धर्म समान रूप से स्वीकार किया है।

ये तो रहे इस युग के कुछ प्रमुख संस्कृत आचार्य, अब कुछ अन्य आचार्य जिनकी प्रसिद्धि अपेक्षाकृत कम है–

1. **रामचन्द्र-गुणचन्द्र**–इनका समय लगभग 12वीं शताब्दी का पूर्वार्द्ध माना

जाता है। ये जैन आचार्य थे। इनका प्रसिद्ध ग्रंथ है—'नाट्यदर्पण'। इसमें रस का समर्थन है।

2. **जयदेव**—इनका काल तेरहवीं शताब्दी का मध्य भाग माना जाता है। इनके ग्रंथ का नाम है—चन्द्रालोक। ये ध्वनिवादी माने जा सकते हैं, इन्होंने रस को भी ध्वनि के अन्तर्गत समाहित कर लिया है।

3. **शारदातनय**—इनका समय तेरहवीं शताब्दी का मध्य भाग माना जाता है। इनके ग्रंथ का नाम 'भाव-प्रकाशन' है। इसमें उन्होंने रस का समर्थन किया है। ये भट्टनायक से विशेषतः प्रभावित हैं।

4. **भानुदत्त**—इनका समय तेरहवीं-चौदहवीं शती माना जाता है। इनके दो ग्रथ मिलते हैं—'रसतरंगिणी' 'रसमंजरी'। इनमें रस की व्याख्या है। अन्य तत्त्वों को गौण माना गया है।

5. **अप्पयदीक्षित**—इनका समय सोलहवीं-सत्रहवीं शती माना जाता है। ये ध्वनि के समर्थक हैं।

इन आचार्यों के अतिरिक्त संस्कृत के कुछ और आचार्य भी हुए हैं जिनका काव्यशास्त्र के इतिहास में नामोल्लेख करना उचित जान पड़ता है—

1. अग्निपुराण के काव्यशास्त्रीय भाग के अज्ञात रचनाकार, जिनका समय अनुमानतः बारहवीं शती के निकट माना जाता है।
2. हेमचन्द्र—बारहवीं शती
3. वाग्भट्ट प्रथम—बारहवीं शती का पूर्वार्द्ध
4. अमरचन्द्र—तेरहवीं शती का मध्यभाग
5. शिंगभूपाल—तेरहवीं शती का मध्यभाग
6. विद्याधर—तेरहवीं-चौदहवीं शती
7. विद्यानाथ—तेरहवीं-चौदहवीं शती
8. वाग्भट्ट द्वितीय—चौदहवीं शती के आसपास
9. रूपगोस्वामी—पंद्रहवीं-सोलहवीं शती
10. केशवमिश्र—सोलहवीं-शती का मध्यभाग
11. कविकर्णपूर—सोलहवीं-सत्रहवीं शती
12. अकबर शाह—सत्रहवीं शती का मध्यभाग

नोट—ग्यारहवीं शती में जैनमुनि नयनन्द भी हुए हैं, जो अपभ्रंश के आचार्य हैं, उनका ग्रंथ 'सुदर्शनचरित्र' है।

इसी क्रम में चौदहवीं शती के आसपास ज्योतिरीश्वर ठाकुर भी हुए हैं, उनका ग्रंथ है—'वर्णरत्नाकर'।

हिंदी के आचार्य

हिंदी-काव्य शास्त्र के प्रथम आचार्य कृपाराम माने जाते हैं। उनका ग्रंथ है– 'हिततरंगिणी' जिसका रचनाकाल 1541 ई० माना गया है।

इसके बाद हिंदी का भक्तिकाल हमारे सामने है; किंतु प्रत्यक्षरूप से कोई भी आचार्य ऐसा उपलब्ध नहीं होता जिसने काव्य-शास्त्र की परंपरा में ऐतिहासिक महत्त्व का योगदान दिया हो। हाँ, नन्ददास की रचना 'सरसमंजरी' में नायिका-भेद का वर्णन उपलब्ध होने से, उन्हें काव्यशास्त्री आचार्य भी कहा जा सकता है। किंतु इस ग्रंथ का इतना महत्त्व नहीं हैं अन्य भक्त-कवियों के काव्य में परोक्षतः काव्य के संबंध उनकी मान्यताएँ यत्र-त्तत्र ढूँढ़ी जा सकती हैं।

तत्पश्चात् रीतिकालीन आचार्यों की एक लम्बी पंक्ति हमें मिलती है। इन आचार्यों को काव्यशास्त्र की परंपरा में इसलिए भी महत्त्वपूर्ण स्थान दिया जा सकता है कि इन्होंने संस्कृत के काव्यशास्त्र के आचार्यों के सिद्धांतों को हिंदी में प्रस्तुत किया है। मौलिकता का प्रायः अभाव ही है। इन सब का कृतित्व एवं परिचय इस प्रकार देखा जा सकता है–

1. केशवदास(1555-1617 ई.)

प्रायः केशवदास को हिंदी का प्रथम आचार्य माना जाता है। वे कवि और आचार्य दोनों थे। उनके काव्यशास्त्र सम्बन्धी दो ग्रंथ हैं–रसिकप्रिया और कवि-प्रिया, जिनका रचना काल क्रमशः ई० 1591 और 1601 है।

'रसिकप्रिया' में 16 प्रकाश हैं, जिनमें शृगार रस, उसके भेदोपभेद तथा नायक-नायिका-भेद का वर्णन है।

'कविप्रिया' में 16 प्रकाश हैं, जिनमें विभिन्न काव्यांगों का, सामान्य तथा विशेष अलंकारों का निरूपण किया गया है।

2. सुन्दर कवि

इनका ग्रंथ 'सुन्दर 'शृंगार' है। जिसकी रचना सन् 1631 में हुई मानी जाती है।

3. चिन्तामणि त्रिपाठी (लगभग सन्1609)

इनकी काव्यशास्त्र संबंधी चार रचनाएँ प्रसिद्ध हैं–

1. काव्य-विवेक 2. काव्य-प्रकाश 3. कविकुलकल्पतरु और 4. रसमंजरी। दो अन्य रचनाएँ, पिंगल पराग-छन्द शास्त्र से सम्बद्ध तथा रामायण-काव्यग्रंथ है।

इनमें भी 'कविकुलकत्पतरु' विशेषरूप से प्रसिद्ध ग्रंथ है। इस ग्रंथ में काव्य-स्वरूप,

काव्य-भेद, गुण, अलंकार, दोष, शब्द-शक्ति और ध्वनि का निरूपण है। इस विवेचन में संस्कृत के पूर्ववर्ती आचार्यों के ही मतों को स्थान दिया गया है।

4. कुलपति मिश्र (लगभग सन् 1667-1686 ई.)

राजदरबारी कवि कुलपति आगरा निवासी थे। इनका प्रसिद्ध ग्रंथ है—'रस रहस्य' जिसकी रचना ई॰ 1670 में हुई। इनका एक ग्रंथ 'गुण-रस-रहस्य' अनुपलब्ध है।

'रसरहस्य' में 8 वृत्तान्त है। इस ग्रंथ में काव्य-प्रयोजन, काव्य-कारण, शब्द-शक्ति, ध्वनि, गुणीभूत व्यंग्य, गुण-दोष और अलंकारों का निरूपण है। ये प्रकरण प्रायः मम्मट के आधार पर लिखे गए हैं।

इन्होंने मम्मट की तरह रस को ध्वनि में समाहित किया है।

5. देव (ई. 1689 से 1734 रचनाकाल)

देव मूलतः कवि थे—उनके दो ग्रंथ काव्य-शास्त्र से सम्बन्धित माने जाते हैं—भाव-विलास तथा शब्द-रसायन, जिनका रचनाकाल क्रमशः सन् 1689 तथा 1700 है। भवानी-विलास भी उनका प्रमुख ग्रंथ है।

इन्होंने काव्य की आत्मा, कवि का आदर्श, काव्य का माहात्म्य, समर्थ-काव्य आदि पर विचार किया है। रस-प्रसंग में वे रस का स्वरूप, शृंगार-रस और उसके रसराजत्व पर विचार देते हैं। काव्य के गुण में गुण के दो भेद इन्होंने दिए हैं। अलंकारों के महत्त्व तथा शब्दालंकार, अर्थालंकार पर चर्चा करके शब्दशक्तियों के संबंध में इन्होंने काव्य में अपनी बात कही है।

6. श्रीपति (कविता काल—सन् 1720 ई.)

इनका प्रसिद्ध ग्रंथ 'काव्य-सरोज' है, जिसमें उन्होंने काव्य की परिभाषा, काव्य-दोष, काव्य में अलंकार-प्रयोग तथा काव्य में रस की महत्ता पर विचार किया है।

7. सोमनाथ (ई. 1733-1753 कविता काल)

इनका प्रसिद्ध ग्रंथ है—रसपीयूषनिधि। इसमें सामान्य काव्यसिद्धांत—काव्य-लक्षण, काव्य प्रयोजन, काव्यरचना, काव्य-सामग्री, काव्य के भेद का निरूपण है। शब्द शक्तियों पर विचार किया गया है। ध्वनि तथा रस पर भी पर्याप्त चर्चा की गई है। अलंकार के सम्बन्ध में उसके स्वरूप आदि की चर्चा है। काव्य के गुण-दोषों पर यथेष्ट प्रकाश डाला गया है।

8. भिखारी दास (ई. 1728-1750 कविता काल)

इनके तीन ग्रंथ प्रसिद्ध हैं। 1. शृंगार निर्णय 2. रस सारांश 3. काव्य-निर्णय। इनमें काव्यशास्त्र के इन्हीं सामान्य सिद्धांतों पर प्रकाश डाला गया है।

9. रसिक गोविन्द (ई. 1801 रचना काल)

इनका रचित ग्रंथ 'रसिकगोविन्दानन्दघन' है जिसकी रचना ई. 1801 में हुई।

10. प्रतापसाहि (ई. 1823-1843 कविता काल)

इनका प्रसिद्ध ग्रंथ काव्य-विलास उपलब्ध होता है। इसके साथ ही व्यंग्यार्थकौमुदी, काव्य-विनोद, शृंगारमंजरी और अलंकार-चिंतामणि नामक ग्रंथ भी इन्हीं के हैं।

व्यंग्यार्थकौमुदी सन् 1826 की रचना है, काव्य-विलास 1829 की।

काव्यशास्त्र की दृष्टि से काव्य-विलास का विशेष महत्त्व है। इसमें उन्होंने काव्य-स्वरूप, प्रयोजन, कारण, शब्दशक्ति, ध्वनि गुणीभूत व्यंग्य, गुण तथा दोषों का निरूपण किया है। रस को वे ध्वनि में ही समाहित करते हैं। अतः ये भी ध्वनिवादी ही हैं।

आधुनिक युग
(समय-सीमा—19वीं शताब्दी से अब तक)

इस युग के आचार्य प्रायः अच्छा साहित्य (गद्य अथवा पद्य अथवा दोनों) लिखते हैं। इसी बीच उन्होंने अपनी काव्यशास्त्रीय मान्यताओं को प्रस्तुत किया है।

यहाँ हम प्रमुख आचार्यों के मत ही विशेषतः देंगे, अन्य का सामान्य नामोल्लेख प्रस्तुत करेंगे।

1. भारतेन्दु हरिश्चन्द्र (सन् 1850-1885 ई.)

इन्होंने नाटक का स्वरूप, नाटक की रचना-प्रणाली, इत्यादि पर विचार करते हुए नाटक में रस प्रयोग संबंधी सावधानियों पर विचार किया है।

2. महावीर प्रसाद द्विवेदी (सन् 1864-1938 ई.)

इनका काव्यशास्त्रीय ग्रंथ रसज्ञ-रंजन है। इसके अतिरिक्त कुछ निबंध भी इस दृष्टि से महत्त्वपूर्ण हैं। 'रसज्ञ-रंजन' में द्विवेदी जी ने इन प्रमुख बातों को स्पष्ट किया है—

(अ) कविता और छन्द

(ब) कविता की भाषा

(स) कविता में अर्थ का गौरव

(व) काव्य का विषय

(य) काव्य में नायिका-भेद।

उनकी मान्यता है कि गद्य और पद्य दोनों में ही कविता हो सकती है। सभी छंदोबद्ध साहित्य भी काव्य नहीं है। काव्य में छंद भाषा आदि के क्षेत्र में नवीनता भी आनी चाहिए। कविता की भाषा सहज और हृदयग्राही होनी चाहिए। पर, शब्दों का प्रयोग करते समय पर्याप्त सतर्कता बरतनी चाहिए। अर्थ-सौरस्य ही कविता का प्राण है। कविता का विषय मनोरंजक और उपदेशजनक होना चाहिए। काव्य में नायिका-भेद-वर्णन लाभदायक नहीं।

3. मिश्रबन्धु

ये तीन भाई थे–पं॰ गणेश बिहारी मिश्र, पं॰ श्यामबिहारी मिश्र और पं॰ शुकदेवबिहारी मिश्र। हिंदी साहित्य के इतिहासकार तथा निर्णयात्मक आलोचना के प्रवर्त्तक के रूप में ये तीन मिश्रबन्धु नाम से प्रसिद्ध हैं।

काव्यशास्त्र के क्षेत्र में इनके दो ग्रंथ विशेष महत्त्वपूर्ण हैं–मिश्रबन्धु-विनोद, हिंदी-नवरत्न।

समालोचक के गुण तथा 'काव्य का सत्य' इन दो विषयों पर इनके विचार महत्त्वंपूर्ण हैं।

4. पं॰ अयोध्यासिंह उपाध्याय 'हरिऔध'

अच्छे कवि और गद्यकार 'हरिऔध' जी के काव्य-शास्त्र विषयक ग्रंथ हैं–

1.रसकलस, 2. बोलचाल, 3. रस साहित्य और समीक्षाएँ।

रस के संदर्भ में उन्होंने रस की आनंदस्वरूपता, शृंगाररस, वात्सल्य रस पर महत्त्वपूर्ण विचार प्रस्तुत किए हैं।

काव्य-भाषा के संदर्भ में रसानुकूलता और शुद्ध प्रयोग पर बल देते हैं, प्रसाद गुण की अनिवार्यता स्वीकार करते हैं। समग्रतः वे भाषा के समुन्नयन में शब्द-यचन को विशेष महत्त्वपूर्ण मानते हैं।

कविता की परिभाषा वे इस तरह देते हैं–जिसका शब्द-विन्यास सर्वोत्तम हो, जिसमें माधुर्य, रोचकता और रस-प्रवाह हो, मधुर भावमयी कल्पना हो, अर्थपूर्ण संगीत हो, जिसकी शब्द-योजना में चमत्कार हो, रमणीयता हो; वही कविता या काव्य है।

5. आचार्य रामचन्द्र शुक्ल (ई. 1884-1904)

हिंदी-काव्यशास्त्र में सर्वाधिक महत्त्वपूर्ण योग आचार्य रामचन्द्र शुक्ल का है। इन्होंने अपने मौलिक चिंतन और स्वस्थ दृष्टि से भारतीय काव्य-शास्त्र को नई दिशा दी।

उनके प्रमुख ग्रंथ हैं—

1. चिन्तामणि—दो भाग
2. रसमीमांसा
3. जायसग्रंथावली
4. भ्रमरगीत सार
5. गोस्वामी तुलसीदास।

इनकी प्रमुख स्थापनाओं में—साधारणीकरण, अलंकार-अलंकार्य का भेद, रसात्मकता की दो कोटियाँ, प्रत्यक्षरसानुभूति, काव्य के दो भाग—(i) आनंद की साधनावस्था को लेकर चलने वाले काव्य, (ii) आनंद की सिद्धावस्था को लेकर चलने वाले काव्य, काव्य के तीन लक्ष्य, इत्यादि का विशेष महत्त्व है। इसके साथ ही चमत्कारपद्धति और रस-पद्धति, काव्य में कल्पना का प्रयोग, काव्य का स्वरूप, अलंकार-विधान पर भी उनके मौलिक विचार महत्त्वपूर्ण हैं।

उनकी चिन्तनप्रणाली में पाश्चात्य और भारतीय काव्यशास्त्र की दृष्टियों के समन्वित रूप का प्रभाव लक्षित होता है।

6. श्यामसुन्दरदास (सन् 1875-1945 ई.)

इनका काव्यशास्त्र विषयक ग्रंथ साहित्यालोचन है। इस ग्रंथ में साहित्य का स्वरूप, कला और आचारशास्त्र, आलोचना के प्रकार पर प्रमुख रूप से विचार किया गया है, जो विशेष महत्त्व रखता है। इनमें भी आलोचना के प्रकारों पर इनका विचार विशेष उपयोगी है।

7. पद्मसिंह शर्मा (सन् 1876-1952)

ग्रंथ—बिहारी की सतसई।

बिहारी कृत सतसई के आलोचनात्मक इस ग्रंथ में काव्य में शृंगार रस पर विचार करते हुए उसकी महत्ता सिद्ध की गई है, इसके साथ ही उनके काव्य में 'भाववक्रता' पर भी विचार किया गया है।

8. कृष्ण बिहारी मिश्र (जन्म सन् 1890)

इनका ग्रंथ है—देव और बिहारी।

इस ग्रंथ में भाषा के माधुर्य पर विचार किया गया है, जो महत्त्वपूर्ण है।

समालोचना और रसराज के संबंध में भी इनके विचार विशेष महत्त्व रखते हैं।

9. बाबू गुलाबराय (संवत् 1944-2020 वि.)

आचार्य शुक्ल के बाद हिंदी-काव्यशास्त्र के क्षेत्र में बाबू गुलाबराय का स्थान विशेष महत्त्व का है। इनके दो काव्यशास्त्रीय ग्रंथ इनके सिद्धांतों को प्रस्तुत करते हैं–

1. सिद्धांत और अध्ययन।
2. काव्य के रूप।

बाबू जी ने काव्य का सौंदर्य, काव्य और साहित्य, गीत और इतिवृत्त, लोकगीत और साहित्यिक गीत, दुःखांत नाटक, साहित्य में चरित्र चित्रण तथा साधारणीकरण आदि विषयों पर अपने महत्त्वपूर्ण विचार प्रस्तुत किए हैं।

साधारणीकरण के संबंध में उनकी कई मान्यताएँ समादृत हुई हैं—साधारणीकरण के संबंध में उनका कहना है कि साधारणीकरण व्यक्ति का नहीं वरन् उसके संबंधों का होता है। भावों का साधारणीकरण इस अर्थ में होता है कि उनसे 'अयं निजः परो वा' की भावना जाती रहती है और इस कारण उसमें लौकिक अनुभव की स्थूलता, कटुता, तीक्ष्णता और रुक्षता नहीं रहती है। एकात्मवाद के अधिक प्रचार के कारण भारतीय मनोवृत्ति सामान्य की ओर अधिक झुकी हुई है। साधारणीकरण की उपयोगिता काव्यानुशीलन की उपयोगिता है। उसके द्वारा हमारी सहानुभूति विस्तृत हो जाती है। हम दूसरे के साथ तादात्म्य करना सीखते हैं। हमारे भावों का परिष्कार होकर उनका पारस्परिक सामंजस्य भी होने लगता है।

अन्य समीक्षक

इन काव्य शास्त्र चिंतकों/समीक्षकों के अतिरिक्त हिंदी में कई अन्य समीक्षक हैं, जिन्होंने सर्जनात्मक कृतियों के साथ-साथ समीक्षात्मक निबंध लिखे हैं। यह प्रवृत्ति छायावादी कवियों और बाद में प्रयोगशील और नई कविता के कवियों में अधिक मिलती है।

ऐसे कवि-समीक्षकों में जयशंकर प्रसाद, निराला, सुमित्रानंदन पंत और महादेवी वर्मा की गणना विशेष रूप से की जा सकती है। इसी तरह अज्ञेय और जगदीश गुप्त गिरिजा कुमार माथुर तथा मुक्तिबोध प्रयोगशील नई कविता के हस्ताक्षर हैं।

स्वतंत्र रूप से समीक्षा के क्षेत्र में गम्भीर कार्य करने वाले आचार्य हैं– डॉ॰ नगेन्द्र, पं॰ हजारी प्रसाद द्विवेदी, आचार्य नन्द दुलारे वाजपेयी, डॉ॰ रामविलास शर्मा और डॉ॰ विजयेन्द्र स्नातक, राम मूर्ति त्रिपाठी, आनंद प्रसाद दीक्षित, डॉ॰ राकेश गुप्त आदि। इधर नए समीक्षकों में देवेन्द्र इस्सर, सुधीश पचौरी, गोपीचंद नारंग के नाम महत्वपूर्ण है।

महत्त्वपूर्ण ग्रंथ-सूची

(अ) संस्कृत आचार्यों द्वारा प्रणीत ग्रंथ–

अप्पयदीक्षित	कुवलयानंद
अभिनवगुप्त	अभिनवभारती, लोचन
आनंदवर्धन	ध्वन्यालोक
उद्भट	काव्यालंकारसारसंग्रह
कुन्तक	वक्रोक्तिजीवितम्
जगन्नाथ	रसगंगाधर
जयदेव	चन्द्रालोक
दण्डिन्	काव्यादर्श
धनंजय	दशरूपक
भरतमुनि	नाट्यशास्त्र
भानुमिश्र	रसतरंगिणी, रसमंजरी
भामह	काव्यालंकार
भोजराज	सरस्वतीकण्ठाभरण, श्रृंगार प्रकाश
मम्मट	काव्य प्रकाश
महिमभट्ट	व्यक्तिविवेक
रोजशेखर	काव्यमीमांसा
रामचन्द्र-गुणचन्द्र	नाट्यदर्पण
रुय्यक	अलंकारदर्पण
रुद्रह	काव्यालंकार
रुद्रभट्ट	श्रृंगारतिलक
रूपगोस्वामी	उज्ज्वलनीलमणि
वामन	काव्यालंकारसूत्रवृत्ति
विश्वनाथ	साहित्यदर्पण
क्षेमेन्द्र	औचित्यविचारचर्चा

(ब) हिंदी ग्रंथ

आयोध्यासिंह उपाध्याय 'हरिऔध'	रसकलस, रस, साहित्य और समीक्षाएँ
कुलपति मिश्र	रस रहस्य
केशवदास	रसिकप्रिया, कविप्रिया

कृष्णबिहारी मिश्र	देव और बिहारी
गुलाब राय	साहित्य और अध्ययन, काव्य के रूप
चिन्तामणि	काव्यविवेक, काव्यप्रकाश, कविकुल, कल्पतरु
जयशंकर 'प्रसाद'	काव्य और कला तथा अन्य निबन्ध
देव	भावविलास; शब्द रसायन
नगेन्द्र	रीतिकाव्य की भूमिका, विचार और विवेचन, रससिद्धांत, आस्था के चरण, भारतीय काव्यशास्त्र की भूमिका, आचार्य वामन और रीतिसिद्धांत
नन्द दुलारे वाजपेयी	आधुनिक साहित्य, हिंदी की बीसवीं शताब्दी
पद्मसिंह शर्मा	बिहारी की सतसई
प्रताप साहि	काव्यविलास, व्यंग्यार्थकौमुदी
भिखारी दास	शृंगार निर्णय, रस सारांश, काव्य-निर्णय
महावीर प्रसाद द्विवेदी	रसज्ञ रंजन
मिश्रबंधु	मिश्रबंधु विनोद, हिंदी नवरत्न
रामचन्द्र शुक्ल	चिन्तामणि (दो भाग), रसमीमांसा
लक्ष्मीनारायण 'सुधांशु'	काव्य के सिद्धान्त, काव्य में अभिव्यंजनावाद
सुमित्रानंदन पंत	पल्लव, ग्राम्या, आधुनिक कवि
सूर्यकांत त्रिपाठी 'निराला'	पंत और पल्लव, परिमल
श्यामसुन्दरदास	साहित्यालोचन
श्रीपति	काव्यसरोज
हजारी प्रसाद द्विवेदी	विचार और वितर्क, अशोक के फूल

अन्य महत्त्वपूर्ण ग्रंथ

अज्ञेय	संवत्सर
प्रेमस्वरूप गुप्त	रसगंगाधर का काव्यशास्त्रीय अध्ययन
सत्यदेव चौधरी	रससिद्धांत की प्रमुख समस्याएँ, अलंकार, रीति और वक्रोक्ति
आनंदप्रकाश दीक्षित	रससिद्धांत स्वरूप विश्लेषण
कमलाप्रसाद पाण्डेय	साहित्य शास्त्र
भगीरथ मिश्र	काव्यशास्त्र
बलदेव उपाध्याय	भारतीय साहित्य शास्त्र (दो भाग)
जयनाथ 'नलिन'	साहित्य का आधार दर्शन आदि।

2. रस-सिद्धांत (रस संप्रदाय)

भारतीय काव्यशास्त्र में रस सिद्धांत सर्वाधिक महत्त्व का अधिकारी रहा है। इस सिद्धांत के अनुयायी आचार्यों ने काव्य की समीक्षा और विवेचन रस को केंद्र में रख कर किया है। ये आचार्य दो-एक नहीं, इनका एक बहुत बड़ा वर्ग इस संप्रदाय के साथ रहा है।

आद्याचार्य भरतमुनि से लेकर अंत तक संस्कृत काव्यशास्त्र के इतिहास में रस किसी न किसी रूप में व्याख्यायित होता रहा है। भरत मुनि ने अपने नाट्यशास्त्र में रस-विषयक लगभग समग्र सामाग्री प्रस्तुत की है। इसके पश्चात् भामह तक काव्यशास्त्र का इतिहास मौन है। भामह, दण्डी, उद्भट जैसे अलंकारवादी, वामन जैसे रीतिवादी, आनंदवर्धन जैसे ध्वनिवादी और कुन्तक जैसे वक्रोक्तिवादी आचार्यों ने रस चर्चा पर्याप्त रूप से की है और अपने काव्यशास्त्रीय विवेचन और सिद्धांतों में रस को समुचित स्थान दिया है। भरतमुनि का विख्यात सूत्र—'विभावानुभावव्यभि-चाररिसंयोगाद्रस-निष्पत्तिः' की इस बीच में आचार्यों द्वारा व्याख्या प्रस्तुत की गई और रस के स्वरूप, रस की निष्पत्ति (रस-प्रक्रिया), रसों के (प्रकार) इत्यादि अनेक प्रश्नों और तद्जनित समस्याओं पर विचार किया गया। कभी रस का अलंकार में समाहित किया गया, कभी ध्वनि में, कभी अलंकारों को रस में स्वीकार कर लिया गया, कभी ध्वनि को रस में। हर बार प्रयत्न किया गया कि काव्य की आत्मा का निर्धारण हो। 'काव्य की आत्मा रस' है। इसकी स्वीकृति कई आचार्यों ने पुष्ट की। कई आचार्यों ने इसका खण्डन किया, और कई संप्रदाय रस-संप्रदाय के विरोध में खड़े किए गए। इतने पर भी 'रस' का महत्त्व कम न होकर बढ़ा ही। यही कारण है कि 'रस' भारतीय सहृदयगत आस्वाद के इतिहास की श्रेष्ठ उपलब्धि है।

अब हम रस क्या है? उसका क्या स्वरूप है? रस आस्वाद है या आस्वाद्य? रस की निष्पत्ति या रस-प्रक्रिया क्या है? साधारणीकरण का क्या अर्थ और स्वरूप-प्रक्रिया है? इत्यादि प्रश्नों पर विचार करेंगे। रस-सिद्धांत इन्हीं प्रश्नों का उत्तर है।

रस क्या है?

विभिन्न समयों में विभिन्न विद्वानों ने रस को विभिन्न ढंग से परिभाषित किया है।

यह तो आरम्भ से ही माना जाता रहा है कि रस 'काव्य' का एक अनिवार्य तत्त्व है। युगीन साहित्य के प्रिरिप्रेक्ष्य में 'रस' शब्द की विभिन्न भाषाओं को दो स्थूल वर्गों में रख कर समझा जा सकता है–

(i) वस्तुपरक परिभाषाओं का वर्ग

(ii) आत्मपरक परिभाषाओं का वर्ग।

वस्तुपरक परिभाषाओं के अनुसार–

1. रस–स्थायी भाव और विभावादि के योग से निर्मित का आस्वाद है।

2. रस–एक पदार्थ है जिसका आस्वादन किया जाता है।

3. रस–सहृदयनिरपेक्ष है, अथवा यह कि रस में सहृदय का अपना स्थान। कुछ नहीं है, रसास्वादन की प्रक्रिया में सहृदय तटस्थ रहता है।

डॉ॰ नगेन्द्र के शब्दों में कहें तो यह दृष्टि रस को इस प्रकार परिभाषित करती है–"विविध भावों ओर अभिनयों से व्यंजित भाव की कलात्मक अभिव्यंजना का भावमूलक काव्यसौंदर्य रस है।"

इस तरह इस परिभाषा में सहृदय की अनुभूति से रस का कोई संबंध दिखाई नहीं देता, यहाँ रस–अभिनय, वस्तु और स्थायीभाव (जो नाटक में हैं) के सापेक्ष है।

आत्मपरक परिभाषाओं के अनुसार, जिनके प्रमुख उद्घोषक अभिनव गुप्त थे, नाटकादि के सेवन से, भाव की भूमिका में, आत्माविश्रान्तिमयी आनंद चेतना ही रस है।

यहाँ रस निर्मिति अथवा आस्वाद का विषय (आस्वाद्य) न हो होकर स्वयं 'आस्वाद' ठहराया गया है।

रस आस्वाद्य है या आस्वाद?

उपर्युक्त दोनों प्रकार की परिभाषाओं को देखते हुए, दृष्टियों में जो मूल अंतर है वह रस की वस्तुपरकता या आत्मपरकता का है– यहीं यह प्रश्न विचारणीय बन जाता है। कि रस आस्वाद्य है या आस्वाद? संक्षेप में इस प्रश्न पर भी विचार कर लें।

यह प्रश्न वास्तव में भरतमुनि के एक पाठांश की विभिन्न आचार्यों द्वारा की गई विभिन्न समीक्षाओं में अंतर के कारण उठा। अभिनव गुप्त और विश्वनाथ ने इस प्रश्न पर गहराई से विचार किया था। इधर डॉ॰ नगेन्द्र ने भी इस पर पुनर्विचार किया है।

डॉ॰ नगेन्द्र के अनुसार भरत के समय तक रस शब्द 'आस्वाद्य' का वाचक होगा, पर, पर आगे चल कर अभिनव गुप्त के समय में यह 'आस्वाद' का वाचक बन गया। वास्तव में रस आस्वाद न होकर आस्वाद्य है–आस्वाद्यत्वात्, अर्थात् रस अनुभूति नहीं है, अनुभूति का विषय है। आधुनिक शब्दावली में कहें तो रस विषयगत **(Objective)**

है, विषयीगत (Subjective) नहीं है। भरत के इस कथन में–'कथम् आस्वाद्याते' रसः'–'आस्वाद्यते' इस कर्मवाच्य सूचक क्रिया में रस को 'आ + स्वद्' धातु के कर्म रूप में रखा गया है। अर्थात् रस आस्वादन क्रिया का कर्म है। दूसरे शब्दों में यही कहेंगे कि वह आस्वाद का विषय है। अतः भरत रस को एक प्रकार की भावमूलक कलात्मक स्थिति मानते थे, जो कवि-निबद्ध विभाव, अनुभाव और व्यभिचारी भावों के प्रसंग से नाट्यसामग्री के द्वारा रंगमंच पर उपस्थित हो जाती है।

डॉ॰ सत्यदेव चौधरी ने इस प्रश्न पर विचार करते हुए अपना मत दिया है कि लक्ष्यार्थ के आधार पर 'आस्वाद्य' को 'आस्वाद' ही मानते हुए रस को 'आस्वाद' का पर्याय मानना चाहिए। वे लिखते हैं कि 'नाट्यजगत् में विभावादि का यह संयोग रस (आस्वाद) का जनक उस प्रकार है, जिस प्रकार लौकिक संसारी में नाना प्रकार के व्यंजनों और द्रव्यों (मसालों) का पारस्परिक संयोग हर्षोत्पादक षड्रसास्वाद को उत्पन्न कर देता है। स्थायीभावों का आस्वाद तभी सम्भव है जब ये नाना प्रकार के भावों के नाटकीय अभिनय से प्रकट किए गए हों और वाग् (वाचिक) अंग (आंगिक) तथा सत्त्व (सात्त्विक अभिनयों) से संयोजित हों।

रस के अवयव

रस को समझने के लिए भरतमुनि का प्रसिद्ध सूत्र ही पर्याप्त है– विभावानुभावव्य-भिचारिसंयोगाद् रसनिष्पत्तिः अर्थात् विभाव, अनुभाव और व्यभिचारिभाव के संयोग से रस की निष्पत्ति होती है। इससे इतना ही स्पष्ट हो पाता है कि स्थायीभाव इन तीनों तत्त्वों (विभाव, अनुभाव, व्यभिचारीभाव) के संयोग द्वारा रसरूप को प्राप्त होते हैं।

इस तरह रस के चार अंग माने जाते हैं–स्थायीभाव, विभाव, अनुभाव और व्यभिचारीभाव।

1. स्थायीभाव

सहृदय के हृदय में जो मनोविकार वासना-रूप में सदैव विद्यमान रहते हैं तथा जिन्हें कोई अन्य भाव दबा नहीं सकता उन्हें स्थायीभाव कहते हैं। यह स्थायीभाव ही (रस रूप) आस्वाद का अंकुर कंद अर्थात् मूलभूत है।

सामान्यतः स्थायीभावों की संख्या नौ मानी जाती है।

1. रति 2. हास 3. शोक 4. उत्साह 5. क्रोध 6. भय 7. जुगुप्सा 8. विस्मय 9. निर्वेद।

कुछ आचार्य निर्वेद को स्थायीभाव स्वीकार नहीं करते।

स्थायीभाव ही रस का मूल आधार है। इन स्थायी भावों से ही क्रमशः नौ रस **निष्पन्न होते हैं**–

1. रति के शृंगार 2. हास-हास्य 3. शोक-करुण 4. उत्साह-वीर 5. क्रोध-रौद्र 6. भय-भयानक 7. जुगुप्सा-बीभत्स 8. विस्मय-अद्भुत 9. निर्वेद-शान्त।

एक अन्य रस 'वात्सल्य' या वत्सल भी माना जाता है, जिसका स्थायीभाव 'वात्सल्य' है। इस प्रकार स्थायीभावों और रसों की संख्या नौ से दस हो जाती है।

2. विभाव

रस के कारण को विभाव कहते हैं अर्थात् विभाव का अर्थ है कारण। लोक में जो पदार्थ सामाजिक के हृदय में वासनारूप में स्थित रति, उत्साह, शोक इत्यादि भावों को उद्बोधित करने के कारण हैं (काव्य में वर्णित होने पर) शास्त्रीय शब्दों में 'विभाव' कहलाते हैं।

अतः स्पष्ट है कि विभाव सामाजिक के हृदय में स्थित स्थायीभावों को उद्बोधित करते हैं, उन्हें आस्वाद्य बनाते हैं या रस को व्यक्त करने के कारण हो, विभाव हैं।

विभाव के दो भेद हैं–

(अ) आलम्बन विभाव,

(ब) उद्दीपन विभाव।

(अ) जिन पात्रों का आलम्बन करके सहृदय के स्थायी भाव रस रूप में अभिव्यक्त या परिणत होते हैं, उन्हें आलम्बन विभाव कहते हैं। यथा–शृंगारस में नायक-नायिका आदि।

आलम्बन विभाव के दो भेद हैं–

आलम्बन (या विषय) और आश्रय।

आलम्बन या विषय तो वह है जिसके प्रति हृदय में भाव जागरित होते हैं और आश्रय वह है जिसके हृदय में किसी के प्रति भाव जागरित होते हैं। उदाहरण के लिए कृष्ण और गोपियों के किसी प्रसंग को लें, यदि कृष्ण के लिए गोपियों में बेचैनी है, या कोई अन्य भाव है, तो यहाँ कृष्ण आलम्बन हैं, और गोपियां आश्रय हैं। यही दोनों मिलकर आलम्बन-विभाव हैं क्योंकि दोनों सामाजिक (सहृदय) के स्थायीभावों को रसास्वाद तक पहुँचाने वाले कारण हैं।

(ब) उद्दीपन विभाव वे कहलाते हैं जो रस को उद्दीप्त करते हैं। अर्थात् जो स्थायीभावों को उद्दीप्त करके उनकी आस्वादन क्षमता बढ़ाते हैं और उन स्थायीभावों को रसावस्था तक पहुँचाने में सहायक होते हैं।

उद्दीपन विभाव दो प्रकार के माने जाते हैं–

(i) आलम्बन-गत बाह्य चेष्टाएँ।

(ii) बाह्य वातावरण।

ऊपर आलम्बन विभाव में हमने कृष्ण और गोपियों के प्रसंग का उदाहरण दिया। इसी में देखें कृष्ण की चेष्टाएँ गोपियों के भावों को और उद्दीप्त करती हैं, वे उद्दीपन विभाव हैं। प्रकृति का वातावरण भी गोपियों के भावों को उद्दीप्त करता है, वह भी उद्दीपन विभाव है। इस प्रकार ये दोनों क्रमशः आलम्बनगत बाह्य चेष्टाएँ तथा बाह्य वातावरण हैं।

ये दोनों ही विभाव गोपियों के भावों को उद्दीप्त करने के सहायक कारण हैं। उत्तेजक हैं।

3. अनुभाव

स्थायीभावों को प्रकाशित करने वाली आश्रय की बाह्य चेष्टाएँ 'अनुभाव' कहलाती हैं। अनु = पीछे, अर्थात् जो स्थायीभावों के पीछे (बाद में) उत्पन्न होते हैं वे अनुभाव हैं। (भावमनु अनुभावः) अथवा कहें कि जो उत्पन्न स्थायीभावों का अनुभव कराते हैं, वे अनुभाव हैं (अनुभावयन्ति इति अनुभावाः)।

ऊपर हमने जो उदाहरण कृष्ण-गोपियों का दिया है, उसमें गोपियों का सिसकियाँ भरना, प्रलाप करना, खामोश होकर बैठ जाना इत्यादि प्रसंगानुकूल जो भी बाह्य चेष्टाएँ हैं वे सभी अनुभाव के अंतर्गत हैं।

अनुभाव के चार रूप माने जाते हैं–

1. आंगिक–अर्थात् शरीर सम्बन्धी चेष्टाएँ।
2. वाचिक–अर्थात् वाग्व्यापा।
3. आहार्य–अर्थात् वेशभूषा, अलंकरण, साजसज्जा आदि।

इन तीनों अनुभावों के लिए आश्रय को (जिसके हृदय में भाव उठ रहे हैं) कुछ न कुछ चेष्टा या प्रयत्न करना पड़ता है–अतः ये तीनों तरह के अनुभाव 'यत्नज' कहलाते हैं।

4. सात्त्विक–अर्थात् सत्त्व के योग से उत्पन्न कायिक चेष्टाएँ।

इनका निर्वहण स्वतः ही, बिना यत्न के आश्रय द्वारा हो जाता है। अतः इस वर्ग में आने वाली आश्रय की सभी चेष्टाएँ 'अयत्नज' कहलाती हैं।

सात्त्विक अनुभाव 8 माने गए हैं–

(i) (भावों की अतिशयता के कारण अंगों का निष्क्रिय हो जाना)
(ii) स्वेद–(पसीना आ जाना)
(iii) रोमांच–(शरीर में पुलक छा जाना, रौंगटे खड़े हो जाना)
(iv) स्वरभंग (स्वर बदल जाना, स्वाभाविक रूप से शब्द न निकलना)
(v) वेपथु (शरीर का कंपायमान होना)

(vi) वैवर्ण्य (मुख का रंग बदल जाना)
(vii) अश्रु (आँसू निकल आना)
(viii) प्रलाप (चीख-चीख कर रोना)

4. व्यभिचारीभाव या संचारीभाव

संचारी का अर्थ है साथ-साथ चलना और संचरणशील होना। संचारी-भाव स्थायीभावों के सहकारी कारण हैं, यही उन्हें रसावस्था तक ले जाते हैं और स्वयं बीच में ही लुप्त हो जाते हैं।

संचारीभाव अस्थिर मनोविकार या चित्तवृत्तियाँ हैं। ये आश्रय और आलम्बन के मन में उठते और मिटते हैं। अतः अस्थिर मनोविकार या चित्रवृत्तियाँ 'संचारीभाव' कहलाती हैं।

यों संचारीभाव अनगिनत हैं, फिर भी सुविधा की दृष्टि से इनकी संख्या 33 मानी गई है—निर्वेद, ग्लानि, शंका, असूया, मद, श्रम, आलस्य, दीनता, चिंता, मोह, स्मृति, धृति, व्रीड़ा, चापल्य, हर्ष, आवेग, जड़ता, गर्व, अवमर्ष, अवहित्था, उग्रता, मति, व्याधि, उन्माद, त्रास, वितर्क।

रस का विभावादि अंगों के साथ क्या संबंध है?

ऊपर हमने देखा कि विभाव, अनुभाव और संचारी के योग से ही स्थायीभाव रसरूप में परिणत होते हैं। रस की प्रतीति तभी तक रहती है, जब तक विभाव इत्यादि तीनों की प्रतीति रहती है। अतः विभावादि और रस की प्रतीति में कारण-कार्य का संबंध है (विभावादि कारण हैं, रस की प्रतीति कार्य); यह संबंध पूर्वापर संबंध नहीं है अपितु दोनों का संबंध समूहालम्बनात्मक है अर्थात् दोनों ही प्रतीतियाँ एकत्र एवं समकालीन अवस्था में चलती हैं। विभाव, अनुभाव, व्यभिचारीभाव अलग-अलग प्रतीत होते हुए भी रस की प्रतीति की प्रक्रिया में वे अखण्ड एवं संश्लिष्ट रूप में ही होते हैं, इसीलिए रस को अखण्ड माना गया है। रस प्रतीति में इन सभी की समानरूप में सहायता होती है।

[रस प्रक्रिया में विभाव, अनुभाव और संचारी भावों के सम्बन्ध को समझने के लिए विज्ञान के एक उपकरण विद्युतघंटी के उदाहरण द्वारा समझा जा सकता है। विद्युतघंटी बिजली से बजने वाली घंटी है। इसमें एक लोहे का टुकड़ा होता है, जिस पर तांबे के तार लिपटे रहते हैं। विद्युत का पूरा चक्र प्रवाहित होने पर वह लोहे का टुकड़ा चुम्बक बन जाता है और वह एक छोटी-सी हथौड़ीनुमा पत्ती को अपनी ओर खींचता है—खिंचते समय वह हथौड़ी घंटी से टकरा जाती है, और आवाज़ होती है।

इस प्रक्रिया को समझने के लिए देखें तो कहा जा सकता है कि जो लोहे का टुकड़ा, ताम्बे के तारों से लिपटा हुआ है वह स्थायीभाव है। विद्युत का परिपथ विभाव है, (जिसके कारण लोहे का टुकड़ा चुम्बक बनता है), अन्य जो परिवर्तन होते हैं, हथौड़ी का खिंचना इत्यादि वे अनुभाव हैं, घंटी का आवाज करना संचारीभाव माना जा सकता है। जिस तरह विद्युत घंटी के बजने में अन्य सभी अंगों, साधनों की समानरूप से आवश्यकता रहती है, उसी तरह रसप्रक्रिया में भी विभावादि की समानरूप से आवश्यकता रहती है।]

रस का स्वरूप

पीछे, रस क्या है? प्रश्न का उत्तर देते हुए हमने देखा कि रस के स्वरूप के संबंध में संस्कृत-काल में दो तरह की धारणाएँ थीं–

1. भट्टनायक तक रस को आस्वाद्य (आस्वाद का विषय) माना जाता था।
2. अभिनवगुप्त और उसके बाद के आचार्यों ने रस को आस्वाद्य न मानकर 'आस्वाद' माना।

इस प्रकार भरतमुनि, भट्टलोल्लट और शंकुक मानते थे कि जगत् की नाना प्रकार की क्रिया-प्रतिक्रियाओं की कलात्मक अभिव्यंजना रस है, अतः संसार की प्रत्येक वस्तु पारस्परिक रूप से आस्वाद्य होने के कारण रस भी आस्वाद्य है।

अभिनव गुप्त इत्यादि आचार्य मानते हैं कि रस जगत् का प्रतिबिम्ब है, ठीक है किंतु यह सहृदय की मनसाचर्वणा में विलोड़ित होता है। सहृदय काव्य का अध्ययन करते समय (या नाटक देखते समय) उनसे गृहीत सम्पूर्ण सामग्री को अपने मानस के पूर्व संचित संस्कारों से संगति स्थापित करने देता है। इसी संगति-स्थापना में उस प्रतिबिम्ब का मूल रूप खंडित हो जाता है और दोनों के संयोग से जो नई वृत्ति जन्म लेती है वह है आनंद। यह आनंद ही रस का पर्याय है।

अभिनव गुप्त की इस मान्यता का उनके बाद के आचार्यों मम्मट, विश्वनाथ आदि ने अपनी-अपनी तरह प्रतिपादन कर रस के स्वरूप को स्पष्ट किया। इन सब आचार्यों में विश्वनाथ का विश्लेषण रस के स्वरूप को सबसे अच्छी तरह स्पष्ट करता है।

आचार्य विश्वनाथ के अनुसार–

सत्त्वोद्रेकादखण्डस्वप्रकाशानन्दचिन्मयः।
वेद्यान्तरस्पर्शशून्यो ब्रह्मास्वादसहोदरः॥
लोकोत्तरचमत्कारप्राणः कैश्चित्प्रमातृभिः।
स्वाकारवदभिन्नत्वेनाऽयमास्वाद्यते रसः॥

(अर्थात् चित्त में सतोगुण के उद्रेक की स्थिति में विशिष्ट संस्कारवान् सहृदयजन, अखण्ड, स्वप्रकाशानंद, चिन्मय, अन्य सभी प्रकार के ज्ञान से विनिर्मुक्त, ब्रह्मानंदसहोदर, लोकोत्तरचमत्कारप्राण रस का निज रूप से आस्वादन करते हैं।)

इस प्रकार विश्वनाथ के अनुसार–

1. रस अखण्ड है। यह यद्यपि अपने अन्य अंगों–विभाव, अनुभाव, संचारीभाव के संयोग से ही बनता है तथापि इसे इन अंगों से पृथक् नहीं किया जा सकता। यह स्वतः पूर्ण होता है। इसे कोटियों में विभक्त नहीं किया जा सकता।
2. रस 'स्वप्रकाश'–आनंद आत्मचैतन्य है। 'स्व-प्रकाश' से तात्पर्य यह कि यह स्वयं प्रकाशित होता है, इसे प्रकाशित करने के लिए अन्य साधन की आवश्यकता नहीं होती। इसीलिए यह अपने 'आकार से भी अभिन्न है। जैसे सूर्य स्वयं प्रकाशित है वैसे ही रस भी।
3. रस चिन्मय है। इसका तात्पर्य यह है कि यह शुद्ध चेतन न होकर चेतनता-प्रधान है। मद्यपान, निद्रा इत्यादि की तरह जड़ आनंद न होकर काव्यानंद (रस) आत्मा के समान प्राणवान्, सचेतन है।
4. रस वेद्यान्तरस्पर्शशून्य है, अर्थात् रस ज्ञान के अनुभव से परे है। रस की अनुभूति के समय सम्पूर्ण ज्ञान-कोटियाँ और उनका स्वरूप नष्ट होकर आनंद रूप में परिणत हो जाता है। इसलिए कहा गया है कि रस के आस्वादन के समय अन्य किसी प्रकार के वेद्य अर्थात् ज्ञान का सपर्श तक नहीं हो पाता। हम उस समय अपना अस्तित्व तक भूल जाते हैं, फिर वातावरण देश-काल और अन्य सामान्य घटनाओं के याद रहने का तो प्रश्न ही नहीं।
5. रस ब्रह्मानंद सहोदर है। इसका तात्पर्य यह कि रस का आस्वादन ब्रह्मास्वाद का सहोदर या समानधर्मा है। यह स्वयं ब्रह्मानंद नहीं है, क्योंकि ब्रह्मानंद तो पूर्णतः स्थायी होता है और साधनाजन्य है। ब्रह्मास्वाद के समय योगी या साधक ऐन्द्रिय विकारों से नितान्त विमुक्त होता है, इधर काव्यास्वाद के समय भी सहृदय ऐन्द्रिय विकारों से विमुक्त रहता है किंतु तत्काल के लिए। काव्यास्वाद की प्राप्ति के बाद लौकि विचारों की ओर प्रवृत्ति की संभावना सदैव बनी रहती है। अतः रस काव्यास्वाद न होकर उसका सहोदर है।
6. रस लोकोत्तरचमत्कारप्राण, अनिर्वचनीय, (अलौकिक) तथा आनंदमय है। रस का प्राण है चमत्कार। यह 'चमत्कार' चित्त का विकासजन्य आह्लाद है। रस का प्राण यही आनंद है, जो लोकोत्तर है।

रस का इतना विशद, व्याख्यात्मक स्वरूप प्रस्तुत करते हुए भी आचार्य, रस के

स्वरूप के विषय में अपनी जिज्ञासा का शमन नहीं कर सके; यही कारण है कि उन्होंने रस को 'अनिर्वचनीय' कह कर अपनी पराजय स्वीकार कर ली है।

समग्रतः इन विशेषताओं को ध्यान में रखते हुए रस के स्वरूप को इस प्रकार कह सकते हैं;

'काव्यास्वाद से सहृदयों के हृदय में उत्पन्न स्वप्रकाश, अखण्ड, चिन्मय आनंद को रस कहते हैं, जो ब्रह्मानंद सहोदर अनिर्वचनीय लोकोत्तरचमत्कार और ज्ञान अनुभव से परे है।'

रस-निष्पत्ति अर्थात् रस-प्रक्रिया

रस-निष्पत्ति का विवेचन भारतीय काव्य-शास्त्र में विवाद का विषय रहा है। रस के संबंध हर बिंदु पर विचार करने के लिए हमें भरतमुनि से उसी प्रसिद्ध सूत्र को उठाना पड़ता है, जिसे हमने पहले भी रस की परिभाषा, अंग, स्वरूप आदि को समझने के लिए उठाया है—अर्थात् 'विभावानुभावयभिचारिसंयोगाद् रसनिष्पत्तिः।' भरत का यह सूत्र अत्यन्त विस्तृत व्याख्या की अपेक्षा रखता है। क्योंकि सामान्यतः कह लें—'विभाव, अनुभाव और संचारी (व्यभिचारी) भावों के संयोग से रस की निष्पत्ति होती है', किंतु इस कथन में अस्पष्टता है। दो प्रश्न उठते हैं—

1. संयोग और निष्पत्ति का क्या आशय है?
2. रस की निष्पत्ति कहाँ होती है?—अनुभूति (ऐतिहासिक पात्र में) या नट में या सहृदय में?

भरतमुनि के परवर्ती आचार्यों ने भरत के इस सूत्र की अपने-अपने ढंग से व्याख्या प्रस्तुत की है, इन प्रश्नों का समाधान भी प्रस्तुत करने का प्रयत्न किया है; किंतु उपर्युक्त दोनों प्रश्न इतने साफ नहीं हो सके हैं कि हमारी जिज्ञासा को शांति प्राप्त हो सके। फिर भी तर्क-वितर्क, आक्षेप और उत्तर-समाधानों से हमें कुछ संतोषजनक तथ्य उपलब्ध हो जाते हैं। अतः विभिन्न व्याख्याताओं की प्रतिपत्तियाँ अवेक्षणीय हैं।

मूल स्मस्या—'संयोग' और 'निष्पत्ति'—इन दो शब्दों से क्या आशय है? तब अगली समस्या रस की निष्पत्ति कहाँ होती हैं—अनुभूति (ऐतिहासिक पात्र में) या नट में या सहृदय में?

आरम्भिक बिंदुः भरत मुनि का दृष्टिकोण

भरत ने संयोग का अर्थ संसर्ग से तथा निष्पत्ति का अर्थ बनना, रस-रूप को प्राप्त होना या निष्पन्न होना ग्रहण किया।

उनके अतिरिक्त उन्होंने 'उत्पत्ति' शब्द का प्रयोग भी अनेक बार किया है। ध्यान देने की बात है कि उनका 'उत्पत्ति' शब्द अरूप को रूप देने का वाचक नहीं है, बल्कि 'नया रूप धारण करने' का बोधक है। विभावादि का 'संसर्ग' पाने से स्थायीभाव, रस का नया रूप प्राप्त कर लेता है। यह है भरतमुनि का आशय। सूत्र रूप में देखें तो—

स्थायीभाव + विभावादि [संसर्ग] = [नया रूप] रस

भट्ट लोल्लट : उत्पत्तिवाद या आरोपवाद : प्रथम सूत्र का प्रथम विवेचन

भरतमुनि के परवर्ती आचार्यों में भरतसूत्र के प्रथम व्याख्याता भट्टलोल्लट हैं।

(अ) संयोग का अर्थ—'स्थायी से संसर्ग' किया है।

(ब) स्थायी की सत्ता अनुकार्य (मूलपात्र राम आदि) में नट अभिनेता, प्रेक्षक या प्रमातादर्शक या आस्वाद में स्वीकार की है।

(स) निष्पत्ति का अर्थ 'उत्पत्ति' से लिया है।

उनके अनुसार संयोग—कारण संबंध और निष्पत्ति कार्य है, अतः दोनों कारण-कार्य संबंधवाची शब्द हैं। विभाव, अनुभाव और संचारी भाव का स्थायीभाव से संबंध होने पर स्थायीभाव रस रूप में उत्पन्न होता है। दूसरे ढंग से कहें तो स्थायीभाव आलम्बन द्वारा उद्बुद्ध (उत्पन्न) होकर, उद्दीपन से उद्दीप्त होकर, संचारियों से पुष्ट होता है। रस की अभिव्यक्ति अनुकार्य में होती है।

उनके अनुसार स्थायीभाव उत्पन्न होकर रसरूप में प्रकट होते हैं। उत्पत्ति का अर्थ, अरूप से रूप न होकर, 'उपचित' होने से है जो एक मिश्र प्रक्रिया है।

संक्षेप में कहें तो भट्टलोल्लट के अनुसार—स्थायीभाव उपचेय हैं, विभावादि उपचायक हैं। इन दोनों का कार्य-कारण संबंध है। इस संबंध को संयोग कह सकते हैं। इस संयोग से जो उपचिति या निष्पत्ति होगी, वह विभाव से उत्पन्न, संचारी से पुष्ट और अनुभाव से प्रतीत होगी। सारांशतः—

1. उपचितावस्था अर्थात् परिपक्वावस्था को प्राप्त स्थायी भाव ही 'रस- हैं।

स्थायी भाव जो स्वयं आरम्भ में अनुपचित, (अपरिपक्व) रहते हैं, विभाव, अनुभाव और संचारीभावों का संयोग पाकर जब उपचित (परिपक्व) होते हैं तब इनका नाम 'रस' हो जाता है।

2. यह रस अनुकार्य—(वास्तविक रामादि) में भी रहता है और अभिनय करने वाले (अनुकरणकर्ता) नट (अभिनेता) में भी।

'काव्यप्रकाश' के प्रणेता आचार्य मम्मट ने भट्ट लोल्लट के इस सिद्धांत को थोड़ा-सा परिवर्तित करके प्रतिपादित किया है—वह इस रूप में—

(अ) आलम्बन—उद्दीपन—विभावों तथा स्थायीभाव में परस्पर जन्य जनक संबंध है।

(ब) अनुभाव तथा स्थायी भाव में गम्य-गमक-संबंध है।

(स) व्यभिचारीभाव तथा स्थायीभाव में पोष्य-पोषक संबंध है।

इस संबंध के आधार पर, स्थायीभाव विभावादि के द्वारा जन्य, अनुभाव द्वारा गम्य और व्यभिचारीभाव द्वारा पुष्ट होकर 'रस' रूप में प्रतीयमान होता है।

[वस्तुतः भट्टलोल्लट की स्थापना में विभावादि और स्थायीभाव का संबंध कारण-कार्य का संबंध है। कार्य—स्थायीभाव (क्योंकि यही पैदा होकर रस रूप में बनता है)। कारण—विभाव, अनुभाव, संचारीभाव (क्योंकि इनके ही कारण स्थायीभावों का रस रूप में जन्म होता है।)]

[रस की इस प्रक्रिया को एक सामान्य-सी रासायनिक क्रिया के माध्यम से समझा जा सकता है—प्रयोगशाला में किसी मिश्रण का रासायनिक परीक्षण करते समय, हम मिश्रण को परखनली में रखकर, कुछ अन्य रासायनिक पदार्थ, (अम्ल इत्यादि) डालकर, गर्म करते हैं। इस प्रक्रिया के बाद उस मिश्रण का रंग बदलने लगता है और हम प्रायः इस बदलते हुए रंग या किसी रंग के अवक्षेप (Precepitate) के आधार पर मिश्रण में उपस्थित पदार्थ को निश्चित करते हैं। यह प्रक्रिया रस-निष्पत्ति को समझने में इस प्रकार सहायत हो सकती है—

मिश्रण(A) + रासायनिक पदार्थ(B) → क्षणिक रंग परिवर्तन → अवक्षेप या विशिष्ट रंग]
(स्थायीभाव) (विभाव) रस (संचारी भाव)
(अनुभाव)

दूसरी बात जो भट्टलोल्लट ने स्पष्ट करनी चाही वह यह है—

(अ) नट (अभिनेता) स्थायीभाव को जन्म देने वाला या उत्पादक नहीं है, वह मूल-पात्र (रामादि) का अनुकरण मात्र करता है। वह कुछ देर के लिए वेशभूषा बनाकर, अनुभावों के अभिनय द्वारा मूलपात्र का आरोप अपने में करता है। वह अपने भीतर अनुकार्य के रस की बार-बार खोज करता है। वह यत्न करता है कि दूसरों को चमत्कृत कर सके।

(ब) स्थायीभाव दर्शकों या प्रेक्षकों में नहीं रहता। दर्शक तो अभिनेता (नट) के कुशल अभिनय को देखता है और उसी में ही रस की प्रतीति मानकर चमत्कृत होता है।

(स) अनुकार्य का हृदय ही रस-निष्पत्ति का प्रधान स्थल है।

आक्षेप और सीमाएँ

लोल्लट का मत अधिक दिन तक न टिक सका, क्योंकि उसमें कई भ्रान्तियाँ थीं। परवर्ती आचार्यों ने कई आरोपों का स्पष्टीकरण चाहा जो इस मत की सीमाओं ओर त्रुटियों के कारण पुष्ट न हो सका। इन आचार्यों में सबसे प्रबल आक्षेप आचार्य शंकुक ने किए। संक्षेप में देखें तो दो आक्षेप महत्त्वपूर्ण हैं—एक तो विभाव और रस में कारण-कार्य-संबंध की लौकिक सीमा का अतिक्रमण।

शंकुक का कहना है कि लोल्लट की यह कारण-कार्य-भाव संबंध की स्थापना इन दो कसौटियों पर खरी नहीं उतरती—

(i) कारण के नष्ट हो जाने पर भी कार्य की स्थिति बनी रहती है।

(ii) कारण और कार्य की एक-साथ स्थिति कदापि संभव नहीं है—इनमें थोड़ा-बहुत पूर्वापरभाव अवश्य रहता है।

अतः स्थायीभाव को कार्य मान लेना उचित नहीं है, क्योंकि कार्य-कारण के बाद भी पाया जाता है, परंतु स्थायीभाव विभावादि (कारण) के बाद नहीं रह जाता।

शंकुक का दूसरा आक्षेप है—नायकगत रसास्वाद प्राप्ति के लिए नट रूप माध्यम की व्यर्थता।

शंकुक ने कहा कि लोल्लट का यह सिद्धांत कि 'सामाजिक नायक-नायिका द्वारा अनुभूत रस का आस्वादन नट-नटी के माध्यम से प्राप्त करता है। "अतिव्याप्ति दोष से युक्त है जिसमें स्थायीभाव होगा, रस भी उसी में होगा, न किसी अन्य में—इस तरह केवल नायक-नायिका ही रसास्वादन-प्राप्ति के अधिकारी ठहरते हैं। नट-नटी और उसके नायक-नायिका की रसास्वादन प्राप्ति के अधिकारी नहीं ठहरते। दूसरे सामाजिक अभिनेय के हास-रति इत्यादि भावों में तो एक बार को आनंदमूलक रस प्राप्त कर भी सकता है, किंतु शोक-भय इत्यादि भावों से नहीं।

इसके बाद आचार्य शंकुक ने रस-निष्पत्ति पर अपना मत दिया।

आचार्य शंकुक : अनुमितिवाद (अनुमानवाद)

शंकुक की व्याख्या भट्टलोल्लट से भिन्न प्रकार की है। उनके अनुसार—

(अ) निष्पत्ति का अर्थ 'अनुमिति' है,

(ब) विभावादि अनुमापक हैं और अनुमाप्य।

(इसी को उन्होंने ज्ञाप्य(रस), ज्ञापक (विभावादि) और गम्य (रस) तथा गमक (विभावादि) कहा है।)

(स) रस की स्थिति अनुकार्य (मूलपात्र) में होती है।

शंकुक रस-प्रक्रिया के लिए एक नए तथ्य को प्रस्तुत करते हैं कि रस की स्थिति

अनुकार्य (मूल-पात्र) में होती है, नट अपने कुशल अभिनय द्वारा हाव-भाव के माध्यम से उसे प्रदर्शित करना चाहता है। वस्तुतः नट में रस की स्थिति नहीं है पर उसमें यह अनुमान कर लिया जाता है। जब तक सामाजिक नट को उसके अभिनय-कौशल के बल पर रामादि नहीं समझता तब तक उसे रसास्वाद प्राप्त नहीं हो सकता। नट के अभिनय-कौशल को देखकर ही सहृदय भ्रम के कारण नायक का अनुमान करता है।

गम्य-गमक का अर्थ उन्होंने कार्य-कारण संबंध माना। वे कार्य-कारण का नामकरण इस प्रकार करते हैं–

गमक-(विभावादि)–अनुमापक, गम्य (कार्य या रस) अनुमेय संयोग

अनुमान्य–माध्यम, नट

अनुमानक–सहृदय

अनुकार्य–मुख्य नायक (मूल पात्र रामादि)

वस्तुतः शंकुक का सिद्धांत भट्ट लोल्लट के सिद्धांत की मूल भित्ति अर्थात् 'नट की माध्यम रूप में स्वीकृति' पर ही अवस्थित है। दोनों में थोड़ा सा अंतर यही है कि–लोल्लट के अनुसार सामाजिक नट पर मूल नायकादि का 'आरोप' कर लेता है और जबकि शंकुक के अनुसार वह 'अनुमान' कर लेता है कि नट ही मूल नायक है।

शंकुक का 'अनुमान' अन्य लौकिक अनुमानों से भिन्न और विलक्षण है। यह 'चित्रतुरंग न्याय' जैसा है, अर्थात् जैसे चित्र में भागता हुआ घोड़ा न भागते हुए भी भागता सा प्रतीत होता है, वैसा ही अनुमान काव्यास्वाद के सन्दर्भ में सहृदय को करना पड़ता है कि यह नट नहीं, मूल पात्र है।

आक्षेप और सीमाएँ

शंकुक के परवर्ती आचार्यों ने अनुमितिवाद पर अनेक आक्षेप किए, ध्वनिवादी आनंदवर्धन के अनुयायी आचार्य मम्मट ने तो 'अनुमान' को ध्वनि के अंतर्गत मान लिया और इस सिद्धांत की नींव ही कमजोर कर दीं। इससे पूर्व भट्ट तौत और भट्टनायक ने भी इस सिद्धांत पर तीखे प्रहार किए। संक्षेप में देखें तो–

1. चित्र में घोड़े को घोड़ा कहने वाले बालक हो सकते हैं–विज्ञ नहीं, क्योंकि वे जानते हैं कि इस पर चढ़कर आनंद प्राप्त नहीं किया जा सकता।
2. अनुकरण सदैव वेशभूषा का संभव है–स्थायीभाव, विभाव, अनुभाव, संचारीभावों का नहीं है।
3. अनुमान सदैव सत्य नहीं होता–इसलिए मिथ्या पर आधारित सत्य का अनुभव असंभव है। प्रत्यक्ष ज्ञान से जो आनंद प्राप्त हो सकता है वह अनुमान से नहीं।

4. यदि यह मान लिया जाए कि आलम्बन के विषय में नायक की भावना प्रेक्षक के हृदय में उत्पन्न होती है तो शृंगार रसादि में देवता तथा पूज्य व्यक्तियों के संबंध में यह कैसे हो सकेगा? प्रेक्षक सीता को जगत् की माता समझते हैं। अभिनय में राम की रति उनके हृदय में उत्पन्न नहीं होगी। इसी तरह अन्य बहुत से अलौकिक कार्य भी अभिनय में समान अधिकार भाव से नहीं किए दिखाये जा सकते।

फिर भी शंकुक के सिद्धांत की अपनी देन है, जो विशिष्ट है। सामाजिक के प्रश्न को स्पष्ट रूप से उठाकर अन्य आचार्यों के चिंतन की पृष्ठभूमि उन्होंने तैयार की।

भट्टनायक : भुक्तिवाद

शंकुक के सिद्धांत की सीमाओं और दोषों को पहचान कर रस-निष्पत्ति की नई व्याख्या आचार्य भट्टनायक ने की। दुःख के भावों में भी आनंद क्यों मिलता है? नायक (मूल पात्र) के जीवन के रस आभास सहृदय के हृदय में कैसे होता है? ऐसे प्रश्नों का उत्तर उन्होंने अपने 'भुक्तिवाद-सिद्धांत' में दिया है। उनके अनुसार–

(अ) 'संयोग' शब्द का अर्थ है 'भोज्य-भोजक-भाव'

(ब) 'निष्पत्ति' का अर्थ है 'भोग'।

उनकी धारणा है कि न तो रस की उत्पत्ति होती है और न अनुमिति ही तथा उसकी अभिव्यक्ति भी नहीं होती बल्कि अनुभव और स्मृति के आधार पर रस की प्रतीति होती है।

उन्होंने देखा कि लोल्लट और शंकुक के सिद्धांत नट के माध्यम से मूलनायक(रामादि पात्र) द्वारा सामाजिक को अनुभूति रस की प्राप्ति कराने के पक्ष में थे; किंतु समस्या यह है कि (1) मूलनायक (रामादि) की रसानुभूति की मात्रा का नट को क्या पता, जिसने उन्हें कभी देखा नहीं। (2) हमारे संस्कार भी ऐसी स्थिति में तादात्म्य स्थापित करने में बाधक हैं, किसी पात्र के प्रति हमारे मन में श्रद्धा है, हो सकता है अन्य किसी को उसके प्रति वैसी श्रद्धा न हो, घृणा हो।

इसीलिए भट्टनायक ने इन दोनों ही समस्याओं का समाधान अपने ढंग से प्रस्तुत किया।

भट्टनायक ने काव्य अर्थात् शब्द के तीन व्यापारों की कल्पना की, और 'रस-निष्पत्ति' के तीन सोपान तय किए–(1) अभिधा (2) भावकत्व (3) भोग (भोजकत्व)।

(i) अभिधा व्यापार द्वारा शब्दार्थ का ज्ञान होता है। (यहाँ अभिधा व्यापार में अभिधा और लक्षणा दोनों शब्द-शक्तियाँ अंतर्भूत हैं।)

(ii) शब्दार्थ का बोध होते ही साधारणीकरणात्मक 'भावकत्व' व्यापार द्वारा

स्थायीभाव और विभावादि व्यक्ति विशेष से सम्बद्ध न रहकर साधारण रूप धारण कर लेते हैं अर्थात् वे व्यक्तिगत भावों से सर्वसाधारण के भाव बन जाते हैं।

(iii) साधारणीकरण होते ही सामाजिक का सत्त्व गुण उसके हृदयस्थ अन्य सब प्रकार के रजोगुण और तमोगुण संबंधी भावों को तिरस्कृत कर स्वयं प्रादुर्भूत हो जाता है। यहाँ पर नायक (मूल-पात्र) के सभी लौकिक गुण-अवगुण सुख-दुःख अलौकिक हो जाते हैं। वही अलौकिक आनंद 'रस' कहलाता है। इस तरह वह ब्रह्मानंद सहोदर भी है। यही 'भोग' या 'भोजकत्व' व्यापार है।

वास्तव में रस निष्पत्ति के संदर्भ में रसानुभूति की समस्या को सुलझने में भट्टनायक का यह सिद्धांत बहुत-सी समस्याओं को हल कर देता है। दुःख से आनंद की प्राप्ति कैसे हो सकती है? इसका उत्तर भी हमें मिल जाता है, प्रेक्षक को मूलपात्र के भावों में आनंद लेने की समस्या भी हल हो जाती है। साधारणीकरण की कल्पना बहुत ही महत्त्व की है। उनका सिद्धांत अधिक मनोवैज्ञानिक है।

बाद में अभिनव गुप्त ने भट्टनायक के 'साधारणीकरण तत्त्व' को बड़ी उदारता के साथ अपनाया, किंतु वे उनके भावकत्व और भोग (भोजकत्व) व्यापारों से सहमत नहीं हुए। क्योंकि–

(i) ये दोनों व्यापार (भावकत्व, भोजकत्व) किसी अन्य शास्त्र या किसी अन्य आचार्य द्वारा कभी प्रतिपादित नहीं किए गए थे।

(ii) भावकत्व व्यापार ध्वनि में और 'भोजकत्व' व्यापार का 'रसास्वाद' में अंतर्भाव सरलता से हो जाता है।

किंतु ये अस्वीकृति के कोई प्रबल तर्क नहीं माने जा सकते। वास्तव में इसमें त्रुटि यह है कि भावकत्व और भोजकत्व व्यापारों का संबंध प्रत्यक्ष नहीं है। इनके स्वरूप में भी स्पष्ट अंतर है। अभिधा व्यापार स्थूल और बाह्य है और शेष दोनों व्यापार सूक्ष्म और अभ्यन्तर हैं। वस्तुतः भावकत्व व्यापार को 'शब्द' का व्यापार नहीं मानना चाहिए। साधारणीकरण जैसे मानसिक व्यापार को कोरे शब्द का व्यापार मान लेना निस्सन्देह मनोविज्ञान के विपरीत है।

अभिनव गुप्त : अभिव्यक्तिवाद

अभिनव गुप्त ने अपनी मान्यता स्थायीभाव की स्थिति पर केन्द्रित रख कर प्रस्तुत की। उनका कथन है कि राग-द्वेष की भावना को मनुष्य जन्म से ही लेकर पैदा होते हैं। समय-समय पर हम परिस्थिति के अनुकूल भावों का अनुभव करते हैं–ये सभी संस्कार रूप में मनुष्य के हृदय में सोते रहते हैं। इनसे रहित कोई प्राणी नहीं होता,

हाँ इनकी प्रबलता में अंतर हो सकता है, यथा कवि में इनकी अनुभूति अन्य की अपेक्षा अधिक होती है।

इनके अनुसार–

(अ) 'संयोग' शब्द का अर्थ है–'व्यंजना'।

(ब) 'निष्पत्ति' का अर्थ है 'अभिव्यक्ति'।

(स) 'रस' की निष्पत्ति सहृदय सामाजिक में होती है।

अभिनव गुप्त ने व्यंजना शक्ति के आधार पर भरत के सूत्र की व्याख्या की और कहा–'विभावादि और स्थायीभावों में परस्पर व्यंजक-व्यंग्य रूप संयोग द्वारा रस की अभिव्यक्ति होती है'। अर्थात् उनके अनुसार विभावादि व्यंजकों द्वारा स्थायीभाव ही साधारणीकृत रूप में व्यंग्य होकर रस में अभिव्यक्ति पाते हैं, इसीलिए जब तक विभावादि रहते हैं रस की अभिव्यक्ति भी तब तक ही होती रहती है, इसके उपरांत नहीं।

उनकी मान्यता का यह अंश भी पर्याप्त ध्यान देने योग्य है कि सफल अभिनय से सहृदय तन्मय होते हैं और वे रसास्वाद में इतने आत्मविभोर तथा आनंद विह्वल बन जाते हैं कि उन्हें न तो यह कहते बनता है कि विभावादि अमुक नायक (मूलपात्र रामादि) हैं अथवा ये हमारे हैं कि हमारे नहीं हैं अथवा अन्य किसी व्यक्ति के नहीं हैं–क्योंकि वे अन्य सभी ज्ञानों से शून्य हो जाते हैं। आचार्य रामचन्द्र शुक्ल ने हृदय की मुक्तावस्था इसी को कहा है।

इसी तरह अभिनव गुप्त रस को अलौकिक अथवा लोकोत्तर मानते हैं। इस स्थिति में सत्त्वगुण के उद्रेक से अन्य रजोगुण और तमोगुण तिरोहित हो जाते हैं।

अभिनव गुप्त का अभिमत अधिक वैज्ञानिक होने के कारण पर्याप्त लोकप्रिय हुआ। फिर भी आधुनिक विद्वानों ने इस प्रक्रिया पर विचार करने का यत्न किया है।

आधुनिक विद्वान् और रसनिष्पत्ति

आधुनिक रसवादी समीक्षकों ने इन सभी सम्प्रदायों और मतों पर वैज्ञानिक दृष्टि से तात्त्विक विश्लेषण प्रस्तुत किया है। आचार्य रामचन्द्र शुक्ल, आचार्य नन्ददुलारे बाजपेयी, डॉ. नगेन्द्र, डॉ॰ रामलाल सिंह इनमें प्रमुख हैं। आचार्य नन्ददुलारे बाजपेयी का कथन है–"चारों मत क्रमशः काव्य की प्रेषणीयता और काव्य-रस के आस्वादन की समस्या को समझाने का प्रयत्न करते हैं और उनमें से प्रत्येक मत समस्या के एक-एक पहलू को लेकर आगे बढ़ता है। कवि कल्पित नायक से लेकर अभिनेता के नाट्य प्रदर्शन, सहृदय के भावन और काव्य ध्वन्यात्मकता के पक्षों की व्याख्या करने वाले ये मत, हमारी दृष्टि में काव्य की एक अत्यन्त आवश्यक समस्या के उद्घाटन

की एक क्रमबद्ध योजना के रूप में उपस्थित किए गए हैं—एक बात दूसरी है कि खण्डन के वाग्जाल में पड़ जाने से उसका मूलवर्ती आशय या प्रयोजन भुला दिया गया हो।"[8]

वास्तव में आज हमें रस-निष्पत्ति सम्बन्धी सभी मतों को नए सिरे से सौंदर्य शास्त्र और मनोविज्ञान की दृष्टि से देखने की आवश्यकता है क्योंकि काव्य-सौंदर्य रस के द्वारा ही ज्ञापित होता है, विषयसौंदर्य, शिल्प सौंदर्य या अनुभूति और अभिव्यक्ति के सौंदर्य की पुष्टि रस से ही होती है।

– भरत एवं लोल्लट ने अनुकार्य की उदात्तता को महत्त्व देकर विषय सौंदर्य को,
– शंकुक ने अभिनय कौशल की गरिमा में नाट्य के शिल्पगत सौंदर्य और उसी आशय से काव्य के शिल्प सौंदर्य को,
– भट्टनायक ने रस की भावित स्थिति में अनुभूति के सौंदर्य को,
– अभिनव गुप्त ने आस्वादक की चेतना के सौंदर्य ग्रहण को तद्रूपता का मनोवैज्ञानिक रूपायन प्रस्तुत किया है।[9]

अतः चारों का ही महत्त्व है।

साधारणीकरण : व्याख्या और पुनर्विचार

रस-निष्पत्ति के प्रसंग में 'साधारणीकरण' शब्द अपना विशेष महत्त्व रखता है। रस-निष्पत्ति को समझाते समय सर्वप्रथम भट्टनायक ने इस शब्द का प्रयोग किया था—और इस शब्द के आधार पर ही रस-निष्पत्ति की प्रक्रिया को समझाया था। फिर अभिनवगुप्त, धनंजय, विश्वनाथ और जगन्नाथ ने इस तत्त्व पर विचार किया। वर्तमान युग के कतिपय आचार्यों ने भी साधारणीकरण का विवेचन अपनी-अपनी दृष्टि से प्रस्तुत किया है जिनमें बाबू गुलाबराय, आचार्य रामचन्द्र शुक्ल, डॉ० नगेन्द्र की व्याख्याएँ महत्त्व रखती हैं।

साधारणीकरण का अर्थ क्या है?

साधारण + च्वि + कारण = साधारणीकरण

साधारण = (i) 'सह धारणया', धारण के साथ जो हो

(ii) 'साधारण + अण् (स्वार्थे) साधारण।

(विलियम्स मोनिपर के अनुसार साधारण का अर्थ है, 'कोई एक आधार या सहारा रखने वाला या किसी एक आधार या सहारे पर टिका हुआ, 'अनेक या समस्त के लिए उपयुक्त या समस्त से

सम्बद्ध', 'सामान्य', 'सर्वसामान्य', 'सार्वजनीन', 'समान', 'सम या समान' या सदृश' ।[10]

च्वि = 'कृभ्वस्तियोगे संपद्य कर्तरि च्विः'—परिणनि सूत्र' । इस पर वार्तिक है—'अभूत तद्भाव इति वक्तव्यम्' । जो गुण, विशेषता या भाव नहीं है, उससे युक्त करने की प्रक्रिया 'च्वि' से सम्पन्न होती है।

अतः साधारणी/कृ' का अर्थ है—किसी वस्तु विशेष को सार्वजनीन वस्तु बनाना। जो वस्तु असाधारण है, विशिष्ट है, उसे साधारण सर्वसामान्य या सार्वजनीन बनाने की क्रिया को साधारणीकरण कहते हैं।

डॉ॰ नगेन्द के शब्दों में "काव्य के पठन द्वारा पाठक या श्रोता के भाव का समान्य भूमि पर पहुँच जाना साधारणीकरण है।"

कवि साधारण नागरिक से पृथक् एक विशिष्ट प्राणी माना जाता है, क्योंकि वह अपनी संवेदनशक्ति के कारण जड़ और चेतन—सभी की गुणवत्ता को अपनी चेतना में समाविष्ट कर लेता है। कवि की अभिव्यक्ति में उसकी सूक्ष्म पकड़ द्वारा गृहीत जगत् प्रतिबिम्बित रहता है। सामान्य प्राणी, उसकी इस संश्लिष्ट अभिव्यक्ति (काव्य) में अपनी अनुभूतियों को देख सकता है। श्रेष्ठ कवि का काव्य उसके राग-बोध की विशिष्टता के कारण वैयक्तिक चेतना में निर्वैयक्तिकता को जन्म देता है। अतः कवि साधारणवर्ग का प्रतिनिधि है।

काव्य का निर्माण और साधारणवर्ग द्वारा काव्य का आस्वाद दो परस्पर सापेक्ष प्रतिक्रियाएँ हैं।

साधारणवर्ग द्वारा काव्य के आस्वाद की प्रक्रिया को साधारणीकरण सिद्धांत से समझाया जाता है।

साधारणीकरण : सिद्धांत के रूप में

'साधारणीकरण सिद्धांत का प्रथम रूप भट्टनायक के 'रस-निष्पत्ति' विषयक सिद्धांत में मिलता है। वैसे तो नाट्यशास्त्र में भी इसके बीज खोजे जा सकते हैं, डॉ॰ नगेन्द्र ने नाट्यशास्त्र के इस अंश में साधारणीकरण का संकेत सिद्ध किया है—"एभ्यश्च सामान्यगुणयोगेन रसा निष्पद्यन्ते' अर्थात् जब इन भावों को समान्य रूप से प्रस्तुत किया जाता है तो रस की निष्पत्ति होती है।" सम्भव है कि भरतमुनि निरूपित 'सामान्यगुणयोगेन' से ही भट्टनायक ने प्रेरणा ली हो। फिर भी यह तय है कि साधारणीकरण का प्रथम सैद्धान्तीकरण भट्टनायक ने ही किया।

आधार-विचार

जब भट्टलोल्लट और शंकुक ने भरत-सूत्र की व्याख्या अपनी दृष्टि से प्रस्तुत की तो उनकी व्याख्याओं पर एक यह अक्षेप भी किया गया कि—सहृदय दूसरों के (नायक या मूलपात्र रामादि के या नट-नटी के) भावों से रसास्वाद किस प्रकार प्राप्त कर सकते हैं? क्योंकि उनमें उन नायक, मूलपात्र या नट-नटी के प्रति प्रायः किसी न किसी प्रकार का पूर्व आग्रह—श्रद्धा, भक्ति, प्रीति, घृणा आदि का भाव रहता है।

यही मूल समस्या या आधार-विचार है, जिसके समुचित समाधान के लिए भट्टनायक ने 'साधाणीकरण सिद्धांत' प्रस्तुत किया। अभिनव गुप्त ने अपने ग्रंथ 'अभिनवभारती' में भट्टनायक के सिद्धांत का उल्लेख किया है जिसमें यह भी निर्दिष्ट है कि साधारणीकरण किसका होता है तथा रसास्वादन में यह किस स्थिति में रहकर सहायक बनता है?

भट्टनायक का कथन है कि—काव्य या नाटक के (शब्द के पहले व्यापार) अभिधा-व्यापार के उपरांत (शब्द के दूसरे व्यापार) भावकत्व व्यापार के द्वारा विभावादि का साधारणीकरण हो जाता है, परिणामस्वरूप सामाजिक के समस्त मोह, संकट आदि (से जन्य अज्ञान) का निवारण हो जाता है तथा इसके द्वारा रस भाव्यमान होता है।[12]

इस कथन से स्पष्ट होता है कि—

(अ) विभावादि का साधारणीकरण होता है,

(ब) भावकत्व और साधारणीकरण क्रियाएँ है,

(स) साधारणीकरण रस निष्पन्न होने के पूर्व की प्रक्रिया हैं।

भट्टनायक की इन स्थापनाओं में साधारणीकरण क्या है? और साधारणीकरण किसका होता है? इन दोनों प्रश्नों पर विचार किया गया है, किंतु अन्य आचार्य उनसे सहमत नहीं हुए। उन्होंने इन दो प्रश्नों पर अपने अलग-अलग विचार प्रस्तुत किए।

आचार्य अभिनव गुप्त : भट्टनायक के मत के मत व्याख्याकार

भट्टनायक का कथन संक्षिप्त होते हुए भी व्याख्या की अपेक्षा रखता है, इस दृष्टि से आचार्य अभिनव गुप्त ने उनके कथन की व्याख्या प्रस्तुत की। उन्होंने कहा—

वाक्यार्थ-ज्ञान के बाद साधारणीकरण नामक व्यापार द्वारा सहृदय को कुछ इस प्रकार की मानसी एवं साक्षात्कारात्मिका की प्रतीति होती है कि काव्य अथवा नाटक में वर्णित देश, काल (लौकिक या कवि निर्मित) आदि की विषय-सीमा नष्ट जो जाती हैं, अर्थात् ये हर प्रकार के नियामक कारणों के बंधन से मुक्त हो जाते हैं— और वस्तुतः यही साधारणीकरण का परितोष है।

निष्कर्षतः अभिनव गुप्त के कथनानुसार–साधारणीकरण द्वारा कवि निर्मित पात्र व्यक्ति-विशेष न रह कर सामान्य प्राणि-मात्र बन जाते हैं–वे किसी देश एवं काल की सीमा में बद्ध न रह कर सार्वदेशिक एवं सार्वकालिक बन जाते हैं, और उनके इस स्थिति में उपस्थित हो जाने पर सहृदय भी अपने पूर्वाग्रहों से विमुक्त हो जाता है।[13]

धनंजय : प्रकारांतर से विचार

धनंजय[14] ने 'साधारणीरकण' तत्त्व पर विचार करते हुए, 'साधारणीकरण' शब्द का प्रयोग न करके 'परित्यक्तविशेष' शब्द का प्रयोग किया है।

धनंजय ने रस का आश्रय अर्थात् उपभोक्ता अथवा आस्वादयिता सामाजिक को स्वीकार किया है। प्रश्न उठाया जा सकता है कि सामाजिक का विभाव अर्थात् आलम्बन कौन होता है? यदि हम अनुकार्य (मूल-पात्र रामादि) को ही आलम्बन मान लें तो सामाजिक का इसके साथ तादात्म्य कैसे हो सकेगा? अर्थात् सामाजिक पूर्वसंस्कार के कारण, उस अनुकार्य और इस अनुकर्ता (कवि-निर्मित पात्र) में अभिन्नता कैसे स्वीकार कर लेता है? वह इन दोनों को भिन्न क्यों नहीं मान लेता?

इस प्रश्न का उत्तर वे इस प्रकार देते हैं–(काव्य में वर्णित) राम आदि (वास्तविक राम आदि न होकर) धीरादात्त आदि (नायकों) की अवस्थाओं के प्रतिपादक होते हैं। ये (काव्यगत) राम आदि सामाजिक के स्थायीभावों को विभावित करते हैं। यह अर्थात् उन्हें रसास्वाद का कारण बनाते हैं, क्योंकि यही (काव्यगत रामादि की धीरोदात्त आदि से सम्बद्ध) अवस्थाएँ विशेषभाव को छोड़ कर सामाजिक के लिए रस कारण बनती हैं।[15]

उनके कहने का आशय यह है कि काव्य-पठन या नाट्य-दर्शन के समय सामाजिक के सम्मुख ऐतिहासिक व्यक्ति (मूल-पात्र) के स्थान पर कविनिर्मित पात्र रहते हैं। इनके प्रति सामाजिक का पूर्वसंस्कारवश किसी भी तरह का पूर्वाग्रहयुक्त विशिष्ट भाव–लुप्त हो जाता है। इस दृष्टि से रसास्वादन करने में सामाजिक को कोई कठिनाई नहीं होती।

इस प्रकार उन्होंने 'कवि-तत्त्व'–एक नवीन तत्त्व, साधारणीकरण के प्रसंग में जोड़ कर सिद्धांत को नवीनता प्रदान की।

आचार्य विश्वनाथ

आचार्य विश्वनाथ[16] ने सबसे पहले 'साधारणीकरण की आवश्यकता का प्रश्न उठाया है, वे पूछते हैं–(काव्य-नाटक आदि में वर्णित एवं दर्शित) राम आदि के रति आदि भाव (सामाजिक के रति आदि भावों के) उद्‌बोधक कारण कहलाते हैं, किंतु इनसे सामाजिकों के रति आदि भावों का उद्‌बोध कैसे होता है?

उनके अनुसार विभाव आदि (विभाव, अनुभाव, संचारीभाव) के व्यापार का नाम साधारणीकरण है, इसी के प्रभाव से सामाजिकों के रति आदि भावों का उद्बोध होता है।

'विभावादि का व्यापार' शब्द का अर्थ है समस्त क्रियाकलाप का सम्मिश्रित रूप। इसी प्रभाव के ही परिणामस्वरूप सहृदय नायक (मूलपात्र रामादि) से समान भाव प्राप्त कर लेता है अर्थात् वह भी अपने आपको वैसा ही समझने लगता है।

यही रसास्वाद की भूमिका है।

आचार्य जगन्नाथ : नव्य-आचार्य-मत

विश्वनाथ के उपरांत आचार्य जगन्नाथ ने नव्य आचार्यों के नाम से एक मत उद्धृत किया, जिसके अनुसार—'काव्य और नाटक में कवि और नट द्वारा विभावादि के प्रकाशित होने पर सामाजिक व्यंजना-व्यापार द्वारा यह स्वीकृत कर लेता है कि दुष्यन्त में शकुन्तला के प्रति रतिभाव है।

—इसके उपरांत (सामाजिक में) सहृदयात के कारण एक विशेष भावना उत्पन्न होती है (जो वस्तुतः एक दोष है), जिसके प्रभाव-स्वरूप सामाजिक की आत्मा कल्पित दुष्यन्तत्व से आच्छादित हो जाती है, अर्थात् वह अज्ञान से अविच्छिन्न हो जाती है, और तभी उसमें साक्षिभास्य शकुन्तला आदि के विषय में अनिर्वचनीय रति आदि वित्तवृत्तियाँ उत्पन्न हो जाती हैं और इन्हीं रति आदि भावों का नाम ही रस है। यह सब इसी दोष के कारण होता है।

—यह दोष ऐसा है जैसा कि सीपी के टुकड़े को देखकर चाँदी के टुकड़े का भ्रम होता है।

कहने का अर्थ यह कि 'एक दोष-विशेष द्वारा सामाजिक का आलम्बन के प्रति वैसा ही भाव उत्पन्न हो जाता है जैसा आश्रय का।' यही जगन्नाथ का मत है।

यहाँ तक आचार्यों के साधारणीकरण विषयक मतों का एक सामान्य निष्कर्ष यह प्राप्त हुआ कि किसी विभावादि पर आधारित किसी विशेष समग्र क्रियाकलाप का साधारण(सामान्य) रूप ग्रहण कर लेना ही 'साधारणीकरण' है।

हिंदी के आधुनिक आलोचक और साधारणीकरण

आचार्य जगन्नाथ के पश्चात् साधारणीकरण पर लम्बे समय तक मौलिक चिंतन का अभाव रहा। इधर हिंदी के कई आलोचकों ने इस सिद्धांत की व्याख्या प्रस्तुत की है और मौलिकता का समावेश किया है। इनमें से आचार्य रामचन्द्र शुक्ल और डॉ॰ नगेन्द की मान्यताएँ विशेष उल्लेखनीय हैं।

आचार्य रामचन्द्र शुक्ल

सबसे पहले तो आचार्य शुक्ल[17] ने साधारणीकरण का स्वरूप स्पष्ट किया है, कि—पाठकों या श्रोता के मन में जो व्यक्तिविशेष या वस्तुविशेष आता है, वह जैसे काव्य में वर्णित 'आश्रय' के भाव का आलम्बन होता है, वैसे ही सहृदय पाठकों या श्रोताओं के भाव का आलम्बन हो जाता है।

फिर उन्होंने साधारणीकरण के सम्बन्ध में अन्य कई मौलिक उद्‌भावनाएँ दी हैं—प्रमुखतः यह—

1. (क) साधारणीकरण आलम्बनत्व धर्म का होता है।

(ख) जिस व्यक्तिविशेष के प्रति किसी भाव की व्यंजना कवि या पात्र करता है, पाठक या श्रोता की कल्पना में वह व्यक्तिविशेष पहले से उपस्थित रहता है। वह व्यक्ति तो विशेष ही रहता है, पर उसमें प्रतिष्ठा ऐसे सामान्यधर्म की रहती है जिसके साक्षात्कार से अब श्रोताओं या पाठकों के मन में एक ही भाव का उदय थोड़ा या बहुत होता है।

2. रस की एक निजी अवस्था है। श्रोता या दर्शक उसी भाव का अनुभव नहीं करता जिसकी व्यंजना पात्र (आश्रय) अपने अवलम्बन के प्रति करता है, बल्कि श्रोता या दर्शक व्यंजना करने वाले उस पात्र (आश्रय) के प्रति किसी और ही भाव का अनुभव करता है। यह दशा भी एक प्रकार की रसदशा ही है—यद्यपि इसमें आश्रय के साथ तादात्म्य और उसके आलम्बन का साधारणीकरण नहीं रहता। इस रसात्मकता को हम मध्यम कोटि की ही मानेंगे।

3. जहाँ पाठक या दर्शक आश्रय के शीलद्रष्ट। के रूप में स्थित होता है, वहाँ उस पात्र (आश्रय) का आलम्बन पाठक या दर्शक का आलम्बन नहीं होता, बल्कि वह पात्र (आश्रय) ही पाठक या दर्शक के किसी भाव का आलम्बन रहता है। इस दशा में भी एक प्रकार का तादात्म्य और साधारणीकरण होता है। तादसत्म्य कवि के उस अव्यक्त भाव के साथ होता है, जिसके अनुरूप वह पात्र का स्वरूप संघटित करता है।

उपर्युक्त विवेचन का निष्कर्ष यह है कि उन्होंने दो मान्यताएँ प्रस्तुत की हैं—

1. साधारणीकरण आलम्बन या आलम्बनत्व धर्म का होना है;

2. सहृदय का आश्रय के साथ तादात्म्य होता है।

इन दोनों ही व्यापारों का नाम 'साधारणीकरण' है।

किंतु एक स्थिति ऐसी भी आती है, जब सहृदय का आश्रय के साथ तादात्म्य नहीं हो पाता है। किंतु फिर भी ऐसे प्रसंग आह्लादजनक होते हैं—आचार्य शुक्ल[18] ने इसे रसात्मकता की मध्यकोटि माना है।

डॉ. नगेन्द्र

डॉ. नगेन्द्र ने आचार्य शुक्ल द्वारा रसात्मकता की मध्यमकोटि स्वीकार करने का खण्डन किया है। उन्होंने अपनी मान्यता इस प्रकार प्रस्तुत की है–

'साधारणीकरण न तो आश्रय का होता है, न आलम्बन का, अपितु वह 'कवि की अनुभूति' का होता है। एक सी स्थिति स्वीकार कर लेने पर हमारी रसानुभूति लेखक या कवि की अनुभूति से तादात्म्य स्थापित करती है।

डॉ. नगेन्द्र आलम्बन को कवि की अनुभूति का संवेद्य (कवि की अनुभूति का प्रतीक या प्रतिनिधि) रूप मानते हैं और आलम्बन का ही साधारणीकरण स्वीकार करते हैं।

डॉ. नगेन्द्र की शब्दावली का ही प्रयोग करें तो कहेंगे–(i) "जिसे हम आलम्बन कहते हैं वह वास्तव में कवि की अपनी अनुभूति का संवेद्य रूप है। उसके साधारणीकरण का अर्थ है कवि की अनुभूति का साधारणीकरण।" (ii) कवि वही होता है जो अपनी अनुभूति का साधारणीकरण कर सकता है अपनी अनुभूति को व्यक्त कर लेना एक अलग बात है, इसका साधारणीकरण कर लेना अलग बात।"

(i) साधारणीकरण क्या है?

जो वस्तु या क्रियाकलाप असाधारण है उसे साधारण सर्वसामान्य या सार्वजनीन बनाने की क्रिया को साधारणीकरण कहते हैं।

सम्पूर्णतः–

(ii) साधारणीकरण किसका होता है?
विभावादि सबका।

(iii) साधारणीकरण रस के आस्वाद में किस प्रकार सहायक है?

(क) इसके द्वारा सहृदय अपने पूर्वाग्रह, मोह आदि भावों से मुक्त हो जाता है।

(ख) यह रसास्वाद के लिए पृष्ठभूमि तैयार करता है।

नया काव्य और साधारणीकरण : एक नया प्रश्न

प्रयोगवादी कवियों ने 'तारसप्तक' के माध्यम से सबसे पहले यह स्वीकारोक्ति प्रकाशित की थी कि उनके काव्य का साधारणीकरण संभव नहीं है। उनमें भावना शक्ति की कमी है क्योंकि उनका काव्य बुद्धि से प्रेरित है। अज्ञेय ने कहा था कि "जैसे-जैसे बाह्य वास्तविकता बदलती है, वैसे-वैसे हमारे उससे रागात्मक संबंध जोड़ने की प्रणालियाँ भी बदलती हैं और अगर नहीं बदलतीं, तो उस बाह्य वास्तविकता से

हमारा संबंध टूट जाता है।" परिवर्तन की इस स्थिति में साधारणीकरण के प्रति सन्देह होना स्वाभाविक ही है।

नया काव्य परम्परा की जमीन से कटा। वह विशिष्टता और गत्यात्मकता की ओर बढ़ा।

साधारणीकरण का प्रश्न काव्य की रचना-प्रक्रिया और काव्य के आस्वादन की प्रक्रिया—दोनों से जुड़ा हुआ है। काव्यगतभाव जब साधारण के भाव हो जाते हैं, तो उसे साधारणीकरण कहा जाता है। यह काव्य की प्रक्रिया से जुड़ी हुई प्रक्रिया है—सामाजिक (जिसे सहृदय कहें या साधारण) को इस प्रक्रिया के कारण विश्वास रहता है, (काव्यास्वाद के समय) उसे काव्य में अपनी स्थिति का बोध रहता है, अतः उसे आत्ममीयता दृष्टिगोचर होती है। ऐसी स्थिति में कवि का दायित्व है कि वह सामाजिक के आसपास के अनुभूत सत्य का उद्‌घाटन अपने काव्य में करे। तभी तो सामाजिक उसमें अपने आपको, अपनी अनुभूतियों को पाकर आत्मीयता महसूस कर सकेगा। किंतु दूसरी ओर कवि का एक और दायित्व है, जो काव्य को इस स्थिति में भी ला खड़ा कर सकता है—वह यह कि कवि निरंतर विकासशील है, उसके अनुभव उसकी संवेदना विशिष्ट हैं। उसका दायित्व है कि वह नए-नए अनुभव और ज्ञान-विज्ञान की नवीन उपलब्धियों को काव्य में स्थान दे। मूल समस्या यहीं से शुरू या यहीं खत्म हो सकती है—कैसे? यदि कवि अपने काव्य कौशल से उन विशिष्ट नए ज्ञान-अनुभवों को इस रूप में प्रस्तुत करने में सफल है कि वे अनुभव सर्वसाधारण के हो जाएँ, सर्वसामान्य की चेतना उनसे तादात्म्य कर सके तब तो 'साधारणीकरण' शब्द क्रियान्वित हो सकता है, और कवि सफल भी, यदि ऐसा नहीं हो पाता तो कवि साधारणीकरण के अभाव में असफल रहता है। विशेष को साधारण बनाना ही तो कवि का कार्य है, यही साधारणीकरण है। साधारण या सामाजिक और कवि के बीच का यह संबंध निरंतर गतिशील रहे, समानांतर चले—यही साहित्य को अभिप्रेत है।

नए काव्य से पूर्व साधारणीकरण की समस्या इतनी विकट नहीं थी, क्योंकि कवि और साधारण के बीच इतना तथ्यात्मक अंतर नहीं था—एक निश्चित दुनिया बनी हुई थी काव्य की, काव्य-विषय की जिससे दोनों अच्छी तरह परिचित थे। छायावाद से सम्भवतः पहली बार काव्य-विषय, काव्य की दुनिया की सीमारेखा अतिक्रमित हुई—पर धीरे-धीरे—और प्रयोगवादी काव्य तो इस अतिक्रमण का उद्‌घोषक भी है और बाहर आकर नए मार्गों का अन्वेषक भी। इन्हीं युग-सन्धियों में कवियों ने अपने दायित्व को पहचाना भी। समस्या सामने आई जो आनी थी, वह यही कि साधारण वर्ग या कहें सामाजिक, पाठक वर्ग पुराने पाठों का अभ्यस्त था और कवियों ने एकदम नवीन चेतना के प्रति आस्थावान रह कर सर्जन की नई दिशाओं की ओर प्रस्थान

किया; एक अंतर्विरोध ने जन्म लिया। इस अंतर्विरोध को दूर करने के दो उपाय स्वीकार किए जा सकते हैं—एक तो, कवि नए को त्याग कर फिर पुराने काव्य-क्षेत्र में प्रवेश करे और उसी लिजलिजी शब्दावली, मजे और बंधन की कविता का द्वार खटखटाए जो चौपट हो चुकी है, जिस पर एक वर्ग अभी भी डटा हुआ है, एक साधारण-सामाजिक सहृदय वर्ग चिपटा हुआ है। दूसरा उपाय यह कि निरंतर नवीनता के मार्ग को उत्तरदायित्व समझ कर कवि अपनाता हुआ—सामाजिक को अपने साथ लेता हुआ आगे बढ़े, उसे नवीन चेतना का ज्ञान नूतन परिवेश का ज्ञान देता-लेता चले।

हर स्वस्थ विचारक दूसरे रास्ते को उचित ठहराएगा। ऐसी स्थिति में दुरूहता का प्रश्न आएगा ही। हर नई वस्तु दुरूह होती है। कवि को अपनी नई अनुभूतियों को व्यक्त करने के लिए नए शब्द-विधान की आवश्यकता रहती ही है—नए शब्द विधान का अर्थ कोई अपरिचित भाषा नहीं, बल्कि शब्दों के परम्परित अर्थों की जगह शब्दों की शक्ति को पहचानकर उनमें नए-नए अर्थों को भरना—जो बिम्ब और प्रतीक आदि की नवीनता से ही सम्भव है। कविता आज वैचारिक धरातल पर खड़ी है—किंतु भावभूमि की गंध उसके साथ है। इन्हीं दोनों स्थितियों को संतुलित रखकर उसे नवीन दृष्टि अपनानी है। ऐसी स्थिति में साधारणीकरण की समस्या आएगी ही!

अतः नए काव्य को उसकी प्रवृत्तियों, उसकी आवश्यकताओं, उसके उत्तरदायित्व और उसकी नवीनता को समझते हुए हमें उसके साधारणीकरण पर विचार करना चाहिए। ऐसी स्थिति में साधारणीकरण की कोई समस्या नए काव्य के सामने नहीं आ सकती। धीरे-धीरे यही काव्य आगे आने वाले काव्य-परिवर्तन की अपेक्षा साधारणीकरण की दृष्टि से अधिक सफल सिद्ध होगा। इसका प्रमाण भी है—निरंतर जन्मने और मरने वाले काव्य आंदोलन अच्छे नए काव्य को इस दृष्टि से सफल सिद्ध कर चुके हैं।

टिप्पणी

1. रस-संप्रदाय : पीढ़ियों में दृष्टि-परिवर्तन और रस काव्य की आत्मा के रूप में— रस-सिद्धांत भारतीय काव्य-शास्त्र की महान उपलब्धि है। जितना समादर इस सिद्धांत को मिला है, उतना अन्य किसी सिद्धांत को शायद नहीं मिला। यही कारण है कि यह भारतीय काव्यशास्त्र का विकासमान सिद्धांत है। प्रत्येक युग में काव्य और अभिव्यक्ति पर हर तरह से विचार करते हुए इस तत्त्व को अनदेखा नहीं किया गया। यह तथ्य है कि भारतीय काव्यशास्त्र का प्रस्थानबिंदु ही रस-सिद्धांत से हुआ है। आरम्भ से आज तक रस सिद्धांत की चर्चा हर युग में हुई है। परिणामतः निरंतर विकसित इस सिद्धांत में बीच में कट्टरता आ गई और रस-सम्प्रदाय बहुत ही प्रबल बल्कि काव्य

पर हावी रहा। पीढ़ियों के इस दृष्टि-परिवर्तन को इस सिद्धांत के विकास के सापेक्ष संक्षेप में इस प्रकार देखा जा सकता है–

आरंभिक बिंदु

रस-सिद्धांत की आधार-शिला भरत मुनि ने रखी। उनसे पूर्व भी यह सिद्धांत प्रचलित रहा होगा, इसमें कोई संदेह नहीं, किंतु उसका कोई प्रमाण नहीं मिलता, अतः भरतमुनि ही रस-सिद्धांत के प्रारम्भकर्त्ता कहे जा सकते हैं।

इसके बाद रस-सिद्धांत का इतिहास चार युगों में विभाजित किया जा सकता है–

(अ) पूर्वमध्य युग–ध्वनिपूर्वकाल

इस युग में कालक्रमानुसार, अलंकारवादी और रसवादी दो श्रेणियों के आचार्य मिलते हैं, जिन्होंने किसी न किसी रूप में रस पर विचार किया है।

प्रमुख आचार्य और रस के संबंध में उनकी दृष्टि–

(अ) अलंकारवादी–

1. **भामह**–भामह ने रस को प्रेयस्, रसवत्, ऊर्जस्वी अलंकारों के अंतर्गत माना। वे काव्य में रस को गौण मानते हैं।

2. **दण्डी**–दण्डी भी रस को अलंकार और गुण के अंतर्गत मानते हैं।

3. **वामन (रीतिवादी आचार्य)**–वामन ने कांति गुण के अंतर्गत रस की स्वीकृति दी।

4. **उद्भट**–भामह की तरह उद्भट्ट ने भी रस को रसवत्, प्रेयस्, ऊर्जस्वी अलंकारों के अंतर्गत समाहित करते हुए अतिरिक्त समाहित अलंकार के अंदर भी रस को मान कर व्यापक धरातल प्रदान किया।

5. **रुद्रट**–अलंकारवादी आचार्यों में रुद्रट पहले आचार्य हैं जिन्होंने रस का विवेचन स्वतंत्र रूप से किया और कहा कि रस ही काव्य की श्रेष्ठ वस्तु है।

(ब) रसवादी–

1. **भट्टलोल्लट**–भरतमुनि के रस प्रकरण की प्रथम व्याख्या लोल्लट ने की। रसनिष्पत्ति के संबंध में उत्पत्तिवाद या आरोपवाद एक नया मत भी दिया।

2. **शंकुक**–रसवादी शंकुक रसविषयक भरत-सूत्र के दूसरे आचार्य हैं। उनका मत 'अनुमितिवाद' के रूप में प्रसिद्ध है।

3. **रुद्रभट्ट**–रुद्रभट्ट काव्य में रस की सत्ता अनिवार्य मानते हैं, उनका कथन है कि रस का अभाव काव्य में उसी प्रकार अशोभनीय है जैसे चंद्र के बिना रात्रि।

(ब) मध्ययुग—ध्वनिकाल

इस युग में चार प्रकार की दृष्टियों वाले आचार्य हुए—एक तो विशुद्धतः रसवादी, एक आचार्य वर्ग ऐसी भी था जो अप्रत्यक्षरूप से रस को स्वीकार करता था, किंतु अपने अलग-अलग संप्रदाय स्थापित करने के कारण ये आचार्य अलग रहे, तीसरा वर्ग ऐसा था जो स्वतंत्र रूप से अपने विचार या सिद्धांत का प्रतिपादक रहा—रस को उसने स्वीकार नहीं किया। चौथे एक आचार्य समन्वयवादी थे।

प्रमुख आचार्य और रस के संबंध में उनकी दृष्टि—

(अ) प्रथमवर्ग—विशुद्ध रसवादी—

भट्टनायक के 'साधारणीकरण का सिद्धांत' और रसनिष्पत्ति के संबंध में 'भुक्तिवाद' नाम से प्रसिद्ध अभिमत रस के क्षेत्र में नई उपलब्धियाँ हैं।

भट्टतौत और महिमभट्ट काव्य के आवश्यक तत्त्व के रूप में रस का समर्थन करते है।

अभिनव गुप्त तो रस के मौलिक और मनोवैज्ञानिक व्याख्याकार हैं।

राजशेखर व धनंजय-धनिक भी विशुद्ध रसवादी आचार्य थे। राजशेखर ने तो रस को काव्य की आत्मा कहा है।

(ब) द्वितीय वर्ग—अप्रत्यक्ष रूप से रसवादी

इस वर्ग में ध्वनि सम्प्रदाय के उन्नायक आनंदर्धन, औचित्य सिद्धांत के पुरस्कर्त्ता क्षेमेन्द्र आते हैं।

आनंदवर्धन ने ध्वनि के माध्यम से रस की वैज्ञानिक प्रक्रिया प्रस्तुत की। उनका अभिमत है कि रस-ध्वनिकाव्य ही श्रेष्ठ काव्य है। रस को वे ध्वनि का एक भेद—असंलक्ष्यक्रम व्यंग्य ध्वनि मानते हैं।

औचित्यवादी क्षेमेन्द्र औचित्य को आत्मस्थानीय मानते हैं। किंतु काव्य में रस की आवश्यकता से इन्कार नहीं कर सके। रस का नाम उन्होंने बार-बार लिया है।

(स) तृतीय वर्ग—स्वतंत्र विचारक

इस वर्ग के अंतर्गत आचार्य कुन्तक का ही नाम लिया जा सकता है। वक्रोक्ति-सिद्धांत के प्रतिपादक आचार्य कुन्तक ने वक्रोक्ति को काव्य का 'जीवन' स्वीकार करते हुए भी रस को काव्य का अमृत एवं अंतश्चमत्कार का वितानक मानते हुए प्रकारांतर से इसे सर्वप्रमुख काव्य-प्रयोजन के रूप घोषित किया है। यत्र-त्तत्र रस की महत्त्वपूर्णता के साथ उन्होंने चर्चा की है। वे सभी अलंकारों का प्राण रस को मानते हैं।

(7) चतुर्थवर्ग–समन्वयवादी आचार्य

इस काल में भोज समन्वयवादी आचार्य के रूप में दिखाई देते हैं। वे काव्य में दोषों का अभाव, गुणों का सद्भाव, अलंकार एवं रस सभी को अनिवार्य मानते हैं।

(स) उत्तरमध्य युग–ध्वनिपरवर्ती युग

इस काल-सीमा में रसवादी, अलंकारवादी और ध्वनिवादी तीनों तरह के आचार्य थे।

मम्मट, हेमचन्द्र, विद्याधर, पंडितराज जगन्नाथ ध्वनिवादी थे, किंतु वे भी रस की आवश्यकता को भुला नहीं सके। मम्मट ने तो रस को काव्य का सर्वोपरि प्रयोजन निर्दिष्ट किया। रुय्यक, जयदेव, अप्पयदीक्षित में भी देखें–रुय्यक रस को असंलक्ष्यक्रम व्यंग्य मानते हैं। ध्वनि के सापेक्षिक महत्त्व को स्वीकार करते हैं। वे रस को ध्वनि के अंतर्गत स्वीकार करते हुए ध्वनि की विशेषता के समर्थक हैं।

इसी तरह अग्निपुराण के रचयिता, रामचन्द्र-गुणचन्द्र, विश्वनाथ, शारदातनय, शिंग भूपाल, भानुदत्त, रूप गोस्वामी–सभी ने रस को किसी न किसी रूप में मान्यता दी है। रामचन्द्र-गुणचन्द्र के 'नाट्यदर्पण' में स्वाभाविक रूप से रस की सत्ता सर्वोच्च है। वे कहते हैं कि रसामृत ही कवि को श्रेष्ठपद देता है। शारदातनय के 'भाव-प्रकाशन' में भी रस का समर्थन है। भानुदत्त अपने ग्रंथ 'रसतरंगिणी' और 'रसमंजरी' में रस की व्याख्या करते हैं, अन्य काव्य तत्त्वों को गौण मान कर छोड़ दिया गया है।

चौदहवीं शताब्दी में विश्वनाथ का उदय रस को काव्यात्मा के रूप में स्थापित करने के लिए वरदान सिद्ध हुआ। काव्य में रस के होने से अन्य तत्त्व उसमें स्वयं ही आ जाते हैं, यह उनकी मान्यता थी।

(द) हिंदी युग

कृपाराम से लेकर आधुनिक युग के कई आचार्यों ने रस को काव्य के लिए अनिवार्य-तत्त्व माना है।

अभिमत-मंथन : काव्य की आत्मा के रूप में रस

काव्य की आत्मा का निर्धारण, काव्य के प्रमुख तत्त्व या सार का निर्धारण करना है। वह कौन-सा तत्त्व है जो काव्य का अनिवार्य, व्यापक एवं आंतरिक सार है और जो काव्य में सदा विद्यमान रहता है? इसका उत्तर ही काव्य की आत्मा है। 'रस' की काव्य में इसी स्थिति पर विचार करना है।

भारतीय काव्य-शास्त्र की परंपरा विभिन्न संप्रदायों की परंपरा रही है। इस प्रश्न पर भी इन संप्रदाय-आचार्यों ने अपनी-अपनी दृष्टि से विचार किया और कहीं-कहीं तो पूर्वाग्रह के कारण वे कोई स्वस्थ निर्णय नहीं कर सके।

किसी भी काव्य-तत्त्व को काव्य की आत्मा निर्धारित करने के लिए दो आधारों की ओर हमारा ध्यान जाता है–

एक तो यह कि क्या वह तत्त्व इतना समर्थ है कि उसमें अन्य काव्य-तत्त्व अंतर्भूत हो सकें और वह प्रधान बना रहे।

दूसरा यह कि क्या विभिन्न काव्य-तत्त्वों के द्वारा यही, केवल यही तत्त्व (मुख्यरूप से) पुष्ट होता है?

निश्चित ही इन दो आधारों में से दूसरा आधार अधिक मान्य है, इसमें आग्रह का दोष नहीं।

रस के संबंध में विभिन्न आचार्यों की दृष्टियों का अवलोकन हमने पीछे किया। यह स्पष्ट है कि प्रायः सभी आचार्यों ने इन तत्त्वों को रस के पोषक तत्त्व स्वीकार किया है।

आरंभ में रस के प्रति आदर का भाव देखने को मिलता है, फिर कितना ही आग्रह काम क्यों न कर रहा हो, आचार्यों ने अन्य काव्य तत्त्वों के साथ रस का संबंध सिद्ध कर इन तत्त्वों को रस का पोषक सिद्ध किया है और अंततः रस को काव्य-आत्मा के रूप में स्वीकृति प्रदान की है।

संदर्भ

1. भरतमुनि : नाट्यशास्त्रम् (6:32)
2. डॉ॰ नगेन्द्र : रस सिद्धांत
3. वही : रस सिद्धांत
4. डॉ॰ सत्यदेव चौधरी : रस-सिद्धांत की प्रमुख समस्याएँ, पृष्ठ 26
5. 'रत्याद्युद्बोधका लोके विभावाः काव्यनाट्ययोः' (साहित्यदर्पण 3.8)
6. साहित्यदर्पण (3.2-3)
7. डॉ॰ सत्यदेव चौधरी : रससिद्धांत की प्रमुख समस्याएँ, पृ॰ 49
8. आचार्य नन्द दुलारे बाजपेयी : रस-निष्पत्ति एक नई व्याख्या–'नया साहित्य नए प्रश्न'
9. डॉ॰ कमला प्रसाद पाण्डेय : साहित्यशास्त्र, पृष्ठ 61
10. संस्कृत-शब्दार्थ,-कौस्तुभ
11. संस्कृत-शब्दार्थ पृष्ठ 195
12. काव्ये × × नाट्ये च × × निबिडनिजमोहसंकटतानिवारणा, विभावादिसाधारणीकरणात्मना, अभिघातो द्वितीयांशेन भावकत्व व्यापारेण भाव्यमानो रसः' (हिंदी अभिनव भारती, पृ॰ 464)
13. डॉ॰ सत्यदेव चौधरी : रस सिद्धांत की प्रमुख समस्याएँ, पृ॰ 46
14. (क) रसः स एव स्वाद्यत्वाद् रसिकस्यैव वर्तनात्।

(ख) ननु च सामाजिकाश्रयेषु रसेषु को विभावः? कथं च सीतादीनां देवीनां विभावत्वेन अविरोध :? (दशरूपक 4.40)

15. धीरोदात्ताद्यवस्थानां रामादिः प्रतिपादकः।
विभावयति रत्यदीन् स्वदन्ते रसिकस्य ते ॥
ता एव च परित्यक्तविशेषा रसहेतवः। (दशरूपक, 4.40-41)

16. ननु कथं रामादिरत्याद्युद्‌बोधकारणैः सामाजिकरत्याद्युद्‌बोधः। (साहित्यदर्पण, 3 9 वृत्ति)

17,18. आचार्य रामचन्द्र शुक्ल : चिन्तामणि-भाग 1, पृष्ठ 227-232

3. अलंकार-सिद्धांत (अलंकार संप्रदाय)

भारतीय काव्यशास्त्र की परंपरा में रस के बाद दूसरा महत्त्वपूर्ण संप्रदाय 'अलंकार-संप्रदाय' है। रस सिद्धांत का जन्म काव्यचर्चा से आरम्भ हुआ। दोनों ही सिद्धांतों में कोई स्थायी विभाजक रेखा नहीं खींची जा सकती, क्योंकि इन दोनों सिद्धांतों की चर्चा रचनाकार की मानसिकता और सामाजिक (आस्वादक) की तद्‌गत अनुभूति को मूर्त्त करने के संदर्भ में होती रही है। अतः अलंकार-सिद्धांत का प्रतिपादक कोई एक आचार्य न होकर इस सिद्धांत को निरंतर विकसित और प्रतिष्ठापित करने वाले बहुत से आचार्य हैं।

अलंकार-सिद्धांत के प्रवर्तक आचार्य भामह (छठी शती मध्यकाल) हैं। भामह का अनुसरण दण्डी ने किया। फिर भामह और दण्डी दोनों का उद्‌भट ने। इन तीन आचार्यों के अतिरिक्त रुय्यक, रीतिवादी आचार्य वामन, वक्रोक्तिवादी कुन्तक, इसी तरह किसी न किसी रूप में मम्मट, जयदेव, आचार्य केशव (हिंदी) इत्यादि प्रमुख आचार्यों ने अलंकार को काव्य का एक आवश्यक तत्त्व स्वीकार किया।

अलंकार-सिद्धांत की परंपरा और मान्यताओं का अध्ययन करने से पूर्व अलंकार का अर्थ देख लें—

अलंकार का सामान्य अर्थ है—'आभूषण; किन्तु काव्य के क्षेत्र में इसका विशेष रूढ़ि-अर्थ है। सामान्यतः काव्य-अलंकार के लक्षण हैं :

—'अलंकरोतीति अलंकार; (जो काव्य का अलंकृत करे, वही अलंकार है)

—'काव्यशोभाकरान्धर्मानलंकारान्प्रचक्षते (काव्य की शोभा करने वाले धर्मों को अलंकार कहते हैं) [आचार्य दण्डी][1]

—अलंक्रियतेऽनेन इति अलंकारः (जिसके द्वारा अलंकृत किया जाता है वह अलंकार है) इत्यादि।

ये लक्षण अपर्याप्त हैं क्योंकि केवल अलंकार ही काव्य की शोभा नहीं बढ़ाते—रस, ध्वनि, गुण, रीति इत्यादि भी काव्य की शोभा बढ़ाते हैं।

आचार्य वामन की अलंकार-परिभाषा अधिक समीचीन जान पड़ती है, उन्होंने गुणों को काव्य की शोभा करने वाले कहा है और अलंकारों को उस शोभा का उद्दीपक—

काव्यशोभायाः कर्तारो धर्माः गुणाः।
तदतिशयहेतवस्त्वलंकाराः ॥[2]

अतः अलंकार शब्द और अर्थ का अस्थिर धर्म है।

अलंकार-सिद्धांत की परंपरा

प्रस्थान बिंदु—भामह

अलंकार-सिद्धांत के प्रधान प्रवर्तक आचार्य भामह हैं, जिनकी मान्यताओं का पोषण आगे चलकर रुद्रट तथा उद्‌भट ने किया।

भामह की मान्यता थी कि बिना अलंकारों के काव्य उसी प्रकार शोभित नहीं हो सकता जिस प्रकार किसी सुन्दर स्त्री का मुख बिना अलंकारों के शोभा नहीं पाता—

'न कान्तमपि विभूषणं विभाति वनिता मुखम्' ।[3]

भामह ने यद्यपि अलंकार की कोई निश्चित परिभाषा नहीं दी फिर भी उसका महत्त्व बताते हुए लगभग 35 अलंकारों को निर्दिष्ट किया है, जिनमें उपमा, रूपक, श्लेष इत्यादि प्रधान अलंकार हैं।

दण्डी

दण्डी ने सर्वप्रथम अलंकार शब्द को परिभाषित किया कि काव्य की शोभा बढ़ाने वाले धर्म को अलंकार कहते हैं—

काव्यशोभाकरान् धर्मानलंकारान्प्रचक्षते'[4]

इन्होंने 36 अलंकारों का विवेचन किया।

दण्डी ने अतिशयोक्ति को सभी अलंकारों का मूल मानते हुए उसे पृथक् अलंकार निरूपित किया।

उद्‌भट

उद्‌भट का अलंकारवर्णन भामह के अनुरूप है किन्तु उन्होंने अलंकारों की संख्या 41 दी है।

उन्होंने गुण और अर्थालंकार—दोनों का शब्दार्थ के साथ अनिवार्य संबंध स्वीकार किया।

वामन

यद्यपि आचार्य वामन रीतिवादी थे, किन्तु फिर भी उन्होंने अलंकारों के महत्त्व को स्वीकार किया।

'काव्य का सौंदर्य ही अलंकार है और अलंकार ही काव्य-सौंदर्य है' आचार्य वामन की यह मान्यता थी अर्थात् उनकी दृष्टि में सौन्दर्य, सौन्दर्य के साधन और अलंकार एक ही वस्तु है। इसे इस तरह देखें–

काव्य – विशिष्ट पद-रचना – काव्य सौन्दर्य – रीति – गुण = अलंकार।

अतः काव्य और अलंकार, सौन्दर्य और अलंकार, सौन्दर्य साधन और अलंकार एक ही हैं।

(वे अलंकार ही उसे मानते थे जो गुण द्वारा उत्पन्न शोभा का वर्द्धक है–

काव्यशोभायाः कर्तारो धर्मा गुणाः।
तदतिशयहेतवस्त्वलंकाराः॥)

राजशेखर

रसवादी राजशेखर ने रस को काव्य की आत्मा स्वीकार करते हुए भी स्पष्ट कहा कि गुणों और अलंकारों से युक्त वाक्य का नाम काव्य है–

इस तरह किसी न किसी रूप में उन्होंने अलंकार का महत्त्व स्पष्ट किया।

कुन्तक

वक्रोक्तिवादी आचार्य कुन्तक को अलंकार-सम्प्रदाय से प्रभावित माना जा सकता है। वक्रोक्ति उनसे पूर्व अलंकार के ही अंतर्गत स्वीकार की जाती रही है।

उनकी मान्यता भी अलंकार-सिद्धांत के पक्ष में ही है, वे वक्रोक्ति को काव्य की आत्मा सिद्ध करते हुए कहते हैं कि 'वक्रोक्ति ही शब्द तथा अर्थ दोनों का अलंकार है; यही नहीं उन्होंने यह भी स्वीकार किया है कि अलंकार सहित शब्दार्थ की ही काव्यता होती है। अतः अलंकार की स्थिति काव्य में अनिवार्य है।

जयदेव

जयदेव की अलंकार के संबंध में धारणा पूर्वाग्रह की सीमा को छूती प्रतीत है। वे लिखते हैं कि जो व्यक्ति बिना अलंकारों के काव्य का अस्तित्व स्वीकार करता है वह ऐसा क्यों नहीं मान लेता कि अग्नि भी बिना उष्णाता के ही हो सकती है।

(अंगीकरोति यः काव्यं शब्दार्थावनलंकृती।
असौ न मन्यते कस्मादनुष्णमनलं कृती ॥[5])

इन संस्कृत-आचार्यों के परवर्ती काल में हिंदी में बहुत से ऐसे आचार्य हुए हैं जिन्होंने अलंकार-सम्प्रदाय का समर्थन स्पष्ट रूप से किया है। इनमें आचार्य केशवदास का नाम विशेष महत्वपूर्ण है। आचार्य केशव ने स्पष्ट घोषणा की–

जदपि सुजाति सुलच्छनी, सुवरन, सरस सुवृत्त।
भूषण बिना न राजई, कविता वनिता चित्त।।

मन्तव्य

उपर्युक्त रूपरेखा अलंकार-सिद्धांत के विकास की शिराओं को विन्यस्त करती है। इस रेखांक के आधार पर अलंकार-सिद्धांत के विषय में कहा जा सकता है कि–

1– भामह अलंकार-सिद्धांत के पहले आचार्य हैं। इन्होंने अलंकारों को काव्य का आवश्यक तत्त्व स्वीकार किया। वे काव्य के सभी शोभा-कारक धर्मों को अलंकार कहते थे।

2– धीरे-धीरे अलंकारमत व्यापक होता गया। अलंकार के अंतर्गत ही गुण, रस, ध्वनि, भाव इत्यादि को समाहित कर लिया गया।

इस प्रकार अलंकार व्यापक अर्थ का द्योतक है, संकुचित अर्थ का नहीं अर्थात् यह काव्य चमत्कार के उत्पादन में सहायक सभी प्रकार के साधन अलंकार शब्द से अभिहित किए जा सकते हैं–चाहे वह गुण हो, चाहे भाव हो, चाहे ध्वनि हो, चाहे रस। अलंकार का अर्थ मात्र उपमा, रूपक, अनुप्रास ही नहीं है।

3– यदि अलंकार के संबंध में हम अपना दृष्टिकोण बिंदु दो की तरह व्यापक रखें तो इसमें कोई सन्देह नहीं कि अलंकार काव्य के अनिवार्य तत्त्व हैं, उन्होंने यह कहीं नहीं कहा कि अलंकार काव्य की आत्मा है।

अलंकार और अन्य काव्य-तत्त्व सापेक्षता

काव्य के आत्म-तत्त्व की खोज के प्रयास में प्राचीन अलंकारवादी आचार्यों ने रस, ध्वनि, वक्रोक्ति, गुण इत्यादि को अलंकार के अंतर्गत ही समाहित कर लिया, इसीलिए काव्यशास्त्र 'अलंकारशास्त्र' नाम से भी अभिहित किया गया है। इस तरह अलंकारशास्त्र के अनेक सम्प्रदाय विद्यमान हैं–ऐसा निर्दिष्ट किया गया। आचार्य बलदेव उपाध्याय[6] ने स्पष्ट लिखा है कि अलंकार शास्त्र के सम्प्रदाय मुख्यतः चार ही हैं, वक्रोक्ति तथा औचित्य सिद्धांत मात्र हैं–

1–रस-सम्प्रदाय–भरत मुनि
2–अलंकार-सम्प्रदाय–भामह; उद्‌भट तथा रुद्रट
3–गुण-सम्प्रदाय–दण्डी तथा वामन
4–ध्वनि-सम्प्रदाय–आनंदवर्द्धन तथा अभिनव गुप्त
वक्रोक्ति-सिद्धांत–कुन्तक
औचित्य-सिद्धांत–क्षेमेन्द्र।[6]

अतः रस, गुण, ध्वनि काव्य के अलंकार सापेक्ष तत्त्वों का परस्पर संबंधमूलक विवेचन करना हमारा अभीष्ट है।

अलंकार और रस

भामह, दण्डी और उद्भट अलंकार-सिद्धांत के प्रमुख आचार्य हैं। इन तीनों ने ही रस के महत्त्व को तो स्वीकार किया किंतु रस आदि को स्वतंत्र स्थान न देकर इन्हें अलंकार के अंदर समाहित करने का प्रयास किया।

(अ) उन्होंने 'रस' को 'रसवत्', 'भाव' को 'प्रेयस्वत्' तथा 'रसाभास एवं भावाभास, को 'ऊर्जस्वी' एवं समाहित अलंकारों के नाम से अभिहित किया।

(ब) उद्भट ने 'भावशांति' और 'समाहित' अलंकार को परस्पर पर्याय कहा।

भामह और दण्डी ने भी समाहित अलंकार का निरूपण तो किया है किन्तु रस के साथ उसका स्पष्ट सम्बंध स्थापित नहीं किया।

(i) 'रस' और 'रसवत् अलंकार'

दण्डी के अनुसार—रसवद् रसपेशलम्।[7]

उद्भट ने भामह का अनुकरण करते हुए रसवत् अलंकार में रस के अवयव-भूत पाँच साधनों का संकेत किया है—

स्थायी, संचारी, विभाव और 'अभिनय' तथा 'स्वशब्द'।

(रसवद्दर्शितस्पष्टश्रृंगारादिरसादयम्।
स्वशब्दस्थायिसंचारिविभावाभिनयास्पदम् ॥)[8]

इन पाँच साधनों में से प्रथम तीन (स्थायी, संचारी, विभाव) तो रस-सम्प्रदाय द्वारा स्वीकृत हैं, अब रहे शेष दो। इनमें से अभिनय—भरतमुनि ने आंगिकादि चार प्रकार के जिन अभिनयों का वर्णन किया था, उनका ही पर्याय है।

स्वशब्द—का अर्थ है श्रृंगारादि रसों, रत्यादि स्थायीभावों और औत्सुक्य आदि संचारीभावों की 'स्वशब्दवाच्यता'।

बाद के आचार्यों ने 'स्वशब्दवाच्यता' को रसदोष माना।

(ii) भाव और प्रेयस्वत् अलंकार—

दण्डी के अनुसार—'प्रेयः प्रियतराख्यानम्'[9]

इसे येनकेनप्रकारेण रसध्वनिवादी आचार्यों द्वारा संस्तुत 'भाव' के निकट लाया जा सकता है।

उद्‌भट के अनुसार 'अनुभाव आदि के द्वारा रति आदि स्थायीभावों का काव्य में बंधन प्रेयस्वत् का विषय है।' कहने का अर्थ यह कि जिन स्थायीभावों को किसी काव्य में रसावस्था तक नहीं पहुँचाया जा सका हो, उस काव्य को प्रेयस्वत् अलंकार कहते हैं। ऐसे काव्य में 'भाव' विद्यमान रहता है (रस-ध्वनिवादी-दृष्टि)।

(iii) रसाभास-भावाभास और ऊर्जस्वि अलंकार

भामह और दण्डी इस सम्बद्धता को स्पष्ट नहीं कर सके। उद्‌भट ने अवश्य इसे स्पष्ट किया है। उन्होंने कहा कि 'काम, क्रोध आदि कारणों से रसों और भावों का अनौचित्य रूप से प्रवर्तन ऊर्जस्वि अलंकार का विषय है।'

अनौचित्यप्रवृत्तानां कामक्रोधादि कारणम्।
भावानां च रसानां च बन्ध ऊर्जस्वि कथ्यते ॥[10]

यही धारणा रस-ध्वनिवादियों की है किन्तु वे अंगभूत रसभास भावाभास को ऊर्जस्वि अलंकार मानते हैं जबकि उद्‌भट अंगीभूत रसभास-भावाभास को।

(iv) भावशांति और समाहित अलंकार

उद्‌भट ने माना है कि रस, भाव, रसाभास और भावाभास की शांति इतनी अधिक शांति कि जिसमें (समाधि-अवस्था के समान) अन्य किसी रस, रसाभास आदि के अनुभवों की प्रतीति न हो, सामहित अलंकार का विषय है।

रसभावतदाभासवृत्तेः प्रशमबंधनम्।
अन्यानुभावानिश्शून्यरूपं यत्तत् समाहितम् ॥[11]

यहीं धारणा रस-ध्वनिवादियों की है; किन्तु उसी अंतर के साथ जो हमने ऊपर उर्जस्वि-अलंकार के सम्बंध में निर्दिष्ट किया है।

'समाहित' और 'समाधि' एक जैसे शब्द हैं। समाहित का अर्थ है एक भाव का परिहार या शांति।

द्वितीय उदात्त अलंकार

कुछ आचार्यों ने अंगघूत रस को उदात्त नामक द्वितीय अलंकार में समाहित किया है। (रुय्यक तथा प्रतिहारेन्दुराज)

इस संदर्भ में रुय्यक का यह कथन द्रष्टव्य है 'जहाँ रस आदि अंगीभूत (प्रधान) रूप में वर्णित हों, वहाँ रसवद् आदि अलंकार मानने चाहिए, और जहाँ रस आदि अंगभूत (गौण) रूप में वर्णित हों, वहाँ द्वितीय उदात्त अलंकार मानना चाहिए।'

यत्र यस्मिन दर्शने वाक्यार्थीभूता रसादयो रसवदाद्यलंकाराः, तत्रांगभूत रसादिविषये द्वितीय उदात्तालंकारः।[12]

किन्तु रस एवं ध्वनिवादी आचार्यों के अनुसार–

1– जिन स्थानों पर रस, भाव आदि आठों अंगी (प्रधान) रूप में वर्णित रहते हैं वहाँ उन्हें क्रमशः रस, भाव आदि नामों से ही जानना चाहिए। वे अंगीभूत रसादि को अलंकार के अंतर्गत नहीं मानते।

2– अलंकार का कार्य है अलंकार्य का चमत्कार बढ़ाना। यदि रस आदि को ही अलंकार मान लिया जाए तो फिर वह किसके चारुत्व को बढ़ाते हैं? कोई अपना ही चारुत्व कैसे बढ़ा सकता है?

3– जिन स्थलों पर रस, भाव आदि आठों अंग गौण रूप में वर्णित रहते हैं, अर्थात् जहाँ वे अंगीभूत (प्रधान) रस का उपकार करते हैं, वहाँ पीछे निर्दिष्ट, क्रमशः रसवद्, प्रेयस्वद्, ओजस्वि, समाहित, भावोदय अलंकारों से अभिहित किया जाता है।

अलंकार और ध्वनि

भामह, दण्डी और उद्भट ने अलंकार-सिद्धांत को इतना व्यापकत्व प्रदान किया कि उसमें गुण, रस, ध्वनि आदि भी अंतर्भूत हो गए किन्तु परवर्ती आचार्य आनंदवर्धन ने इस बात का खण्डन किया कि 'ध्वनि' को अलंकार के अंतर्गत स्वीकार किया जाए, और उन्होंने स्वतंत्र रूप से ध्वनि-सिद्धांत को जन्म दिया। आनंदवर्धन ने तीन प्रकार के आचार्य-वर्ग निर्धारित किए जो ध्वनि-विरोधी थे–

1–अभाववादी 2–भक्ति (लक्षणावादी) 3–अलक्षणीयतावादी।

अलंकार और ध्वनि के संबंध पर विचार करते समय अभाववादी आचार्यों की मान्यता को देखने पर ही हमारा काम चल सकता है, अतः पहले उसी पर विचार करें–

अभाववादी आचार्य वे हैं जो ध्वनि की सत्ता स्वीकार नहीं करते। उनका प्रबल तर्क यह है कि अलंकार, रीति, गुण आदि काव्य-तत्वों की स्वीकृति में ध्वनि मानना निरर्थक है। जैसे भामह ने कहा कि अलंकार नामक तत्त्व की स्वीकृति किए जाने पर ध्वनि नामक तत्त्व की आवश्यकता ही नहीं है–(तस्याऽभावं जगदुरपरे)[13]

अलंकारवादियों ने कहीं भी 'ध्वनि' शब्द का प्रयोग नहीं किया है और न कहीं ध्वनि को अलंकार कहा है। ऐसा नहीं कि वे ध्वनि-तत्त्व से अपरिचित थे, अपितु वे ध्वनि का अंतर्भाव इन अलंकारों में प्रकारांतर से करना चाहते थे–रूपक, उत्प्रेक्षा, प्रतिवस्तुपमा, पर्यायोक्ति अपह्नुति, दीपक, समासोक्ति, अर्थान्तरन्यास इत्यादि। उदाहरणार्थ–पर्यायोक्ति अलंकार वहाँ होता है जहाँ कथन कुछ अन्य प्रकार से ही कहा जाता है–यह कथन वाच्य और वाचक वृत्ति से शून्य होता है तथा अवगमनात्मक (मुख्यार्थ से भिन्न अर्थ का सूचक) होता है। पर्यायोक्तं यदन्येन प्रकारेणाभिधीयते।

वाच्यवाचकवृत्तिभ्यां शून्येनाऽवगमात्मना॥[14]

भामह ने प्रतिवस्तुपमा अलंकार के लक्षण में 'गुणसाम्यप्रतीति' अर्थात् गम्यमान औपम्य की चर्चा की है, विशेषण साम्य के बल पर अन्य अर्थ की 'गम्यता' को उन्होंने समासोक्ति कहा।

देखें तो पर्यायोक्ति अलंकार का लक्षण ही क्या ध्वनि का ही लक्षण नहीं है?

आनंदवर्धन ने कहा कि अलंकार वास्तव में उन्हें कहते हैं जो शब्द और अर्थ के आश्रित रहकर कटक, कुण्डल आदि के समान (शब्दार्थ-रूप शरीर के शोभाजनक) हैं इसलिए बाह्यपरक हैं। अतः इनके अंतर्गत 'ध्वनि' को समाविष्ट नहीं किया जा सकता क्योंकि 'ध्वनि' विशुद्ध रूप से 'आंतरिक तत्त्व' है।

अलंकार और गुण

अलंकार और गुण की परस्पर सम्बद्धता का इतिहास बहुत ही रोचक एवं विवादास्पद है। भरत ने स्पष्टतः तो नहीं, पर समता और समाधि गुणों के लक्षण में यह संकेत अवश्य किया है कि–

(अ) गुण और अलंकार–'अन्योन्य-सदृश' और 'अन्योन्यभूषण' हैं।
(समता गुण)

अन्योन्यसदृशं यत्र तथा ह्यन्योन्यभूषणम्।
अलंकारगुणाश्चैव समत्वात् समता यथा ॥[15]

(ब) उपमा अलंकार और समाधि गुण में पोषक-पोष्य का संबंध है। (समाधि गुण)।

दण्डी ने एक स्थान पर दस गुणों के वैदर्भ मार्ग को 'विशेष अलंकार कहते हुए गुणों को 'अलंकार' के व्यापक अर्थ में गृहीत किया।

श्लेष, प्रसाद आदि दस गुणों को भी प्रकारांतर से उन्होंने अलंकार माना।

—उद्भट के अनुसार ओज आदि गुणों और अनुप्रास आदि अलंकारों में कोई भेद नहीं है।

वे यह भी मानते हैं कि गुण और अलंकार चारुत्व के हेतु हैं, अतः उन दोनों में साम्य है।

—वामन के अनुसार गुण काव्य के शोभाकारक हैं और अलंकार उस शोभा के वर्द्धक।

काव्यशोभायाः कर्तारो धर्मा गुणाः।
तदतिशयहेतवस्त्वलंकाराः॥[16]

—मम्मट के अनुसार गुण तो रस के नित्य धर्म हैं, किन्तु अलंकार शब्दार्थ के

अस्थिर धर्म। गुण रस के साक्षात् एवं नित्य रूप से उत्कर्षक हैं पर अलंकार शब्दार्थ की शोभा के माध्यम से ही रस के उत्कर्षक हैं, साथ ही अनित्य रूप से।

साथ ही हम देखते हैं कि मम्मट और विश्वनाथ ने (जो आनंदवर्धन के अनुयायी हैं) रस के आधार पर गुण और अलंकार का भेद स्पष्ट करते हुए गुण को अधिक महत्त्वपूर्ण माना है। वे कहते हैं कि (1) गुण रस के आश्रित हैं, पर अलंकार शब्दार्थ के, और रस अंगी है, शब्दार्थ अंग हैं। (2) गुण रस के स्थिर धर्म हैं, पर अलंकार अस्थिर धर्म। (3) सरस रचना में कोई न कोई गुण अवश्य रहता है पर अलंकार हो ही, यह अनिवार्य नहीं है।

रसविहीन रचना में अलंकार केवल उक्ति का वैचिाय (चमत्कार ही) दिखाते हैं।

निष्कर्षतः गुण काव्य का अनिवार्य तत्त्व है, पर अलंकार नहीं।

अलंकार और रीति

अलंकार और रीति में पर्याप्त अंतर है। अलंकारी आचार्य मानते हैं–

(i) अलंकार अनुप्रास, उपमा आदि के अतिरिक्त रस, ध्वनि, गुण आदि सभी काव्य-तत्त्वों को अपने अंदर समेटे हुए है जबकि रीतिवादी आचार्य अलंकार से तात्पर्य केवल उपमा, अनुप्रास इत्यादि ही लेते हैं।

(ii) काव्य के शोभाकारक धर्म 'अलंकार' हैं, ऐसा माना जाता है, (अलंकारवादी आचार्यों की दृष्टि में), जबकि रीतिवादी आचार्य इनको गुण कहते हैं–और गुण को रीति का मूलतत्त्व मानते हैं। अलंकार से तो गुण के माध्यम से उत्पन्न शोभा की वृद्धि ही होती है। इनके अलंकार अनित्य हैं गुण-नित्य।

(iii) अलंकार साधन हैं, इन्हें साध्य भी माना जाता है। लेकिन रीतिवादी आचार्य इसे द्वितीय कोटि का साधन ही मानते हैं।

इधर ध्वनिवादी और रसवादी आचार्यों का कथन है कि अलंकार और रीति–दोनों रस के असाक्षात् उपकारक हैं और अलंकार शब्द के माध्यम से रीति गुणव्यंजक वर्गों के माध्यम से रस का उपकार करते हैं।

टिप्पणी

काव्य में अलंकार का प्रयोग, औचित्य एवं मूल्यांकन

अलंकार क्योंकि 'काव्य' के शोभाकरक धर्म हैं, अतः वे काव्य के कला पक्ष का एक महत्त्वपूर्ण तत्त्व हैं। काव्य से अर्थ 'शब्दार्थ-रूप वाक्य ही है। ऐसी स्थिति में शब्द और अर्थ में सौंदर्य-तत्त्व को पुष्ट करने वाले साधनों में से अलंकार भी एक साधन है। यहाँ अलंकार से हमारा आशय उपमा, अनुप्रास आदि अलंकारों से है।

प्रश्न उठता है कि क्या अलंकार के बिना काव्य का सौन्दर्य हो ही नहीं सकता? दूसरे ढ़ंग से कहें तो क्या काव्य में अलंकारों की उपस्थिति नितान्त अनिवार्य है? इसका ठीक उत्तर है—अनिवार्यतः अलंकारों की उपस्थिति आवश्यक नहीं, किंतु यह उत्तर अपना स्पष्ट विवेचन माँगता है। अलंकार प्रयोग से काव्य में सम्भावित स्थितियाँ इस प्रकर देखी जा सकती हैं—

1—यदि काव्य का आंतरिक पक्ष आह्लादक है, व्यंग्यार्थ के किसी रूप से काव्यानन्द अर्थात् रस की प्राप्ति संभव हो रही है तो यह संभव है कि अलंकारों के प्रयोग से उसमें सौन्दर्य या रस का उत्कर्ष हो जाए;

अथवा

2—जहाँ काव्य का आंतरिक पक्ष आह्लादक एवं सरस है, किन्तु अलंकारों का प्रयोग स्पष्ट रूप से दिखाई न देकर अस्पष्ट रूप से दिखाई दे रहा हो तो सम्भवतः वहाँ भी रसास्वाद में कोई बाधा नहीं पड़ती।

अथवा

3—कभी-कभी ऐसा भी हो जाता है कि कोई काव्य आंतरिक पक्ष की दृष्टि से व्यंग्यार्थ समन्वित है, किन्तु उसका बाह्य-पक्ष अलंकरण से इतना बोझिल हो जाता है कि वह व्यंग्यार्थ अपने प्रभाव को खो देता है, ऐसी दशा में काव्यास्वाद में बाधा पड़ती है।

जिस काव्य में अलंकार व्यंग्यार्थ को दबा देता है, उसका सौन्दर्य नष्ट कर देता है या काव्यास्वाद में बाधा उत्पन्न करता है उस स्थिति को काव्य शास्त्र में 'चित्रकाव्य कहा गया है।'

उपर्युक्त स्थितियों और काव्य के अध्ययन से यह तो सिद्ध ही है कि काव्य में कोई न कोई अलंकार सदैव विद्यमान रहता है, स्पष्ट रूप से नहीं तो अस्पष्ट रूप से ही सही, वह होता अवश्य है। अतः जयदेव का वह कथन जो पूर्वाग्रहग्रस्त माना जाता रहा है बहुत सीमा तक सही है कि काव्य को अलंकार-शून्य मानना ऐसा है जैसा कि अग्नि को उष्णता-विहीन कहना—

अंगीकरोति यः काव्यं शब्दार्थवनलंकृती।
असौ न मन्यते कस्मादनुष्णमनलं कृती॥[17]

मम्मट ने भी इस मत को स्वीकार किया था।

अलंकारवादियों ने काव्य के आंतरिक तत्त्व रस-ध्वनि आदि को भी 'अलंकार' मान लिया था, जो बाद के आचार्य, आनंदवर्धन आदि को मान्य नहीं था। परवर्ती आचार्यों ने अलंकार को मात्र बाह्य शोभाकारक उपकरण माना।

आरम्भ में हमने अलंकार की काव्य में तीन स्थितियों की सम्भावनाओं को देखा

जिनके अनुसार हम यह कह सकते हैं कि जहाँ किसी अन्य काव्य तत्त्व (रस, ध्वनि, गुण आदि) के कारण काव्यत्व हो और वहाँ अलंकार भी हो तो ऐसे स्थलों पर अलंकार को काव्य का शोभाकारक धर्म माना जा सकता है। किन्तु यदि अन्य तत्त्वों के चमत्कारी प्रभाव को, सौन्दर्य-प्रभाव को आच्छादित कर काव्यास्वाद में अलंकार बाधक हो तो वहाँ चित्रकाव्य की स्वीकृति होती है।

अतः उपर्युक्त दोनों स्थितियों को देखते हुए यह प्रश्न उठाना भी स्वाभाविक है कि काव्य में अलंकार का प्रयोग कैसा होना चाहिए? हम उत्तर दे सकते हैं—औचित्य के साथ। औचित्य से तात्पर्य? उचित-अनुचित का ध्यान रखते हुए, प्रसंग के अनुकूल (अर्थात् रस का प्रकार, भाव, अर्थ इत्यादि के अनुकूल), सहजरूप में स्वस्थ ढंग से अलंकार को काव्य में स्थान देना चाहिए।

काव्य में अलंकारों के औचित्यपूर्ण निर्वाह के लिए आनंदवर्धन ने यह निर्देश दिया है।[18]

1. काव्य में रस ही अंगी होता है, अतः रूपक आदि अलंकारों को उसके अंग रूप में ही प्रयुक्त करना चाहिए।
2. अलंकार की अंगी रूप में विवक्षा कभी नहीं करनी चाहिए।
3. अलंकारों का अवसर पर ग्रहण करना, और
4. अवसर पर ही इनका त्याग करना चाहिए।
5. अलंकार-प्रयोग का आरंभ करके उसे अंत तक निभाने का प्रयत्न करना चाहिए।
6. यदि अनायास आद्यंत निर्वाह हो भी जाए तो उसे अंग रूप में रस को पोषक बनाने का यत्न करना चाहिए।

आनंदवर्धन के कथन का अर्थ यह है कि अलंकारों को रस के अंग रूप में ही स्थान दिया जाए, प्रधान रूप में कभी नहीं। अलंकार की सार्थकता भी वस्तुतः इसी में मानी जा सकती है कि वह अनायास साधन के रूप में काव्यानंद (रस) को उत्कृष्टता प्रदान करे, रसास्वाद में सहायक बने। यह पक्ष इतना भारी न हो जाए कि रस को आच्छादित करके चमत्कारप्रियता के प्रदर्शन का प्रमाण बन जाए और काव्यास्वाद में बाधक सिद्ध हो।

संदर्भ

1. दण्डी : काव्यादर्श 2.1
2. वामन : काव्यालंकार-सूत्र 3.11.2
3. भामह : काव्यालंकार 1.13

4. दण्डी : काव्यादर्श 2.1
5. जयदेव : चन्द्रालोक 1.8
6. आचार्य बलदेव उपाध्याय : भारतीय साहित्यशास्त्र (दूसरा भाग) पृ॰ 13
7. दण्डी : काव्यादर्श 2.375
8. उद्भट : काव्यालंकारसंग्रह 4.3
9. दण्डी : काव्यादर्श 2.275
10. उद्भट : काव्यालंकारसारसंग्रह 4:5
11. उपर्युक्त 4.7
12. रुय्यक : अलंकारसर्वस्व, पृष्ठ 233
13. आनंदवर्धन : ध्वन्यालोक 1.1
14. उद्भट : काव्यालंकारसारसंग्रह 4 वर्ग
15. भरतमुनि : नाट्यशास्त्र 17.100
16. वामन : काव्यालंकार 3.1.1 तथा 3.1.2
17. जयदेव : चन्द्रालोक 1.12
18. आनंदवर्धन : ध्वन्यालोक, 2.18-19 (डॉ॰ सत्यदेव चौधरी (अलंकार, रीति और वक्रोक्ति) द्वारा उद्धृत, पृ॰57)

4. रीति-सिद्धान्त (रीति संप्रदाय)

भारतीय काव्य शास्त्र में अलंकार सिद्धान्त के पश्चात् रीति सिद्धान्त का नाम आता है। यद्यपि 'रीति' के बीज 'नाट्यशास्त्र में उपलब्ध हैं, किंतु 'रीति' को 'सिद्धान्त' बनाकर 'रीतिरात्मा काव्यस्य, घोषित करने वाले सर्वप्रथम आचार्य वामन ही हैं। यह बात अलग है कि इस सिद्धान्त को सर्वांशतः स्वीकार नहीं किया गया; किंतु उल्लेखनीय बात यह है कि 'रीति का किसी न किसी रूप में काव्यशास्त्र में वर्णन होता अवश्य रहा।

परम्परा पर एक दृष्टि और 'रीति' का स्वरूप निर्धारण

1. प्रेरणा–भरतमुनि–भरत ने नाट्यशास्त्र में रीति का प्रत्यक्ष वर्णन न कर विभिन्न प्रदेशों में प्रचलित चार वृत्तियों का उल्लेख किया है–

पश्विमी भारत की प्रवृत्ति = आवन्ती

दक्षिणी भारत की प्रवृत्ति = दाक्षिणात्य

पूर्वी भारत की प्रवृत्ति = अर्धमागधी

मध्य देश की प्रवृत्ति = पांचाली

वृत्ति की परिभाषा उन्होंने इस प्रकार दी, 'जो पृथ्वी के नाना देशों के वेश, भाषा तथा आचार की वार्त्ता को व्यक्त करे उसका नाम प्रवृत्ति है।'

(पृथिव्यां नानादेशवेशभाषाचारवार्ताः ख्यापयतीति प्रवृत्तिः।[1])

भारत का प्रवृत्ति-विवेचन 'रीतिसिद्धांत' का प्रेरक माना जा सकता है।

2. प्रादेशिकता पर आघात : भामह–भामह ने स्पष्टरूप से रीतियों की चर्चा की है। उन्होंने दो काव्य माने–एक वैदर्भ दूसरा गौड़; इस प्रकार काव्य शब्द का प्रयोग उन्होंने 'रीति' के अर्थ में किया है।

भामह ने गुण और रीति का कोई मौलिक संबंध नहीं माना क्योंकि उनके अनुसार माधुर्यादि गुण विदर्भ या गौड़ीय मार्ग के गुण नहीं वरन् सत्काव्य के गुण हैं।

उन्होंने रीतियों की प्रादेशिकता पर आघात किया।

3. मार्ग = रीति : दण्डी–दण्डी ने वास्तव में काव्य-शास्त्र के इतिहास में पहली बार

'रीति' को गौरवान्वित किया। उनका रीति-विवेचन इतना मनोनिवेशपूर्ण है कि कतिपय विद्वान् उन्हें रीतिवादी आचार्य ही मान बैठे हैं।

दण्डी ने 'रीति' के लिए 'मार्ग' शब्द का प्रयोग किया है। दण्डी के अनुसार—

1. प्रत्येक कवि की अपनी विशिष्ट रीति है अतः रीति वस्तुगत नहीं है। इस प्रकार रीति में व्यक्ति-तत्त्व प्रधान है।
2. रीतियों की संख्या अनेक है क्योंकि वह व्यक्ति-आश्रित हैं।
3. रीति और गुण का प्रत्यक्ष संबंध है।

दण्डी के समय में सामान्यतः दो ही 'मार्ग' अपनी विशेषताओं के कारण प्रसिद्ध थे—वैदर्भ और गौडीय।

दण्डी के अनुसार इनमें से वैदर्भ काव्य ही श्रेष्ठ है जो श्लेष, प्रसाद आदि गुणों पर आश्रित है। गौडीय मार्ग में प्रायः इनका विपरीत भाव होता है।

4. आचार्य वामन : रीति-सिद्धांत-निरूपण

रीति की सर्वप्रथम परिभाषा वामन ने दी और उन्होंने ही रीति को सिद्धान्त-रूप देकर गौरव प्रदान किया।

वामन के अनुसार—'विशिष्टपदरचना रीतिः'[2] अर्थात् विशेष प्रकार की पदरचना 'रीति' है।

पदरचना में विशेषता गुणों के द्वारा आती है—

'विशेषो गुणात्मा'[3]।

वामन के गुणों में विस्तार एवं उदारता निहित है, उनमें अलंकार, रस और शब्दशक्तियों को भी स्थान प्राप्त है।

रीति का विकास उन्होंने काव्य के बहिरंग पक्ष के साथ-साथ अंतरंग पक्ष को ध्यान में रखते हुए किया है।

उन्होंने शब्द और अर्थ गुणों के दो वर्ग बना दिए, जिनकी संख्या दस-दस है।

वामन ने वैदर्भी, गौड़ी और पांचाली को काव्य-रीति की संज्ञा दी है। वैदर्भी में समस्त गुण निहित होते हैं,

गौड़ी में—ओज और कांति गुण,
पांचाली में—माधुर्य और सौकुमार्य।

5. रुद्रट : रचना चारुत्व-तत्व

रुद्रट ने वामन-स्वीकृत रीतियों के अतिरिक्त लाटी को भी माना है। वे रीति के संदर्भ में गुणों के स्थान पर रचना-चारुत्व की ओर ध्यान देते हैं और रीति के अस्तित्व को सामाजिक शब्दों में निर्भर करते हैं।

रुद्रट रस के आधार पर रीतियों का विभाजन करते हैं—

(अ) वैदर्भी और पांचाली रीति—शृंगार, वीर, करुण, भयानक व अद्‌भुत रस

(ब) लाटी और गौड़ी रीति—रौद्र रस।

6. आनंदवर्धन : शब्द-घटना

आनंदवर्धन ने रीति को संघटना का नाम दिया। संघटना से तात्पर्य सम्यक् घटना अथवा यथोचित घटना है। वामन का 'पदरचना' शब्द और आनंदवर्धन का 'शब्दघटना' शब्द पर्याय हैं। वामन ने पदरचना को शब्दगत और अर्थगत सौन्दर्य से युक्त(गुणात्मक) कहा है, आनंदवर्धन ने इसके लिए सम्यक् (यथोचित) शब्द का प्रयोग किया है। इतने पर भी दोनों आचार्यों की परिभाषाओं में मूल अंतर आश्रयता का है—आनंदवर्धन ने इसके लिए सम्यक् (यथोचित) शब्द का प्रयोग किया है। इतने पर भी दोनों आचार्यों की परिभाषाओं में मूल अंतर आश्रयता का है—आनंदवर्धन रीति को रसाश्रयी मानते हैं जबकि वामन की रीति स्वतंत्र है।

आनंदवर्धन कहते हैं कि 'रीति रस-रूप के सौन्दर्य का साधन है।'

आनंदवर्धन ने संघटना तीन प्रकार की निर्दिष्ट की है—असमासा, मध्यसमासा और दीर्घसमासा।

7. राजशेखर : वचनविन्यासक्रमरीतिः

राजशेखर के अनुसार—'वचन-विन्यास-क्रम-रीतिः अर्थात् वचन विन्यास का क्रम रीति है। स्पष्ट ही वचन का अर्थ शब्द या पद है और विन्यास क्रम का अर्थ 'रचना' है।

उन्हें वामन की तीन रीतियाँ स्वीकार हैं। उन्होंने मैथिली और मागधी रीतियों का भी उल्लेख किया है।

8. कुन्तक

कुन्तक दण्डी की तरह 'मार्ग' शब्द का प्रयोग करते हैं और रीतियों के प्रादेशिक विभाजन के स्थान पर कविस्वभावप्रेरित विभाजन को स्वीकार करते है।

कुन्तक के अनुसार रीति काव्य-निर्माण का कारण है।

कुन्तक ने रीति का विभाजन कवि-स्वभाव के आधार पर इस प्रकार किया है—

1. सुकुमार
2. विचित्र
3. मध्यम

इन तीनों के सामान्य और विशेष जैसे दो-दो प्रकार के और खण्ड किए हैं। इन सामान्य गुणों की स्थिति तीनों मार्गों में है।

विशेष गुण चार प्रकार के होते हैं—माधुर्य, प्रसाद, लावण्य और अभिजात्य।

9. अग्निपुराणकार

अग्निपुराण में पांचाली, गौड़ी, वैदर्भी और लाटी—चार रीतियाँ हैं। यहाँ गुणों का महत्त्व अधिक है। गुणों के दो वर्ग हैं—सामान्य, विशेष।

10. भोज

भोज ने गुणों के दो भेद किए हैं—शब्द और अर्थ।

इन्होंने छः रीतियाँ स्वीकार की हैं—पांचाली, लाटी, वैदर्भी, गौड़ी, और अवन्तिका।

भोज 'कविगमनमार्ग' को रीति कहते हैं।

11. हेमचन्द्र

हेमचन्द्र ने माधुर्य, प्रसाद और परुषा (जो वर्ण क्रमशः माधुर्य, प्रसाद और ओज गुणों को व्यक्त करते हैं) नामक (वृत्तियों को) क्रमशः वैदर्भी, पांचाली और गौड़ी रीति माना है।

12. मम्मट और विश्वनाथ

पदों की संघटना को विश्वनाथ ने रीति कहा है। इसे वे अंगसंस्थान (शारीरिक गठन) के समान है ऐसा कहते हैं। ये वैदर्भी, गौड़ी, पांचाली और लाटी के समर्थक हैं। वे रीति को बाह्य तत्त्व मानते हुए समास पर आधृत स्वीकार करते हैं। रीति की सिद्धि इस तथ्य पर निहित है कि वह काव्य के आत्म-स्वरूप रस की अभिव्यक्ति में साधन मात्र बने (न कि इस तथ्य में कि वह स्वयं काव्य की आत्मा बन बैठे)।

13. विश्वनाथ

विश्वनाथ ने वर्ण व्यापार के साथ पद-संघटना अर्थात् शब्द-गुम्फ तथा समस्त पदावली का महत्त्व स्थापित किया। उनके अनुसार—पदों की संघटना का नाम रीति है।

इसके बाद भारतीय काव्य-शास्त्र में इन्हीं मान्यताओं का पोषण होता रहा है। रीति काल से लेकर आधुनिक काल तक। किंतु आधुनिक काल में आकर कुछ आचार्यों ने रीति की पाश्चात्य—Style के साथ समानता सिद्ध की है।

सारांशतः

रीतिसिद्धांत के व्यवस्थापक आचार्य वामन हैं। उन्होंने सर्वप्रथम इस शब्द का प्रयोग किया। इसके लक्षण निर्दिष्ट किए और इसे सिद्धान्त रूप में प्रतिष्ठापित किया।

अतः वामन का दृष्टिकोण 'रीति' को समझने के लिए सर्वाधिक उपयुक्त है—वामन रीति का अर्थ करते हैं—

'विशिष्टपदरचना रीति' : अर्थात् विशेष प्रकार की पदरचना को रीति कहते हैं।

इस परिभाषा में तीन तत्त्व हैं—1. विशिष्ट 2. पदरचना 3. रीति।

वामन के अनुसार, विशिष्ट का अर्थ गुण सम्पन्नता, (विशेषो गुणात्मा), जिस रचना में गुणों का सद्भाव हो, साथ ही उसमें दोषों का अभाव हो, वह रचना विशिष्ट हो जाती है।

गुणा से तात्पर्य है—काव्य के शोभाकारक धर्म। यही काव्य के शोभाकारक धर्म अनिवार्य तत्त्व भी हैं। वामन[2] के अनुसार—शब्द और अर्थगत सौन्दर्य अथवा शब्दचमत्कार और अर्थचमत्कार ही वे धर्म हैं।

(2) पद-रचना का आशय काव्य से है। इसे काव्य का पर्याय ही समझना चाहिए।

इस प्रकार वामन[3] शब्द और अर्थगत सौन्दर्य से युक्त पदरचना को रीति कहते हैं।

विशिष्ट + पदरचना रीति
|
विशेषो गुणात्मा
|
काव्य के शोभाकारक धर्म | काव्य की लघुतम इकाई =पद=पदों का संयोजन
|
शब्द + अर्थगत सौन्दर्य
|
काव्य सौन्दर्य

रीति के सहधर्मी काव्यांग

रीति और प्रवृत्ति

देश, भाषा और आचार के आधार पर विकसित विशेषता को प्रवृत्ति कहते हैं। रीति का आधार केवल भाषा है।

रीति अंतरंग हैं, प्रवृत्ति बाह्यांग।

प्रवृत्ति का आधार निश्चयात्मक और भौगोलिक है जबकि रीति का आधार कवि स्वभाव होने से अनिश्चित।

रीति और वृत्ति

रीति के दो तत्त्व हैं, संघटना अर्थात् शब्द-योजना समास आदि तथा वर्णयोजना।

वृत्ति शब्दों का व्यवहार है। वह वर्ण-व्यवहार अथवा वर्ण-संयोजन को व्यक्त करती है।

इस प्रकार वृत्ति रीति का एक बाह्य तत्त्व है।

रीति और शैली

शैली अभिव्यक्ति की पद्धति है, जिसका अंग्रेजी पर्याय Style है। विशिष्ट अर्थ में रीति और शैली में बहुत अंतर नहीं है। शैली विचारों का परिधान है, यह उपयुक्त शब्दावली का प्रयोग है या कहें कि अभिव्यक्ति का ढंग शैली है। शैली भाषा का व्यक्तिगत प्रयोग है। शैली के दो मूल तत्त्व हैं–1. व्यक्ति-तत्व 2. वस्तु-तत्त्व।

डॉ॰ सुशील कुमार डे रीति और शैली को एक कि मानते हैं। वे कहते हैं कि रीति में व्यक्तित्व का प्रभाव है जब तक शैली का मूल आधार ही व्यक्ति तत्त्व है। इधर डॉ॰ नगेन्द्र[4] की मान्यता है कि यूरोप के आचार्यों द्वारा निर्दिष्ट शैली के तत्त्व नामांतर से रीति के तत्त्वों में ही अंतर्भूत हो जाते हैं अथवा रीति के तत्त्वों का शैली-तत्त्वों में ही अंतर्भाव हो जाता है।....दोनों समान हैं–केवल नामभेद है।

महत्त्व

रीति को आचार्य वामन ने काव्य की आत्मा सिद्ध करने का प्रयत्न किया। इसे आत्मा न भी मानें तो भी इतना तो मानना ही पड़ेगा कि इसका महत्त्व कम नहीं है। इसमें काव्य के बहिरंग तत्त्व के स्वतंत्र मूल्य की स्थापना ही अधिक है। रीति में रागतत्त्व, बुद्धितत्त्व, कल्पना तथा शैलीतत्त्व का अंतर्भाव हो जाता है।

संदर्भ

1. भरतमुनि : नाट्यशास्त्र, 14/36

2,3. वामन : काव्यालंकार, 1.2.7 तथा 1.2, 8

4. डॉ॰ नगेन्द्र : आचार्य वामन और रीतिसिद्धान्त, पृ॰ 54

5. ध्वनिसिद्धांत (ध्वनि संप्रदाय)

भारतीय काव्यशास्त्र में विभिन्न सिद्धांतों या संप्रदायों का जन्म काव्य की आत्मा की खोज से जुड़ा हुआ है। 'ध्वनिसिद्धांत' भी काव्य की आत्मा का अनुसंधान करने वाला सिद्धांत है। इसका केन्द्र-बिंदु है–'काव्यस्यात्मा' ध्वनिः' अर्थात् काव्य की आत्मा 'ध्वनि' है।

ध्वनिसिद्धांत के प्रवर्तक आनंदवर्धन (840 से 870 ई॰) माने जाते हैं। उनकी मान्यताएँ 'ध्वन्यालोक' में उपलब्ध हैं। ध्वनितत्त्व के विरोधी भी भट्ट आनंदवर्धन के समकालीन थे। मुकुल, भट्टनायक, कुन्तक, धनंजय, महिमभट्ट आदि ध्वनि के विरोधी आचार्य थे। ध्वनि की परम्परा आनंदवर्धन से पूर्व भी विद्यमान थी। अलंकारवादी आचार्यों ने ध्वनि शब्द का प्रयोग नहीं किया फिर भी अनेक अलंकारों के लक्षणों अथवा उदाहरणों में, स्पष्ट अथवा प्रकारांतर से ध्वनि के संकेत मिल जाते हैं। आनंदवर्धन ने ध्वनि सिद्धान्त की प्रथम बार व्यवस्थित व्याख्या की; किन्तु उनका प्रबल विरोध हुआ। बाद में आचार्य मम्मट ने अपने विवेचन द्वारा ध्वनिसिद्धान्त की पुनः स्थापना की।

ध्वनि का तात्पर्य–

'ध्वनि' शब्द 'ध्वन्' धातु और 'इ' प्रत्यय के योग से बना है, जिसका सामान्य अर्थ हैं–शब्द, आवाज, नाद। शब्दार्थ की दृष्टि से ध्वनि कानों में सुनाई देने वाले नाद को कहते हैं। इस अर्थ के पाँच रूप संभव हैं–

1. ध्वनति, ध्वनयति इति वा ध्वनि :– अर्थात् जो ध्वनित करे या कराए वह ध्वनि है। इसका तात्पर्य शब्द से है।
2. ध्वन्यत इति ध्वनि :– अर्थात् जो ध्वनित हो, वह ध्वनि है। इसका तात्पर्य वस्तु रस अलंकार से है।
3. ध्वन्यते अनेन इति ध्वनि :– अर्थात् जिस कारण के द्वारा ध्वनि की उत्पत्ति हो, वह ध्वनि है। इसका तात्पर्य शब्दशक्ति से है।
4. ध्वननं ध्वनि :– अर्थात् ध्वनित होने का भाव ध्वनि है, अभिव्यंजन, सूचन आदि इसके पर्याय हैं।

5. ध्वन्य अस्मिन्निति ध्वनि :– अर्थात् जिसमें अर्थ ध्वनित हों, उसे ध्वनि कहते हैं। इसका तात्पर्य काव्य (ध्वनिकाव्य) से है।

इस तरह ध्वनि शब्द के 5 अर्थ हुए–(1) व्यंजक शब्द (2) व्यंग्य रसादि (3) व्यंजना व्यापार (4) व्यंजित अर्थ (5) व्यंग्य काव्यादि। वास्तव में ये पांचों अर्थ परस्पर सम्बद्ध हैं और एक संश्लिष्ट क्रिया के विभिन्न रूपों के द्योतक हैं।

ध्वनि की परिभाषा

जिस प्रकार शब्द के अलग-अलग वर्गों के उच्चारण से अर्थ की अभिव्यक्ति नहीं होती, उसी प्रकार अभिधा या लक्षणा द्वारा भी सम्पूर्ण और विशेषतः मार्मिक अर्थ की अभिव्यक्ति नहीं हो पाती। यह मार्मिक अर्थ व्यंजना के द्वारा प्राप्त होता है।

अभिधा और लक्षणा के उपरांत व्यंजना से ध्वनित होने वाला चमत्कारिक अर्थ ही ध्वनि है। यह ध्वनि 'ध्वन्यालोककार ने अनुरणन के रूप में मानी है। जिस प्रकार घण्टे पर आघात करने के पहले टंकार और फिर मधुर झंकार एक के बाद अधिक मधुर निकलती है, उसी प्रकार व्यंग्यार्थ भी ध्वनित होता है।

इस प्रकार ध्वनित होने वाला व्यंग्यार्थ जहाँ प्रधान होता है, वहाँ ध्वनि मानी गयी। आनंदवर्धन के शब्दों में–

यत्रार्थः शब्दो वा तमर्थमुपसर्जनीकृतस्वार्थी।
व्यक्तः काव्यविशेषः स ध्वनिरिति सूरिभिः कथितः॥

(ध्वन्यालोकः 1-13)

ध्वनिकाव्य वह विशिष्ट प्रकार का काव्य है जिसमें शब्द और अर्थ अपने स्वरूप को छिपाए हुए उस अर्थ को अभिव्यक्त करते हैं जो काव्य का परम रहस्य है।

वाच्यार्थ से अधिक उत्कृष्ट व्यंग्य ही विद्वानों के द्वारा ध्वनि कहीं गई है। इसीलिए वाच्यार्थ से अधिक चमत्कार व्यंग्यार्थ ध्वनिकाव्य है। (वाच्यातिशायिनि व्यंग्ये ध्वनिस्तत्काव्यमुत्तमम्–साहित्यदर्पण, 4-1)।

ध्वनि-भेद

विश्व में पदार्थ की प्रतीति कराने वाली ध्वनि को शब्द कहते हैं। शब्द की शक्ति असीम है। शब्द के उच्चारण मात्र से हमारे मन, कल्पना और अनुभूति पर प्रतिक्रिया होती है। यह प्रतिक्रिया अर्थगत होती है। जिस शक्ति के द्वारा शब्द का अर्थ ज्ञात होता है, वह 'शब्दशक्ति' कहलाती है। शब्द शक्ति शब्द और अर्थ का संबंध है। शब्दशक्तियाँ तीन मानी गई हैं–अभिधा, लक्षणा और व्यंजना। इसके अनुसार शब्द ओर उनके अर्थ भी तीन प्रकार के होते हैं–क्रमशः–(1) अभिधा शब्द शक्ति–वाचक शब्द +वाच्यार्थ या अभिधार्थ, (2) लक्षणा शब्दशक्ति–लक्षक शब्द + लक्ष्यार्थ। (3)

व्यंजना शब्द शक्ति–व्यंजक शब्द + व्यंग्यार्थ।

व्यंजना व्यापार से प्राप्त अर्थ (व्यंग्यार्थ) ही ध्वनि है। स्थूल रूप से ध्वनि के दो भेद हैं–

1. अभिधामूला ध्वनि।
2. लक्षणामूला ध्वनि।

1. अभिधामूला ध्वनि–

जहाँ सीधे वाच्यार्थ व्यंग्यार्थ से ही ध्वनित हो जाता है, वहाँ अभिधामूला ध्वनि होती है। शास्त्रीय शब्दावली में, 'अभिधामूला ध्वनि में वाक्य विवक्षित होता है, पर उसका पर्यवसान व्यंग्य प्रतीति में होता है। इसलिए इसे 'विवक्षितान्यपरवाच्य ध्वनि' भी कहते हैं।

अभिव्यक्तिभेद से अभिधामूला ध्वनि के दो उपवर्ग हैं। अभिव्यक्ति व्यापार में क्रम को देख कर कि यह ध्यान में आएगा या नहीं, यह उपवर्ग निश्चित किए जा सकते हैं–

(अ) संलक्ष्यक्रमध्वनि (ब) असंलक्ष्यक्रमध्वनि।

जहाँ वाच्यार्थ के स्पष्ट बोध के बाद व्यंग्यार्थ की प्रतीति हो, वहाँ संलक्ष्य क्रम ध्वनि होती है और जहाँ वाच्यार्थ और व्यंग्यार्थ साथ-साथ (एक ही साथ) ध्वनित हों वहाँ असंलक्ष्यक्रमध्वनि होती है।

इन दोनों ही उपवर्गों को पुनः विभाजित किया जा सकता है। एक दृष्टि में अभिधामूला ध्वनि का यह वर्गीकारण इस प्रकार देखा जा सकता है–

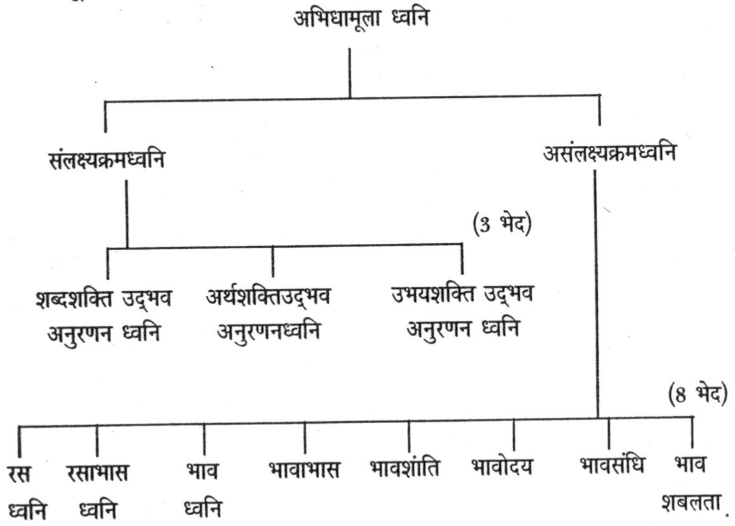

(2) लक्षणामूला ध्वनि

जहाँ व्यंग्यार्थ लक्ष्यार्थ पर आधारित होता है, वहाँ लक्षणामूला ध्वनि होती है। इसे अविवक्षित वाच्यध्वनि भी कहते हैं।

लक्षणामूला ध्वनि के भी दो भेद हैं–

(अ) अर्थान्तरसंक्रमित वाच्यध्वनि

(ब) अत्यन्त तिरस्कृत वाच्यध्वनि।

अर्थान्तरसंक्रमित वाच्यध्वनि में वाच्य थोड़ा-सा ही उपेक्षित होता है, जबकि अत्यन्त तिरस्कृतवाच्य ध्वनि में वाच्यार्थ पूर्णरूप से उपेक्षित होता है। यह लक्षणलक्षणा पर आधारित है।

अभिधामूला की भांति लक्षणामूला के भी अनेक उपभेद हैं।

ध्वनि का एक वर्गीकरण 'व्यंग्यमुख' के आधार पर भी किया जा सकता है। इस आधार पर ध्वनि के तीन भेद हैं–

1. वस्तुध्वनि,
2. अलंकारध्वनि,
3. रसध्वनि।

वस्तुध्वनि तथा अलंकारध्वनि के दो भेद हैं–

(अ) शाब्दी व्यंजना (ब) आर्थी व्यंजना।

ध्वनि पर आधृत काव्य के भेद

व्यंजना की प्रधानता के आधार पर ध्वनिसिद्धान्त में काव्य के तीन भेद माने गए हैं।–

1. ध्वनि
2. गुणीभूत व्यंग्य
3. अवर।

जिस काव्य में वाच्यार्थ से अधिक चमत्कारपूर्ण व्यंग्यार्थ होता है, वह ध्वनिकाव्य है।

जहाँ पर वाच्यार्थ की अपेक्षा व्यंग्यार्थ का कम चमत्कार होता है वह गुणीभूत व्यंग्य काव्य होता है।

जहाँ पर व्यंग्यार्थ नहीं होता, वहाँ अवर काव्य माना जाता है।

यह वर्गीकरण प्रायः सभी ध्वनिवादी आचार्यों ने स्वीकार किया है, किन्तु पण्डितराज जगन्नाथ की मान्यता कुछ भिन्न है। वे व्यंग्यार्थ के किसी भी प्रकार से उपस्थित होने पर उस काव्य को उत्तमकोटि में रखते हैं। उनके अनुसार यह वर्गीकरण

इस प्रकार है–

1. उत्तमोत्तम काव्य (=ध्वनिकाव्य)
2. उत्तमकाव्य (=गुणीभूत व्यंग्यकाव्य)
3. मध्यम काव्य (=अन्य अर्थालंकार काव्य)
4. अवर काव्य (=शब्दालंकार चित्रकाव्य)

ध्वनि-सिद्धांत का महत्त्व

ध्वनि-सिद्धांत काव्यशास्त्र का बड़ा विशद सिद्धांत है। इसीलिए कहा जाता है कि ध्वनि एक पूर्ण सिद्धांत है, क्योंकि इसमें रस तथा अलंकार का तो समावेश है ही, साथर ही इनके अतंर्गत अन्य काव्य सिद्धांतों के तत्त्व भी समाहित हैं।

हिन्दी काव्यशास्त्र में इस सिद्धान्त को बराबर मान्यता मिलती रही है। यद्यपि हिंदीशास्त्र के रीतिकालीन आचार्यों का एक बड़ा समुदाय पूर्ववर्त्ती रस और अलंकार सिद्धांतों से प्रभावित रहा है, तथापि इस काल के अनेक आचार्यों ने ध्वनिसिद्धांत के प्रति उदारता बरती है। रीतिकारों के कुद महात्त्वपूर्ण ग्रंथों का उल्लेख करना यहाँ अनुचित न होगा, जिनमें ध्वनि-सिद्धान्त की व्यापक चर्चा है–

1. रस रहस्य (कुलपति मिश्र)
2. रसिक रसाल (कुमारमणि मिश्र)
3. काव्य सरोज (श्रीपति)
4. रसपीयूषनिधि (सोमनाथ)
5. काव्यरसायन (देवदत्त)
6. काव्यनिर्णय (भिखारी दास)
7. काव्यसिद्धान्त (सूरति मिश्र)
8. व्यंग्यार्थ कौमुदी (प्रतापसिंह)

इन ग्रंथों पर आचार्य मम्मट का प्रभाव बहुत ही स्पष्ट है। यद्यपि ध्वनिसिद्धान्त की शास्यीय व्याख्या या स्थापना इन ग्रंथों में से किसी में भी नहीं हो सकी है तथापि इससे ध्वनि की स्वीकृति सिद्ध है।

आधुनिक काल में भी हिंदी में ध्वनि-विवेचन की दिशा में तीन आचार्यों के नाम विशेष रूप से लिए जा सकते हैं–आचार्य रामचन्द्र शुक्ल, आचार्य रामदहिन मिश्र और डॉ॰ नगेन्द्र। शुक्ल जी वाच्यार्थ में ही चमत्कार मानते हैं तथा वस्तुध्वनि और अलंकारध्वनि के रस प्रणव होने पर उन्हें काव्य की परिधि में ग्रहण करते हैं। मिश्रजी ने प्राचीन पद्धति पर ध्वनि का विवेचन किया है और डॉ॰ नगेन्द्र ने रस तथा ध्वनि सिद्धांतों में समन्वय स्थापित किया है।

आधुनिक काल में नए साहित्य के परिप्रेक्ष्य में ध्वनि को विशेष मान्यता मिली है। व्यंग्य की विधाओं का पृथक् विकास इस बात का ठोस प्रमाण है। इसीलिए आधुनिक साहित्य-चिन्तकों ने ध्वनि की अनिवार्यता को सिद्ध करने का पूरा यत्न किया है। इसी विकास-क्रम में ध्वनि सिद्धान्त निरन्तर पुष्ट होता गया है।

रस और अलंकार आज भी ध्वनि-सिद्धांत के आधार-स्तम्भ हैं। संभवतः इसीलिए रसध्वनि और अलंकारध्वनि कल्पित की गई। डॉ॰ नगेन्द्र के अनुसार ध्वनि-सिद्धांत की सर्वमान्यता का मुख्य कारण यह है कि अन्य सभी प्रचलित सिद्धान्तों का समावेश ध्वनि में हो जाता है। इस सिद्धांत की महत्ता इस बात में देखी जा सकती है कि इसके बाद प्रतिपादित होने वाले वक्रोक्ति एवं औचित्यवाद भी काव्य-लक्षणा की परिधि से बाहर न जा सके और न कोई परवर्त्ती आचार्य इसके मूल स्वरूप को विकृत ही कर सका। डॉ॰ नगेन्द्र के अनुसार ध्वनिकाव्य की सिद्धि दो प्रकार से हुई–

1. रीति, अलंकार, वक्रता आदि भी रस की भाँति व्यंग्य ही रहते हैं।
2. गुण, रीति, अलंकार आदि तत्त्व वाच्यार्थ के द्वारा मन को सीधे आह्लाद नहीं देते, किन्तु रस का उपकार करते हुए अपने आस्तित्व को सार्थक करते हैं।

इस प्रकार निश्चित रूप से ध्वनि-सिद्धान्त एक पूर्ण सिद्धान्त कहा जा सकता है, जिसमें रस तथा अलंकार का तो समावेश हो ही जाता है, अन्य काव्यसिद्धान्त भी तात्त्विक रूप से समाहित हो जाते हैं।

ध्वनि–काव्य की आत्मा के रूप में

ध्वन्यालोक में आनंदवर्धन ने घोषित किया–'काव्यात्मा ध्वनिः।'

यह ध्वनि-तत्त्व नितान्त आन्तरिक एवं व्यापक तत्त्व है।

आनंदवर्धन ने काव्य के विविध चमत्कारों को ध्वनि पर आधृत माना है। इसी आधार पर वे काव्य के भेद भी करते हैं–उत्तमकाव्य, मध्यमकाव्य और अधमकाव्य के रूप में।

ध्वनि-काव्य के प्रमुख पाँच भेद हैं और गुणीभूत व्यंग्य के प्रमुख आठ भेद हैं। फिर इनके अनेक उपभेद हैं, जो पद, पदांश, वाक्य से लेकर प्रबंधगतता तक फैले हुए हैं। संक्षेप में यह वर्गीकरण देख लें–

द्रष्टव्य है कि असंलक्ष्यक्रम व्यंग्य ध्वनि का एक भेद हैं, जो रस, भाव, रसाभास, भावाभास आदि आठ काव्य तत्त्वों का पर्याय है।

इधर गुणीभूत व्यंग्य का एक भेद 'अपरांग' है, जिसका अभिप्राय है रसवत् आदि अलंकारों का चमत्कार।

'चित्रकाव्य' के अतंर्गत माधुर्य आदि गुणों और उससे सम्बद्ध रीतियों के अतिरिक्त सभी अलंकारों का चमत्कार भी सन्निहित है। तात्पर्य यह कि गुण अलंकार

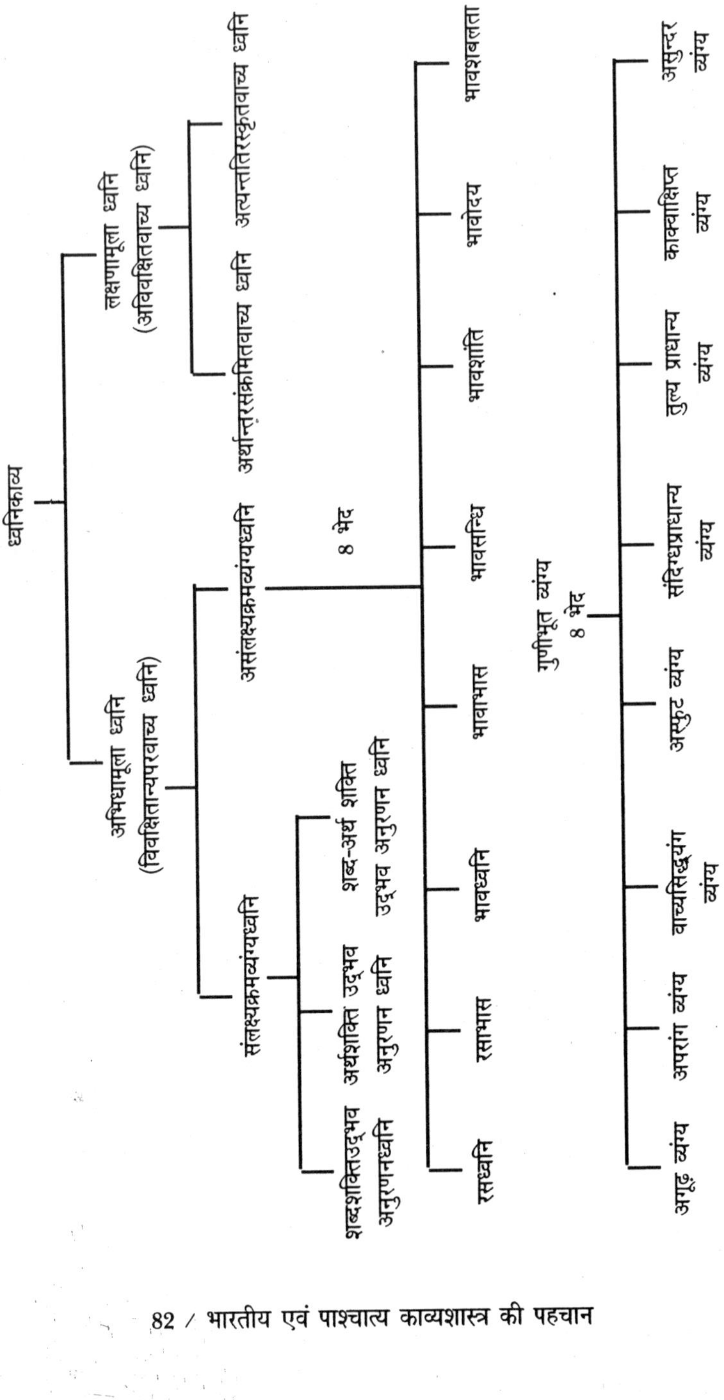

ध्वनिकाव्य
अभिधामूला ध्वनि (विवक्षितान्यपरवाच्य ध्वनि)
लक्षणामूला ध्वनि (अविवक्षितवाच्य ध्वनि)
अर्थान्तरसंक्रमितवाच्य ध्वनि
अत्यन्ततिरस्कृतवाच्य ध्वनि
संलक्ष्यक्रमव्यंग्यध्वनि
असंलक्ष्यक्रमव्यंग्यध्वनि
8 भेद
शब्दशक्तिउद्भव अनुरणनध्वनि
अर्थशक्ति उद्भव अनुरणन ध्वनि
शब्द-अर्थ शक्ति उद्भव अनुरणन ध्वनि
रसध्वनि
रसाभास
भावध्वनि
भावाभास
भावसन्धि
भावशांति
भावोदय
भावशबलता
गुणीभूत व्यंग्य 8 भेद
अगूढ़ व्यंग्य
अपरांग व्यंग्य
वाच्यसिद्ध्यंग व्यंग्य
अस्फुट व्यंग्य
संदिग्धप्राधान्य व्यंग्य
तुल्य प्राधान्य व्यंग्य
काक्वाक्षिप्त व्यंग्य
असुन्दर व्यंग्य

भी व्यंग्यरहित नहीं होते। उनमें भी व्यंग्य की सत्ता किसी न किसी रूप में रहती है। इसीलिए आनंवर्धन ने कहा था कि प्रतिभासम्पन्न कवियों के लिए ध्वनि और गुणीभूत व्यंग्य के सम्पर्क से अभिनव काव्य की समृद्धि का अंत नहीं होता।

उषर्युक्त विवेचन से स्पष्ट है कि काव्य में ध्वनि तत्त्व अनिवार्यतः विद्यमान रहता है।

भारतीय काव्यशास्त्र में रस को काव्यात्मा के रूप में प्रतिष्ठा देने की परम्परा बहुत शक्तिशाली रही है। किन्तु यदि ध्वनि की तुलना में इसे देखा जाए तो यह बात साफ देखी जा सकती है कि रस की अपेक्षा ध्वनिसिद्धान्त कहीं अधिक व्यापक है। रस ध्वनि के ही अंतर्गत समाहित हो सकता है। रस के उदाहरण में ध्वनि की सत्ता अनिवार्य रूप में देखी जा सकती है। लेकिन ध्वनि के उदाहरण में रस हो ही, यह अनिवार्य नहीं है। रससिद्धान्त की दो न्यूनताएँ और भी हैं, एक तो यह कि रस सिद्धान्त ऐन्द्रिय आनन्द के प्रति उदासीन था, दूसरे प्रबंधकाव्य के साथ तो उसका संबंध ठीक बैठ जाता है, किन्तु स्फुट छन्दों के साथ विभाव, अनुभाव, संचारी आदि का संगठन सर्वत्र न होने के कारण कठिनाई रहती है। इसलिए स्फुट पद काव्य के क्षेत्र से बाहर हो जाते हैं। ध्वनिसिद्धान्त इन दोषों से मुक्त है।

वैसे भी देखें तो रस की अप्रत्यक्ष प्रतीति होती है अर्थात् व्यंजन का ध्वनन होता है। इसीलिए ध्वनिकार ने उसे मात्र रस न मानकर रसध्वनि कहा था। उत्तमकाव्य की चर्चा के समय—वस्तुध्वनि और अलंकारध्वनि दृष्टिपथ में रखना आवश्यक है। इस तरह रस और ध्वनि का कोई विरोध नहीं ठहरता। बल्कि ध्वनिरस अपने आप में ध्वन्यात्मक है, इसलिए काव्य की आत्मा 'रसध्वनि' है।

6. वक्रोक्ति सिद्धांत (वक्रोक्ति सम्प्रदाय)

दसवीं शताब्दी में आचार्य कुन्तक ने अपने ग्रंथ वक्रोक्तिजीवितम्' में काव्य के प्राण तत्त्व की घोषणा इन शब्दों में की–

"वक्रोक्तिः काव्यजीवितम् ।"

इस प्रकार काव्यशास्त्र में प्रचलित–स्थापित रस-अलंकार-ध्वनि-सिद्धांतों के बावजूद उन्होंने एक नए काव्य-सिद्धांत, बल्कि नए सम्प्रदाय 'वक्रोक्तिसम्प्रदाय' की स्थापना की।

कुन्तक ने अपनी सूझबूझ और तर्कपूर्ण विवेचन से अपने ग्रंथ में इस सिद्धांत को स्थापित किया; किन्तु उनके परवर्ती आचार्यों ने उनके इस मत को इतना महत्त्व नहीं दिया। अतः यह परम्परा अधिक विकास न पा सकी।

वक्रोक्ति-परांपरा

ध्वनिसिद्धांत की प्रतिष्ठापना होने पर तथा रीतिसिद्धांत में वामन द्वारा गुण को काव्यशोभा के कारण-रूप धर्म के रूप में स्वीकार करने पर, अलंकार की महत्ता कुछ कम हो गई। वह आभूषण के रूप में स्वीकृति पा कर रह गया। काव्य की आत्मा खोजने के सिलसिले में अलंकार को अंतर्निहित उक्ति-वक्रता के रूप में रीति और ध्वनि संप्रदायों में नहीं देखा जा सका। वक्रोक्ति, अलंकार की आत्मा के रूप में सर्वप्रथम भामह के द्वारा ग्रहण की गयी। फिर दण्डी ने वक्रोक्ति का महत्त्व बताया। आनंदवर्धन ने वक्रोक्ति की इस अवधारणा को अतिशयोक्ति के रूप में व्यक्त किया है। उनका ध्वनिसिद्धांत भी इस अतिशयोक्ति से ग्रसित है। इसका कारण यह है कि आनंदवर्धन अतिशयोक्ति को ही काव्यसौंदर्य का कारण मानते हैं। उनकी यह अतिशयोक्ति वास्तव में भामह और दण्डी की वक्रोक्ति के समकक्ष है। इस प्रकार अतिशयोक्ति (या वक्रोक्ति) को ध्वनिसिद्धांत में समेट लेने पर वक्रोक्ति को काव्य की आत्मा के रूप में स्थान नहीं मिल सका। बाद में यह कार्य आचार्य कुन्तक ने किया।

आचार्य वामन ने भी अपने ग्रंथ 'काव्यालंकार सूत्र' में अर्थालंकार के रूप में वक्रोक्ति को ग्रहण किया(सादृश्याश्रयात् लक्षणा वक्रोक्तिः)। इनके परवर्त्ती अलंकारवादियों

रुद्रट, मम्मट, वाग्भट, विद्याधर, हेमचन्द्र, जयदेव आदि ने वक्रोक्ति को एक शब्दालंकार विशेष के रूप में ही मान्यता दी।

हिंदी काव्यशास्त्र में सिद्धांत रूप में वक्रोक्ति की चर्चा कम ही मिलती है। आधुनिक काल से पूर्व तो लगभग न के बराबर ही थी।

केशव ने वक्रोक्ति को 'वक्रीकृता उक्ति' रूप शब्दालंकार न मानकर 'विदग्ध युक्तिरूप' अलंकार माना है। अन्य परवर्ती आचार्यों ने इसे शब्दालंकार के रूप में ही स्वीकार किया। जसवंतसिंह तथा भूषण ने इसे अर्थालंकार माना। भिखारीदास ने श्लेष अलंकार का एक भेद कहा। इस प्रकार ये सभी आचार्य अलंकार के रूप में ही वक्रोक्ति ग्रहण करते रहे।

आधुनिक काल में पद्मसिंह शर्मा, जगन्नाथदास रत्नाकर तथा अयोध्यासिंह उपाध्याय 'हरिऔध' जैसे काव्य मर्मज्ञों ने वक्रोक्ति को मान्यता दी। आगे चल कर आचार्य रामचन्द्र शुक्ल ने रससिद्धांत की स्वीकृति के साथ उक्ति चमत्कार का विरोध किया। वास्तव में उनका यह विरोध एक भ्रम पर आधारित है। उन्होंने वक्रोक्ति और क्रोचे के अभिव्यंजनावाद को एक मान लिया था।

छायावाद में वक्रोक्ति को व्यावहारिक स्वीकृति मिली। इस युग में वक्रोक्ति के प्रयोग के साथ-साथ कतिपय आचार्यों जैसे—डॉ॰ लक्ष्मीनारायण सुधांशु, बाबू गुलाबराय, एवं बाद में डॉ॰ नगेन्द्र जी ने वक्रोक्ति का व्यवस्थित विवेचन प्रस्तुत किया। इन विद्वानों ने शुक्ल जी की मान्यता के कारण जो अभिव्यंजनावाद और वक्रोक्ति की एकता का भ्रम हो गया था उसे दूर किया और काव्य में स्वाभाविक रूप से वक्रता के औचित्य को सिद्ध किया।

वक्रोक्ति : स्वरूप-विश्लेषण

शाब्दिक व्याख्या करें तो वक्रोक्ति शब्द 'वक्र' और 'उक्ति'—दो शब्दों से मिल कर बना है। वक्र का अर्थ है—टेढ़ा, बाँका। उक्ति=कथन। अर्थात् सीधे सादे सरल ढंग से पृथक् असहज, विचित्र और टेढ़ेपन की उक्ति को वक्रोक्ति कहते हैं।

काव्यशास्त्रीय भाषा में इस सिद्धांत के पुरस्कर्त्ता आचार्य कुन्तक की परिभाषा ही मान्य है।

उन्होंने 'वक्रोक्तिः काव्यजीवितम्' में लिखा है—

शब्दार्थौ सहितौ वक्रकविव्यापारशालिनि।
बन्धे व्यवस्थितौ काव्यं तदिवाह्लादकारिणी॥(1,7)

"उभावेतावलंकार्यौ तयोः पुनरलंकृतिः।
वक्रोक्तिरेव वैदग्ध्यभंगी-भणितिरुच्यते॥"(1,10)

अर्थात् शब्द तथा अर्थ यह दोनों अलंकार्य होते हैं और विदग्धतापूर्ण कथन रूपी वक्रोक्ति ही इन दोनों की अलंकार होती है।

कुन्तक की इस परिभाषा में—'वैदग्ध्य' का अर्थ है—'काव्यनैपुण्य' और 'भंगी भणिति' का अर्थ है 'भाषा का वक्र या रमणीय प्रयोग।'

अतः वक्रोक्ति को कवि-प्रतिभाजन्य उक्ति चारुत्व कहा जा सकता है।

वक्रोक्ति की यह कुन्तक प्रदत्त परिभाषा अत्यन्त व्यापक है। इसमें वर्ण-विन्यास से लेकर प्रबंधकल्पना तक, काव्य के सभी अंगों का समावेश हो सकता है।

कहने का अर्थ यह है कि 'वक्रोक्ति अलंकृति' है। यही कथन की भंगिमा है जो उक्ति को शोभा प्रदान करती है। उक्ति में चमत्कार और चारुता का सम्पादन वक्रोक्ति के द्वारा ही होता है। अतः वक्रोक्ति काव्य का जीवन है। इससे हीन काव्य सजीव नहीं है। वक्रोक्ति उक्ति का चमत्कार है। यह विशेषता कविता में कवि प्रतिभा के संयोग से आती है। इसमें आतिशयोक्ति का भाव भी है। जब किसी वर्ण्यविषय में उसके किसी धर्म या विशेषता को अतिशय कथन-चमत्कार (विच्छित्ति) के साथ प्रतिपादित किया जाता है, तब वक्रोक्ति की प्रतिष्ठा होती है।

वक्रोक्ति के भेद

कुन्तक ने वक्रोक्ति के छह भेद माने हैं—

1. वर्णविन्यास वक्रता, 2. पद पूर्वार्द्ध वक्रता, 3. पदपरार्धवक्रता, 4. वाक्यवक्रता, 5. प्रकरणवक्रता, 6. प्रबंधवक्रता।

इन दोनों के भी कई उपभेद हैं, जो वैचित्र्य से शोभित होने वाले भेद हैं।

वक्रोक्ति

वर्णविन्यास वक्रता | पदपूर्वार्द्ध वक्रता | पदपरार्ध वक्रता | वाक्य वक्रता | प्रकरण वक्रता | प्रबंधवक्रता

- वर्णविन्यास वक्रता [एक या दो वर्णों का बार-बार प्रयोग]
- पदपूर्वार्द्ध वक्रता [शब्द के प्रारम्भ में उत्पन्न वक्रता]
- पदपरार्ध वक्रता [शब्द के उत्तरार्द्ध अर्थात् प्रत्यय आदि से सम्बन्धित]

1. रूढ़ि वैचित्र्य
2. पर्याय वक्रता, 3. उपचार वक्रता, 4. विशेषण वक्रता
5. संवृत्ति वक्रता, 6. वृत्ति वक्रता, 7. लिंग वैचित्य, 8. क्रिया वैचित्र्य

3 भेद

वर्णान्त से युक्त स्पर्श | तल नाट्य | र का बार-बार प्रयोग

वक्रोक्ति का पूरा वर्गीकरण इस प्रकार समझा जा सकता है–

वक्रोक्ति के इस रूप से ये बातें स्पष्ट रूप से स्वीकार की जा सकती हैं–

1. वक्रोक्ति अपनी पारिभाषिकता में समस्त प्रकार के काव्य को समेटने की सामर्थ्य रखती है।
2. वक्रोक्ति के लिए विचित्रता अनिवार्य है।
3. ध्वनिवादी वक्रोक्ति को ध्वनि में समझते हैं, जबकि कुन्तक ध्वनि को ही वक्रोक्ति के अंतर्गत मानते हैं। सिद्धांत-भेद से यह बात स्वाभाविक ही है, पर व्यवहार में दोनों एक ही हैं। डॉ॰ नगेन्द्र के शब्दों में जहाँ रसत्व है, वहाँ कवि-व्यापार अनिवार्यतः वर्तमान होगा और जहाँ कवि व्यापार होगा वहाँ वक्रोक्ति का अभाव कैसे हो सकता है?
4. वक्रोक्ति सिद्धांत वस्तुतः अलंकार सिद्धांत का ही विकास है। यह बात अलग है कि कुन्तक ने वक्रोक्ति के अतिरिक्त अन्य सभी को अलंकृति न मान कर विषय या अलंकार्य माना है। अलंकार के मूल वक्रोक्ति को ही वे अलंकृति के रूप में देखते हैं।

इस प्रकार यह कहा जा सकता है कि आचार्य कुन्तक विशुद्ध कलावादी या सौंदर्यवादी थे। वे काव्य में वस्तु तत्त्व एवं माध्यम या अनुभूति तथा अभिव्यक्ति दोनों का तादात्म्य स्वीकार करते थे। सामान्य अर्थात् अतिप्रचलित प्रभावहीन तत्त्वों से पृथक् विशिष्ट तत्त्वों को काव्य के लिए आवश्यक मानते थे और इसीलिए काव्य का प्राण तत्त्व 'वक्रोक्ति' को ही स्वीकार करते थे।

वक्रोक्ति सिद्धांत विषयक कुन्तक की मान्यताएँ परवर्ती आचार्यों ने स्वीकार नहीं की। इसका कारण यह है कि सभी वक्रोक्ति काव्य की श्रेणी में नहीं मानी जा सकती। इससे साधारणीकरण की समस्या का भी हल नहीं हो पाता। फिर भी इतना तो मानना ही पड़ेगा कि काव्य की आत्मा भले ही वक्रोक्ति न हो, वह काव्य का आवश्यक तत्त्व तो है ही।

7. औचित्य सिद्धांत (औचित्य संप्रदाय)

संस्कृत आलोचना की आलोचक जगत् को महती देन है—औचित्य तत्त्व। यह साहित्य-शास्त्र का व्यापकतम सिद्धांत है। इसे काव्य का जीवन या प्राण मानने का गौरव यद्यपि क्षेमेन्द्र को प्राप्त है, तथापि औचित्य की कल्पना साहित्य-जगत् में बहुत ही प्राचीन काल से चली आती थी। भरत के नाट्यशास्त्र में ही सिद्धांत रूप में तो नहीं, परन्तु व्यवहार रूप में औचित्य का विधान पाया जाता है।

इस प्रसंग में भरत का यह श्लोक बड़ा ही सारगर्भित है—

अदेशजो हि वेशस्तु न शोभां जनयिष्यति।
मेखलोरसि बन्धे च हास्यायैव प्रजायते॥

नाट्यशास्त्र 23 । 68

जिस देश का जो वेश है, जो आभूषण जिस अंग में पहना जाता है उससे भिन्न देश में उसका विधान करने पर वह शोभा नहीं पाता। यदि कोई पात्र करधनी को अपने गले में और हाथ में पहने तो वह उपहास का ही पात्र होगा। करधनी का स्थान है कमर। वहीं पहनने पर होती है उसकी उचित शोभा। करधनी को कमर में न कसकर अगर मणिबंध से बाँधने का उद्योग किया जाएगा, तो वह सहृदयों के अट्टहास का ही भाजन बनेगा। यह पद्य स्पष्ट घोषित करता है कि हमारे आद्य आलोचक भरत को ललितकला में औचित्य का सिद्धांत मान्य था।

औचित्य के सर्वमान्य आचार्य आनंदवर्धन ही हैं जिन्होंने औचित्य की काव्य में पूर्ण गरिमा का अवगाहन किया था और रसभंग की व्याख्या के अवसर पर यह मान्य तथ्य प्रतिपादित किया था—

अनौचित्याद् ऋते नान्यद् रसभंगस्य कारणम्
औचित्योपनिबन्धस्तु रसस्योपनिषद् परा ॥

ध्वन्यालोक।

अनौचित्य ही रसभंग का प्रधान कारण है। अनुचित वस्तु के सन्निवेश से रस का परिपाक काव्य में उत्पन्न नहीं होता। रस के उन्मेष का मुख्य रहस्य है औचित्य के द्वारा किसी वस्तु का उपनिबंध, काव्य में कल्पना और विधान।

अभिनव गुप्त के साहित्य-शास्त्र में प्रधान शिष्य क्षेमेन्द्र थे। ये स्वतः ध्वनिवादी थे, तथापि औचित्य-विचार-चर्चा नामक अपने ग्रंथ में इन्होंने औचित्य को व्यापक काव्य-तत्त्व के रूप में प्रतिष्ठित किया है। औचित्य को यह महनीय स्थान देने का श्रेय क्षेमेन्द्र को ही प्राप्त है। औचित्य किसे कहते हैं? उचित का जो भाव है वह औचित्य कहलाता है। जो वस्तु जिसके साथ सदृश हो, जिससे उसका मेल मिले उसे कहते हैं 'उचित' और उचित का ही भाव होता है—औचित्य

उचितं प्राहुराचार्याः सदृश किल यस्य यत्।
उचितस्य च यो भावः, तदौचित्यं प्रचक्षते ॥

औचित्यविचारचर्चा

यह औचित्य ही रस का जीवितभूत है, प्राण है तथा काव्य में चमत्कारकारी है।

औचित्यस्य चमत्कारिणश्चारुचर्वणे।
रसजीवितभूतस्य विचारं कुरुतेऽधुना ॥

क्षेमेन्द्र ने इस औचित्य के अनेक भेद किए हैं। पद, वाक्य, अर्थ, रस, कारक, लिंग, वचन आदि अनेक स्थलों पर औचित्य का विधान दिखाकर तथा इसके अभाव को अन्यत्र बतलाकर क्षेमेन्द्र ने साहित्य-रसिकों का महान् उपकार किया है।

इस प्रकार भारतीय अलंकार-शास्त्र ने आलोचना-जगत् को तीन महनीय काव्य तत्त्वों की महत्त्वपूर्ण देन दी है। ये तत्त्व हैं—औचित्य, रस और ध्वनि। इनमें औचित्य सबसे अधिक व्यापक तत्त्व है। इसके बिना न तो रस में सरसता है और न ध्वनि में महत्ता । औचित्य के तत्त्व पर साहित्यशास्त्र का समग्र सिद्धांत आश्रित है। इसे महामहोपाध्याय डॉ॰ कुप्पुस्वामी शास्त्री ने अपने निम्नांकित यंत्र में बड़ी सुन्दर रीति से दिखलाया है।[1]

यह यंत्र (पृ॰103) साहित्यशास्त्र के संप्रदायों का एकत्र प्रकाशक है। भारत में साहित्य-सिद्धांतों का इतिहास औचित्य से आरम्भ कर अलंकार तक का विकास है। इसके भीतर एक बड़ा तथा दूसरा छोटा वृत्त है। बड़ा वृत्त औचित्य का प्रतिनिधि है। औचित्य ही भारतीय साहित्यशास्त्र का सबसे बड़ा काव्य-तत्त्व है। इस बड़े वृत्त के भीतर एक बड़ा त्रिकोण जिसका शीर्षस्थान है रस, और ध्वनि एवं अनुमिति आधार-रेखा के दोनों छोर हैं। इसका अर्थ यह है कि भारतीय साहित्य में रस ही सबसे अधिक उपादेय तत्त्व है। इसे ध्वनिवादी आनंदवर्धन भी काव्य की आत्मा मानते हैं तथा ध्वनि-विरोधी आलोचक कुन्तक और महिमभट्ट भी काव्य में इसके महत्त्व को स्वीकार करते हैं। आधार रेखा के एक छोर पर है ध्वनि और दूसरे छोर पर है अनुमिति। ये

1. Kuppu Swami Shastri—Highwa ys and Byways of Literary Criticism in

दोनों रस की व्याख्या करने वाले भिन्न-भिन्न सिद्धांत हैं। ध्वनि मत के उद्भावक हैं आनंदवर्धन जिनके अनुसार रस की अभिव्यक्ति व्यंजना शक्ति के द्वारा होती है। अनुमिति ध्वनिविरोधी सकल संप्रदायों की प्रतिनिधि है। अनेक आचार्यों ने व्यंजना-शक्ति का खण्डन करते हुए रस की प्रतीति भिन्न ही प्रकार से स्वीकृत की है। भट्टनायक ने भोजकत्व व्यापार के द्वारा रस की व्याख्या की, महिमभट्ट ने अनुमिति के द्वारा रस का विवरण प्रस्तुत किया। ये दोनों आचार्य ध्वनि के उदय के समकालीन हैं। इस बड़े त्रिकोण के द्वारा काव्य के अन्तरंग तत्त्व अर्थात् प्राणभूत सिद्धांतों की समीक्षा है।

भीतरी छोटा वृत्त काव्य के बाह्य रूप का विवेचन करता है। इस वृत्त की परिधि है वक्रोक्ति। इसका अर्थ यह है कि इस वृत्त के भीतर त्रिकोण द्वारा जिन काव्य-तत्त्वों का निदर्शन किया गया है उन सबको व्याप्त कर वक्रोक्ति स्थित रहती है। इस वृत्त के भीतर छोटा त्रिकोण है जिसका शीर्ष-बिंदु रीति है, आधार-बिंदु गुण और अलंकार हैं। रीति को काव्य की आत्मा मानने वाले आचार्य हैं वामन और गुणों को काव्य में महत्त्व देने वाले हैं आचार्य दण्डी। काव्य में अलंकार की प्रधानता को स्वीकार करने वाले आचार्य भामह हैं। गुण और अलंकार—दोनों संप्रदाय प्रायः एक ही समय में उत्पन्न हुए। कालक्रम के अनुसार भामह का अलंकार-संप्रदाय दण्डी के गुण-सम्प्रदाय से प्राचीन है। रीति, गुण और अलंकार—ये तीनों काव्य के बहिरंग साधन हैं। इन तीनों गुणों का वक्रोक्ति पर आश्रित होना नितांत आवश्यक है। वक्रोक्ति की कल्पना को अग्रसर करने वाले आचार्य कुन्तक हैं। यह कहना न होगा कि वे वक्रोक्ति के भीतर ही अन्य काव्य-तत्त्वों का समावेश मानते हैं। इस प्रकार इस यंत्र में अलंकार-शास्त्र के पूर्वोक्त छहों सम्प्रदायों का पारस्परिक संबंध व्यवस्थित रूप से दिखाया गया है। इस यंत्र के ठीक अनुशीलन से भारतीय साहित्य-शास्त्र के समस्त सिद्धांतों का तुलनात्मक महत्त्व सरलता से समझ में आ जाता है।

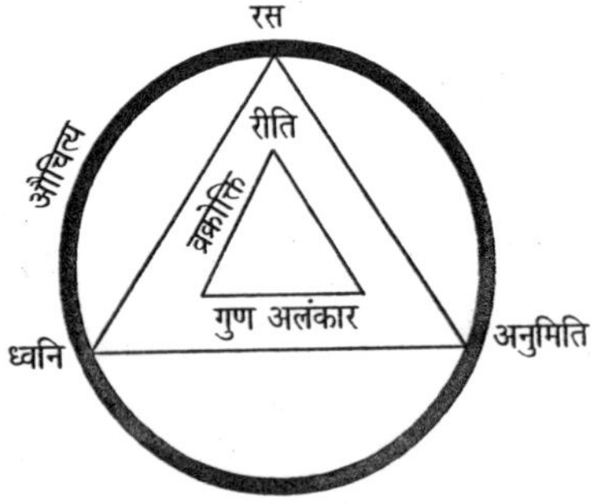

औचितीमनुधावन्ति सर्वे ध्वनिरसोन्नयाः।
गुणालंकृतिरीतीनां नयाश्चानृजुवाङ्मयाः ॥

(ब) सम्प्रदाय–

	सम्प्रदाय	प्रवर्त्तक आचार्य	समर्थक आचार्य	स्थापना/मत
1.	रस सम्प्रदाय	भरत (अंशतः) दण्डी ने भी माधुर्यगुण में इसे स्वीकृत किया है। रुद्रट प्रमुख प्रवर्तक।	दशरूपक, सरस्वतीकण्ठाभरण साहित्यदर्पण, शृंगार-प्रकाश, शृंगारतिलक, भाव प्रकाश, रस-तरंगिणी के लेखकों ने इस पर अनुकूल विचार किया है।	रस काव्य की आत्मा है।
2.	अलंकार सम्प्रदाय	भामह और उद्‌भट साथ ही, दण्डी, रुद्रट, भी इस सम्प्रदाय के हैं।	मम्मट, आनंदवर्धन, विश्वनाथ, भोज ने भी इस पर काफी विचार-विमर्श किया है।	अलंकार काव्य का सौन्दर्य बढ़ाते हैं। इस अर्थ में ये काव्य की आत्मा माने जाते हैं। यह शब्द और अर्थ तथा उनके सही प्रयोग पर निर्भर है।
3.	रीति सम्प्रदाय	वामन इस सम्प्रदाय के सर्वप्रथम प्रवर्तक हैं। दण्डी ने भी इसका उल्लेख किया है।	भामह, राजशेखर, भोज तथा वागूभट ने इस पर विचार-विमर्श किया है।	रीतिरात्मा काव्यस्य। अर्थात् रीति काव्य की आत्मा है। रीति कई हैं–वैदर्भी, गौड़ी, पांचाली आदि प्रमुख हैं। विशिष्ट पद रचना को रीति कहते हैं।
4.	ध्वनि सम्प्रदाय	आनंदवर्धन प्रमुख उन्नायक हैं। भामह, वामन ने भी परोक्ष-रूप से इसे स्वीकार किया है।	आनंदवर्धन ही स्थापक हैं।	काव्यस्यात्मा ध्वनिरिति। ध्वनि (Suggestiveness) काव्य की आत्मा है। यह हमें रस तक

				पहुँचाती है। वास्तव में यह रस का विकास है। यह 'भाव' की व्याख्या है।
5.	वक्रोक्ति सम्प्रदाय	प्रमुखतः कुन्तक। लेकिन वाण और दण्डी द्वारा भी इस शब्द का प्रयोग हुआ है। इसे भामह ने स्वीकार किया है।	मम्मट, वागूभट, रुय्यक, विद्याधर, हेमचन्द्र आदि कई आचार्यों ने इसे स्वीकृति दी है।	वक्रोक्ति काव्य की आत्मा है। वक्रोक्ति की परिभाषा है– "वैदग्ध्यभङ्गीभणति' अन्य आचार्य इसे अलंकार मानते हैं।
6.	औचित्य सम्प्रदाय	आनंदवर्धन और क्षेमेन्द्र।	क्षेमेन्द्र ने औचित्य को व्यापक काव्य तत्व के रूप में प्रतिष्ठित किया। यद्यपि वे स्वयं ध्वनिवादी थे।	औचित्य उचित का भाव है। जो वस्तु जिसके साथ सदृश हो, उसे उचित कहते हैं। यह औचित्य ही रस का जीवितभूत है, प्राण है तथा काव्य में चमत्कारी है।

8. पाश्चात्य काव्य शास्त्र की परंपरा

'पाश्चात्य' एक व्यापक शब्द है। प्रायः युरोप के देश पाश्चात्य देश समझे जाते हैं। लेकिन युरोपीय देशों के साथ-साथ अमेरिका तथा आस्ट्रेलिया की गणना भी पश्चिमी देशों में की जाती है। क्योंकि यहाँ भी पश्चिमी सभ्यता का सम्राज्य है।

पश्चिमी देशों में प्राचीनतम सभ्यता यूनान की मानी जाती है। साहित्य, कला और संस्कृति के क्षेत्र में यूनान सर्व प्राचीन और अग्रणी रहा है। यही ज्ञान-विज्ञान का केन्द्र था। इसके बाद रोम ऐसा देश है, जहाँ सभ्यता का प्रकाश फैला। भारतवर्ष का इन दोनों ही देशों से प्राचीनकाल से ही सम्पर्क रहा है। हमारे देश की सभ्यता और संस्कृति इन दोनों देशों से कम प्राचीन और समुन्नत नहीं है। कालांतर में हमारा निकट सम्पर्क जिस अंग्रेज जाति और उसके भाषा एवं साहित्य से अधिक रहा है, उसकी सभ्यता का विकास यूनान तथा रोम के बाद हुआ अर्थात् सभ्यता के विकास क्रम में वह तीसरे स्थान पर है।

पाश्चात्य काव्य और काव्यशास्त्र की परम्परा भी सबसे पहले यूनान फिर रोम (लैटिन) और इनके बाद इंग्लैण्ड में मिलती है। दूसरे शब्दों में हम यह कह सकते हैं कि पाश्चात्य काव्य शास्त्र का उद्भव यूनान में हुआ। इसके बाद उसका विकास रोम (लैटिनी में, फिर इंग्लैण्ड तथा अन्य पश्चिमी देशों में हुआ)।

अतः हम यदि पाश्चात्य काव्य शास्त्र के क्रमिक विकास को समझना चाहें, तो इन्हीं बिंदुओं को दृष्टिपथ में रखकर आगे बढ़ेंगे।

यहाँ रेखांकित किया जाना आवश्यक है कि पश्चिम में काव्यशास्त्र के विकास के संकेत पाँचवीं शती ईसापूर्व के पहले से ही मिलने लगते हैं।

(1) यूनान का काव्यशास्त्र

पश्चिम में सभ्यता का उदय यूनान से ही हुआ माना जाता है। इसका कारण है कि साहित्य, कला, संस्कृति, दर्शन, धर्म और राजनीति आदि से सम्बन्धित चिंतन पश्चिमी देशों में सर्वप्रथम यूनान में ही हुआ मिलता है। यूनान का प्राचीन साहित्य उस समय के जीवन के समसामयिक पक्षों से परिपूर्ण था। काव्य का समृद्ध भण्डार यूनान में ही मिलता है। इसलिए पाश्चात्य साहित्यिक समीक्षा अथवा काव्यशास्त्र (Literary

Criticisom or Poetics) के आधार-ग्रंथ प्राचीन यूनानी महाकाव्य तथा नाटक ही रहे हैं। होमर यूनान का आदि कवि था। उसके महाकाव्य 'इलियड' तथा 'ओडेसी' प्राचीन यूनानी सभ्यता के प्रकाशस्तम्भ हैं। यही ग्रंथ पाश्चात्य काव्यशास्त्र के आधार भी हैं। ध्यान में रखना होगा कि सर्वप्रथम होमर ने 'इलियड' में साहित्य के उद्देश्य, लक्ष्य, प्रेरणा और रूप-संरचना सम्बन्धी मूलभूत प्रश्नों के उत्तर देने की चेष्टा की है। इनमें साहित्य-सर्जना की प्रेरणा का मुख्य आधार दैवी-कृपा या दैवी-संकेत बताया गया है। इसके बाद है हैसिओड, पिण्डार और एरिस्तो फिनीस इत्यादि कवि नाट्ककारों ने काव्य-हेतुओं पर अपना थोड़ा-बहुत चिंतन प्रस्तुत किया है। सारांशतः यह कि पाश्चात्य काव्यशास्त्र की नींव क्लासिकी युग में रखी गई, जो कि काव्य-चिंतन के साथ ही कालांतर में काव्यशास्त्र का विकास करने में सहायक सिद्ध हुई।

निश्चय ही पाश्चात्य काव्यशास्त्र का प्रथम आचार्य प्लेटो को माना गया है। प्लेटो से पूर्व काव्यशास्त्रीय प्रश्नों पर व्यवस्थित चिंतन नहीं मिलता। हाँ, साहित्य-समीक्षा के कुछ संकेत इधर-उधर बिखरे अवश्य मिल जाते हैं। प्लेटो के यहाँ ये सब व्यवस्थित एवं विस्तृत हैं।

ईसापूर्व 427 में यूनान के एथेंस नगर में जन्मे प्लेटो की अभिरुचि हालांकि राजनीति में अधिक थी, जबकि वह एक गणितज्ञ और दार्शनिक था। उसके सुप्रसिद्ध ग्रंथ का नाम है 'रिपब्लिक' जो राजनीति पर केन्द्रित है। इसी ग्रंथ में आदर्श राज्य के संदर्भ में उसने कवियों और कलाकारों के विषय में अपनी मान्यता दी है। वह आदर्श राज्य का समर्थक था, जिसमें पूरी प्रजा सुखी और सम्पन्न रह सके। कविता और कला के प्रति उसकी धारणा अच्छी नहीं थी। उसने कविता पर तीन आक्षेप लगाए हैं–

(i) सत्य सदैव ईश्वरीय एवं तर्काश्रित होता है जबकि काव्य में उसकी केवल छाया के अनुकारण का प्रयास किया जाता है। इसलिए कविता का जन्म अज्ञान से होता है।

(ii) सत्य की छाया का अनुकरण होने के कारण कविता सत्य से बहुत दूर होती है, इसलिए वह मिथ्या है। सत्य नहीं है।

(iii) कविता का जन्म क्षुद्र मानवीय वासनाओं से होता है। इसलिए वह पढ़ने और सुनने वालों के मन में क्षुद्र वासनाओं को ही जगाती है।

अपने समय में प्रचलित काव्य-रचनाओं के विषय में उक्त मत व्यक्त करते हुए उसने यह भी बताया कि एक अच्छी कविता और श्रेष्ठ कवि में क्या-क्या विशेषताएँ होनी चाहिए। प्लेटो ने 46 से ज्यादा निंदा नाटकों की की है। उसका यह सुझाव बहुत ही रोचक है कि नाटक कृत्रिम और पलायन वृत्ति का होता है, इसलिए उसके

कर्त्ताओं-नाट्यलेखकों तथा अभिनेताओं को आदर्श राज्य से बाहर निकाल देना चाहिए।

प्लेटो मूलतः आत्मवादी चिंतक थे। उन्होंने कविता पर दार्शनिक दृष्टि से विचार किया।

प्लेटो के बाद दूसरा महत्वपूर्ण यूनानी काव्यशास्त्री अरस्तू हुआ है। वह प्लेटो का शिष्य था। किन्तु उसने अपने गुरु के आक्षेपों का प्रतिवाद किया और पाश्चात्य काव्यशास्त्रीय चिंतन को एक नया आयाम प्रदान किया। उसने कहा–

(i) कविता अनुकृति न होकर नवीन सृष्टि होती है।

(ii) वह सत्य से दूर नहीं होती, बल्कि इतिहास से कहीं अधिक सत्य के निकट होती है।

(iii) कविता या नाटक मानवीय वासनाओं को उभारने या भड़काने का काम नहीं करते, बल्कि उन्हें उद्बुद्ध और संतुष्ट भी करते हैं। उनका शमन करते हैं।

संक्षेप में अरस्तू ने अपने गुरु प्लेटो की काव्य सम्बन्धी मान्यताओं का खण्डन किया और कविता की नैतिक उदात्तता का समर्थन किया। उसने कविता में आनंद को प्रमुख तत्व स्वीकार किया।

वास्तव में अरस्तू ने प्लेटो की दार्शनिक एवं आत्मवादी दृष्टि के विपरीत काव्य पर कहीं अधिक वैज्ञानिक एवं व्यवस्थित ढंग से विचार किया है। प्लेटो जहाँ अनुकरण को यथार्थ से दूर और यथार्थ को विकृत करने वाला मानते हैं, वहीं अरस्तू उसे यथार्थ से बढ़कर मानते हैं।

प्लेटो और अरस्तू के बाद तीसरा पाश्चात्य काव्यशास्त्री हुआ लांजाइनस। काव्य के संदर्भ में लांजाइनस का मुख्य विचार है कि काव्य का लक्ष्य पाठक या श्रोता को तन्मय कर देना है। उसने अपनी समीक्षा का आधार कविता, कवि और श्रोता–तीनों को बनाया। अठारहवीं सदी के स्वच्छंदतावादी कवियों और समीक्षकों पर लांजाइनस का गहरा प्रभाव पड़ा। स्काटजेम्स ने लांजाइनस को प्रथम स्वच्छंदतावादी अथवा सौंदर्यवादी समीक्षक माना है। वास्तव में पाश्चात्य समीक्षा में लांजाइनस ऐसा पहला व्यक्ति था, जिसने कला के आधारभूत सिद्धांतों के अंतर्गत कला और प्रकृति, शिल्पगत शुद्धता, कवि-प्रतिभा, नैतिकता तथा श्रोता एवं दर्शक की अपेक्षा के अनुसार कला-तत्वों का विवेचन किया है। उनके सम्पूर्ण काव्य चिंतन में वस्तु-तत्त्व की अपेक्षा आत्म-तत्त्व की प्रधानता है। अतः कलावादी समीक्षक के रूप में लांजाइनस का सर्वाधिक सम्मान है। वह प्रथम कलावादी समीक्षक है।

लांजाइनस की प्रसिद्ध कृति 'पेराइप्सुस' है, जिसमें काव्य के संदर्भ में उदात्त की अवधारणा पर महत्वपूर्ण विमर्श है।

यहाँ हम ईसा की पहली शताब्दी में ठहर जाते हैं और उसके बाद लैटिन के समीक्षा प्रांगण में प्रवेश करते हैं।

(2) लैटिन (रोम) का काव्यशास्त्र

राजनीतिक उथल-पुथल के बाद रोम में सभ्यता का उत्कर्ष हुआ। यद्यपि यूनान का राजनीतिक दृष्टि से पराभव हो गया था, किन्तु रोम के कला, संस्कृति और साहित्य पर यूनान का वैचारिक प्रभाव कम नहीं हो सका। यहाँ तक कि लैटिन का कोई समीक्षक ऐसा नहीं था, जो प्लेटो, अरस्तू या लांजाइनस की बराबरी कर सके। हाँ, कुछ विवेचन केवल भाषण कला और अलंकार शास्त्र के क्षेत्र में अवश्य नए रूप में सामने आया। सिसरो नामक विद्वान् ने भाषणकला का अच्छा विवेचन किया है, जो लैटिन था। इसी तरह हॉरेस ने काव्यशास्त्रीय चिंतन में थोड़ी-बहुत ख्याति अर्जित की। एक अच्छे मार्गदर्शक के रूप में हॉरेस का नाम सामने आता है। हॉरेस रोमन कवि था, जिसकी कृति 'आर्स पाइटिका' (Ars Poetica) में भाषा से सम्बन्धित महत्वपूर्ण सिद्धांतों का उल्लेख मिलता है।

लैटिन समीक्षक के रूप में एक नाम क्विण्टेलियन का भी सामने आता है। क्विण्टेलियन ने काव्य की शैली से सम्बन्धित कई मत व्यक्त किए। वह स्वयं एक अच्छा शैलीकार था।

(3) अंग्रेजी काव्य शास्त्र का अंधकार युग

यूनान के पतन के क्रम में रोमन साम्राज्य का भी अंत हो गया। रोमन साम्राज्य के पतन के बाद ईसाई मत का अभ्युदय हुआ। यह रेखांकित किए जाने योग्य तथ्य है कि उस समय रोमन कैथोलिक चर्च का प्रभुत्व था और इसके फलस्वरूप कला-साहित्य, नाटक इत्यादि को अधार्मिक एवं अनैतिक घोषित कर दिया गया था। परिणाम यह हुआ कि धार्मिक अंधविश्वास गहरा हो गया, लैटिन भाषा को अपनाए जाने का दुराग्रह बना रहा और इसके चलते मौलिक साहित्य सृजन एवं स्वतंत्र चिंतन का मार्ग अवरुद्ध हो गया। इन्हीं सब कारणों से लगभग एक हजार वर्षों तक पश्चिमी चिंतन परम्परा अंधकार युग में चली गई। इसलिए समीक्षक इस कालावाधि को काव्यशास्त्र के अंधकार काल की संज्ञा देते हैं।

(4) अंग्रेजी काव्यशास्त्र का पुनर्जागरण काल

सन् 1406 से 1660 ई॰ तक की कालावधि को अंग्रेजी साहित्य के पुनर्जागरण युग की संज्ञा दी जाती है। यह पंद्रहवीं शताब्दी थी, जिसका उत्तरार्द्ध मानवतावाद के उदय का युग था और जिसका अभ्युदय इटली में हुआ था। इसी मानवतावाद को अपनाते हुए अंग्रेजी के काव्यशास्त्रियों ने अपने सिद्धांत प्रतिपादित किए। इस मानवतावाद का सार यह था कि अब तक ईश्वर ही सर्वशक्तिमान और आकर्षक माना जाता रहा है, मनुष्य पतित। किन्तु वास्तव में मानव की बुद्धि, शक्ति और गति अप्रतिहत है। अतः इस समीक्षा का आधार मानव बुद्धि है। पाश्चात्य समीक्षक विवेस के इन शब्दों में हम मानववाद एवं बुद्धिवाद का सार रेखांकित कर सकते हैं, ''सत्य का अनुसंधान सभी के लिए खुला हुआ है। इसका पूर्ण उद्घाटन आज तक कोई नहीं कर सका है। सत्य का बहुत कुछ भाग आने वाली पीढ़ियों के उद्घाटन् हेतु सर्वदा अछूता रहता है।'' इस पुनर्जागरण-काल में वस्तु और शैली की पर्याप्त विवेचना होने के साथ-साथ अलंकारशास्त्र का भी अच्छा विकास हुआ।

जैसाकि ऊपर उल्लेख किया गया है, पंद्रहवीं शताब्दी के उत्तरार्द्ध में इटली के मानववाद से प्रेरित होकर अंग्रेजी में काव्य-रचना आरम्भ हुई। इन रचनाओं का मूल्यांकन भी इसी मानववाद की दृष्टि से होने लगा। अतः मानववाद कविता और उसके मूल्यांकन अर्थात् काव्य शास्त्र का केन्द्रीय तत्त्व था। एक नूतन दृष्टिकोण, मानवीय बुद्धि और शक्ति को अज्ञेय, अदम्य और अद्भुत मानता है। अंधविश्वासों से परे मानवीय मति-गति में इस विश्वास के इस बीजमंत्र ने साहित्य जगत् में क्रांतिकारी परिवर्तन ला दिया। यही दृष्टि आगे चलकर सोलहवीं शताब्दी में पल्लवित-पुष्पित हुई। सोलहवीं शताब्दी के आरम्भ में इंग्लैण्ड में इस नवीन दृष्टिकोण की कुछ उपलब्धियों का परिचय मुख्य रूप से जान कालेट, इरारम्स और जुअनलुई विवेस की रचनाओं में देखा जा सकता है। इन तीनों समीक्षकों (काव्यशास्त्रियों) ने समीक्षा के क्षेत्र में महत्वपूर्ण योगदान दिया। इन तीनों ही समीक्षकों में परंपरागत काव्यशास्त्रीय विचारों, मान्यताओं और स्थापनाओं को सजग होकर नई दृष्टि से देखने का आग्रह विद्यमान है। वे हर ऐसे मत पर पुनर्विचार का आग्रह करते दिखाई देते हैं, जो उनके पूर्ववर्ती समीक्षकों ने प्रतिपादित किया है। एक ओर जहाँ अपनी कृति 'दी डिस्पिलिन्स' की प्रस्तावना में विवेस यह कहते हैं कि, "यद्यपि अरस्तू ने मानवीय कला की विवेचना की है, किन्तु वह सबसे अधिक अपूर्ण है। हम उसकी विवेकपूर्ण समीक्षा करके ही उसे स्वीकार करें।" वहीं इरारम्स ने भी सिसरो का अंधानुकरण न करने की सलाह देते हुए लिखा है, अगर सिसरो स्वयं आकर इस भद्दी प्रवृत्ति को देख ले तो

उसे बहुत हँसी आएगी। समय बदल चुका है। आज हमारी प्रवृत्तियाँ, आवश्यकताएँ एवं विचार वे नहीं है, जो सिसरो के समय में थे।

विवेस के दृष्टिकोण का प्रभाव उनके परवर्त्ती समीक्षकों, विशेष रूप से वेनजान्सन तथा ड्राइडन पर गहराई तक देखा जा सकता है। जैसे ड्राइडन एक स्थान पर यह कहता है कि, "किसी बात को मानने के लिए यह पर्याप्त नहीं है कि अरस्तू ने ऐसा कहा है।"

विवेस और इरारम्स दोनों ने वस्तु अर्थात् कथावस्तु अथवा कथानक तथा शैली दोनों को महत्वपूर्ण माना है। विवेस ने व्यक्ति की अभिव्यक्ति को ही शैली कहा है। वह जीवन में बुद्धि एवं वक्तृता की आवश्यकता स्वीकार करता है। सिसरो की मान्यता थी कि वक्तृता के अभाव में समाज के लिए बुद्धि की उपयोगिता बहुत कम रह जाती है। बुद्धि के अभाव में वक्तृता अत्यधिक भयंकर। यही कारण है कि पंद्रहवीं शताब्दी के मानववादियों ने इन दोनों (बुद्धि एवं वक्तृता) के समन्वय को उपयोगी माना। वक्तृता का संबंध 'शैली' से और बुद्धि का संबंध 'वस्तु' से होता है। इसलिए साहित्य में इन दोनों का समन्वय होना चाहिए। जैसा कि सब जानते हैं, वक्तृता का उद्देश्य होता है प्रभावित करना। अतः जहाँ तक काव्य की रचना-शैली का प्रश्न है, उसमें प्रभावित करने का गुण होना चाहिए। इसके अभाव में काव्य नीरस और अग्राह्य हो जाता है। वक्तृता के साथ बुद्धि तत्त्व का प्रयोग होने पर काव्य का अच्छा प्रभाव पड़ता है। भारतीय आचार्यों ने भी तो शब्द और अर्थ के समन्वय, अर्थात् साथ-साथ होने की बात कही है और उसी को साहित्य कहा है, जिसमें शब्द और अर्थ का समन्वय हो।

पश्चिम में सोलहवीं शताब्दी के पूर्वार्द्ध में अलंकार शास्त्रीय परम्परा (Rogar Aschaim) भी विकसित होती रही। अलंकार के क्षेत्र में भी मानववादी दृष्टिकोण से एक नया विवेचन आरम्भ हुआ। इस विवेचन के लिए बिशपज्वेल, थॉमस विल्सन और रोज़र एशम के नाम विशेष रूप से उल्लेखनीय हैं। इन पर होरेस, लांइजाइनस और क्विंटीलियन का स्पष्ट प्रभाव देखा जा सकता है। इसके बाद सोलहवीं शताब्दी के उत्तरार्द्ध में अर्थात् सन् 1570 ई॰ के बाद साहित्य में समीक्षा विषयक गम्भीर प्रश्नों पर चर्चा आरम्भ हुई। यह चर्चा प्रकृति और कला पर आधृत थी। नैतिकता और अनैतिकता की भी नए सिरे से व्याख्या की गई। धर्म को भी नई दृष्टि से देखा गया। इस संदर्भ प्रसिद्ध आलोचक डॉ॰ भगीरथ मिश्र का यह कथन पठनीय है कि, "सुधारवादी लोग साहित्य पर अनैतिकता का आरोप करने लगे थे। सन् 1573 ई॰ में विलिस ने 'डे रे पोयटिका डिस्ट्यूटेशियो' नामक कृति में इस आरोप से साहित्य का बचाव करने का प्रयत्न किया। उन्होंने यह समझाया कि साहित्य वासना को उत्तेजित

नहीं करता, वरन् वह हमें गुण प्रदान करता है। प्राचीन काल से चुनी गई काव्य वस्तु पर लगाया गया अनैतिकता का आरोप वास्तव में देखा जाए तो काव्य पर नहीं, धर्म पर है। कवियों ने केवल बुराइयों की ही अभिव्यक्ति नहीं की है, वरन् उनका दुष्परिणाम भी प्रदर्शित किया है। विलिस ने यह माना है कि ओविड जैसे अश्लील रचना करने वाले कवि हो चुके हैं, परन्तु सभी कवि ऐसे नहीं थे। प्लेटो ने जिन कवियों की भर्त्सना की है, वे वास्तव में बुरे थे।"

वास्तव में विलिस ने काव्य को सर्वाधिक उत्कृष्ट, उपयोगी तथा आनंददायक माना। उसका मानना था कि कवि अपनी आंतरिक प्रेरणा शक्ति से काव्य का निर्माण करता है। उसकी आंतरिक शक्ति प्राकृतिक होती है। इसलिए काव्य कलात्मक कृति अथवा विश्व कृति की अपेक्षा उत्कृष्ट होता है। इसी तरह वह दैवी प्रेरणा को भी स्वीकार करता है। इसके साथ ही उसने कहा है कि सभी प्राचीन चिंतकों का काव्य के प्रति आदर भाव था। इसका सबसे बड़ा उदाहरण है प्लेटो, जिसने अपनी मृत्युशय्या पर होमर की रचनाओं की प्रशंसा की थी। इसी तरह सर फिलिपिसिडनी ने भी सन् 1595 ई॰ में प्रकाशित अपनी चर्चित कृति, 'अपोलॉजी फार पोइट्री' में काव्य का अनैतिकता के आरोप से बचाव किया है। इसी कालखण्ड में जार्ज परेन्हम ने साहित्य की समीक्षा विवेकपूर्ण एवं मनोवैज्ञानिक पद्धति से की। उन्होंने मानवीय प्रकृति की अपरिवर्तनीय आवश्यकताओं का आधार ग्रहण करते हुए साहित्य का अध्ययन-विश्लेषण प्रस्तुत किया। उनके अनुसार दैवी प्रेरणा, प्राकृतिक शक्ति और लोकजीवन के अनुभव—ये तीनों ही काव्य के प्रमुख हेतु (अथवा कारण) हैं। उन्होंने एक स्थल पर कविता में औचित्य की भी चर्चा की है।

इसी युग में फ्रांसिस बेकन ने भी अपने कतिपय साहित्य सिद्धांतों का प्रतिपादन किया। उनकी प्रमुख कृति है 'एडवांसमेंट ऑफ लर्निंग'। हालांकि बेकन की अभिरुचि काव्य में न के बराबर थी। फिर भी उनके सिद्धांत महत्वपूर्ण हैं। उन्होंने काव्य को पूर्ण मुक्त कहा है। काव्य के लिए कल्पना उनकी दृष्टि में महत्वपूर्ण तो है, किन्तु वे कहते हैं कि कल्पना जो कुछ प्रदान करती है, बुद्धि ही उसकी समीक्षा करके अंतिम निर्णय देती है। अर्थात् बुद्धि तत्त्व काव्य के लिए सर्वाधिक महत्त्व रखता है। उनके अनुसार कल्पना से रचित काव्य काल्पनिक इतिहास है। ऐसे काव्य का वास्तविक जीवन से कोई संबंध नहीं होता। प्रकृति जो आनंद नहीं दे पाती, उसे कविता दे देती है।

इस युग की सर्वाधिक महत्वपूर्ण समीक्षा-कृति है—'डिस्कवरीज़' जिसके लेखक हैं बेन जानसन। बेन जानसन ने कविता को बोलने वाला चित्र और चित्र को मूक कविता कहा है।

सन् 1632 ई॰ में हेनरी रोनाल्ड्स की अमरकृति 'मेथेमिस्टिस' प्रकाशित हुई। यह

कृति अंग्रेजी समीक्षा के क्षेत्र में मील का पत्थर है। इसकी स्थापना है कि दैवी प्रेम से प्रेरित होकर कवि सांसारिक सौंदर्य के माध्यम से दैवी सौंदर्य तक पहुँचता है।

(5) रहस्यवाद का अभ्युदय

अंग्रेजी समीक्षा के विकास क्रम में रहस्यवादी काव्य प्रवृत्ति का अवतरण महत्वपूर्ण है। इस प्रवृत्ति के उन्नायक डॉ॰ जानडन माने जाते हैं। उन्होंने एलिजाबेथयुगीन प्रवृत्तियों को अपने आप से पृथक् रखा। समीक्षकों ने जानडन को काव्यरूपी उपवन में नवीन उद्‌घटनाओं का सर्जक माना है और कहा है कि वे प्राचीन कवियों के अनुकरण एवं चोरी से कोसों दूर थे। उन्हें कई मामलों में 'विश्व का प्रथम कवि' तक कहा गया है। वे कोमलकांत पदावली ओर स्निग्ध शैली के विरुद्ध जानबूझकर कठोर एवं कर्कश शैली के प्रथम प्रयोक्ता थे।

(6) स्वच्छंद प्रवृत्ति

जैसाकि हमने पूर्व में उल्लेख किया है पुनर्जागरण काल में समूचे यूरोप में मानवीय बुद्धि, बल और जाति के प्रति विश्वास प्रबल हो चला था। इसी आधार पर ज्ञान के सभी क्षेत्रों में समीक्षा की शुरुआत हो गई थी। साहित्य के क्षेत्र में भी इसी बुद्धिवाद की प्रमुखता हो गई। यह स्वच्छंद प्रवृत्ति थी, जिसका प्रभाव बढ़ता चला गया था। आज भी यह विलुप्त नहीं हुई है। बल्कि स्वच्छंदता के लिए विद्रोह का स्वर और अधिक प्रबल हुआ है। इसी क्रम में हम मोंतेन के शिब्य सेण्ट एव्रमो जैसे प्रखर समीक्षक पाते हैं, जिन्होंने रूढ़िवादिता का तीव्र विरोध करते हुए स्वच्छंदता का समर्थन किया है। उनके विचार आज भी उतने ही महत्वपूर्ण हैं। उन्होंने सर्वाधिक उल्लेखनीय मत यह व्यक्त किया कि उत्तेजित कल्पना का सुधार और नियंत्रण बुद्धि कर सकती है। बिना सोचे-विचारे इन दोनों का काव्य में प्रयोग किया जाएगा तो कल्पना कुण्ठित हो जाएगी।

(7) स्वच्छंदतावाद

18वीं सदी के आरंभ में अंग्रेजी समीक्षा के क्षेत्र में एक नई प्रकृति ने जन्म लिया। समीक्षकों ने एक ओर क्लासिक सिद्धांतों का गहन अध्ययन किया, तो दूसरी ओर स्वच्छंद प्रवृत्ति का भी उसी गति से विकास होता रहा। परिणाम यह हुआ कि बुद्धि को कल्पना की तुलना में अधिक उत्कृष्ट और वरेष्य माना जाने लगा। उलझी हुई कल्पनाशीलता के स्थान पर सुगमता, सरलता और स्पष्टता जैसे गुणों को महत्त्व दिया गया। साथ ही कल्पना के सौंदर्य एवं गौरव की पुनर्व्याख्या होने लगी। इसके सबसे

अच्छे उदाहरण हैं—पोप तथा सेमुअलजॉनसन इन और इन जैसे कुछ अन्य समीक्षकों ने प्राचीन सिद्धांतों पर नया प्रकाश डाला तथा युगीन साहित्य की वस्तुनिष्ठ समीक्षा प्रस्तुत की। इनका सबसे बड़ा योगदान यह है कि साहित्य के सैद्धांतिक विश्लेषण में सार्वभौम मानवीय प्रकृति को महत्त्व दिया तथा साहित्य के मूल्यांकन का मानदण्ड देश-काल-निरपेक्ष भावना को माना। इसके दूसरी ओर एडीसन है, जिन्होंने कल्पना को अधिक महत्त्व दिया है और कहा है कि कवि का मुख्य लक्ष्य कल्पना को प्रभावित करना ही होना चाहिए।

सन् 1798 ई॰ में वड्र्सवर्थ की सर्वाधिक प्रसिद्ध रचना 'लिरिक बैलेड्स' प्रकाशित हुई। इस रचना से स्वच्छंदतावाद को अत्यधिक बल मिला। फ्रांस की राज्यक्रांति साहित्य में भी क्रांति का आधार बनी। राज्यक्रांति के पश्चात् रूसो, वाल्टेयर और गेटे की विचारधारा से इस प्रवृत्ति को एक नई उर्जा प्राप्त हुई। कॉलरिज, शैली और कीट्स जैसे कवियों की रचनाओं ने स्वछंदतावाद के विकास में सर्वाधिक योगदान दिया।

(8) नवशास्त्तवाद एवं क्लासिकवाद

स्वच्छंदतावाद के उपरांत पाश्चात्य समीक्षा के क्षेत्र में नव शास्त्रवाद एवं क्लासिकवाद का पदार्पण हुआ। सत्रहवीं शताब्दी के महत्वपूर्ण काव्यशास्त्री हुए हैं बोयली। बोयली की कृति 'आर्ट पोइटिक' में काव्य के उद्देश्य तथा शैली के नियम निर्धारित किए गए हैं। इसमें काव्य का प्रमुख उद्देश्य शिक्षा और द्वितीयक उद्देश्य आनंद निर्धारित किया गया है। साथ ही कवियों के लिए एक 'आचार संहिता' नियमावली की भी रचना की गई है। उसका समर्थन करते हुए सैण्ट एलमो ने इन नियमों की उपयोगिता को रेखांकित किया है तथा साहित्य पर किसी भी प्रकार के नियंत्रण को 'काव्य की आत्मा की हत्या' कहा है। यहाँ हम पाते हैं कि इस शताब्दी में नवशास्त्रवाद या क्लासिकवाद एवं स्वच्छंदतावाद में एक संघर्ष है।

इधर अठारहवीं शताब्दी के प्रवेशद्वार पर पोप और सैमुअल जॉनसन का उदय हुआ। उन्होंने अंधानुकरण को अस्वीकार करके प्राचीन समीक्षा सिद्धांतों पर नया प्रकाश डाला। और जैसाकि पीछे कहा गया है, सार्वभौम मानवीय प्रकृति को महत्त्व प्रदान किया।

अठारहवीं शताब्दी के उत्तरार्द्ध में स्वच्छंदतावादियों का प्रभुत्व स्थापित हुआ। ये लोग काव्य का लक्ष्य आनंद स्वीकार करते थे। युगीन रीतिबद्धता के बंधन को ये लोग अस्वीकार करते थे। इस युग में काव्य में कल्पना की प्रतिष्ठा के कारण सौंदर्य के प्रति प्रेम और जिज्ञासा का महत्त्व बढ़ गया। सौंदर्य की जिज्ञासा के कारण ही प्रकृति अज्ञात रहस्य छवि का आभास देती हुई प्रतीत होने लगी तथा बाह्य जगत् भ्रम है, ऐसा

माना जाने लगा। इस आधार पर काव्य को व्यावहारिक न मानकर स्वतः पूर्ण एवं स्वतंत्र घोषित किया गया। इसी के अनुरूप काव्य का प्रयोजन भी बदल गया। काव्य का प्रयोजन 'कला कला के लिए' के सिद्धांत में निहित हो गया। यह सिद्धांत लम्बे समय तक चर्चित रहा है।

उन्नीसवीं शताब्दी एक नई क्रांतिय को लेकर उपस्थित हुई। यह शताब्दी राजनीतिक तथा औद्योगिक क्रांतियों के लिए तो जानी ही जाती है, वैज्ञानिक अनुसंधानों तथा मनोवैज्ञानिक उपलब्धियों के लिए भी महत्वपूर्ण है। डार्विन का विकासवाद, मार्क्स का भौतिकवाद और फ्रायड का स्वप्नवाद इसी युग की देन है। इन उपलब्धियों के बीच ही साहित्य सर्जना हुई। अतः साहित्य और जीवन निकटतर आते चले गए, साथ ही तर्क शक्ति का विकास हुआ। इस युग में दो परस्पर विपरीत समीक्षा-धाराएँ चलती दिखाई देती हैं—एक धारा उन साहित्यकार-समीक्षकों की है, जो नीतिवादी हैं, दूसरी धारा उन साहित्यकार-समीक्षकों की है, जो कलावादी हैं। नीतिवादी अभिव्यजंना पक्ष की अपेक्षा इस बात पर बल देने के पक्षधर हैं कि साहित्यकार ने जो कुछ कहा है, वह कहने योग्य है अथवा नहीं। कार्लाइल, रस्किन, टॉलस्टॉय आदि इसी धारा के साहित्यकार हैं। अस के विपरीत कलावादी साहित्यकार-समीक्षक 'कला कला के लिए' के पक्षधर रहे हैं, जो नीति और आदर्श का विरोध करते रहे। फलतः इनके यहाँ कला और समाज का अंतर बढ़ गया है। ऐसे साहित्यकार-समीक्षक हैं—स्विनबर्न, बाल्टर पेटर और ऑस्कर वाइल्ड।

बीसवीं शताब्दी का आरम्भ अनास्था, कुण्ठा, निराशा और विद्रोह के साथ हुआ है। यह एक तरह से औद्योगिक क्रांति का प्रतिफल था। अंग्रेजी समाज इस युग में आकर अव्यवस्थित हो गया। साथ ही कला, समीक्षा और साहित्य के क्षेत्र में अनेक तरह की अवधारणाएँ सामने आईं। इरविन बेबिवट और उनके सहयोगियों ने नीति, आचार और व्यवहार का समर्थन और बिम्बवाद का विरोध किया। जबकि क्रोचे का मत भौतिकवाद का विरोध करता है तथा बिम्बवाद की अपेक्षा प्रतीकवाद के समीप है। क्रोचे सर्जना और सम्प्रेषण को भिन्न मानता है। उसके विचार एक प्रकार से स्वच्छंदतावाद का उग्र रूप हैं। मार्क्स ने अपने समाजवादी दृष्टिकोण से साहित्य को बहुत गहराई तक प्रभावित किया। यहाँ साहित्य समाज से अनिवार्यतः जुड़ा माना गया। उसने व्यक्ति को अपेक्षा समाज की वरीयता दी। फलतः साहित्य का मुख्य प्रयोजन समाज-कल्याण माना गया। फ्रायड के मनोविश्लेषणवादी सिद्धांत ने एक नई क्रांति उपस्थित कर दी। उन्होंने कामवृत्ति को जीवन की मूल वृत्ति माना और प्रतिष्ठापित किया कि साहित्य काम-कुण्ठाओं की अभिव्यक्ति है। साहित्य-समीक्षा के क्षेत्र में मनोविश्लेषणवाद का गहरा प्रभाव पड़ा।

इस शताब्दी के एक प्रमुख विचारक आई॰ ए॰ रिचर्ड्स भी हुए हैं। रिचर्ड्स ने वैज्ञानिक आधार पर मार्क्सवादी दृष्टि की नई व्याख्या की और साहित्य-सृजन को मनोविज्ञान से प्रेरित कहा। इनके बाद टी॰ एस॰ इलियट इस शताब्दी के एक अन्य मूर्धन्य समीक्षक हुए हैं। इलियट ने कविता को भावों से पलायन माना तथा काव्य की मौलिकता का विरोध किया।

अमेरिका में साहित्य समीक्षा का नया दृष्टिकोण इसी शताब्दी में सामने आता है। अधुनातन दृष्टिकोण के अनुसार अमरीकी समीक्षक यह मानते हैं कि काव्य-रचना अथवा कलाकृति का मूल्यांकन बहिंरग न होकर सर्वथा स्वतंत्र और निरपेक्ष होना चाहिए। काव्य-रचना और कलाकृति अपने आप में स्वतःपूर्ण और अपना आप उद्देश्य है। यह समीक्षा पद्धति उन तत्त्वों का अन्वेषण करने पर बल देती है, जो तत्त्व किसी रचना को 'कविता' बनाते हैं अथवा कोई कृति 'कलाकृति' कही जाती है। अतः आज व्यक्त्त्वि की अपेक्षा कृति या रचना की प्रवृत्ति और प्रवृत्ति के मूल्यांकन को प्रमुख माना जाता है।

निष्कर्ष

इस प्रकार हम पाते हैं कि पश्चिमी साहित्य एवं संस्कृति का विकास यूनान से आरंभ होकर रोम होता हुआ आधुनिक यूरोपीय भाषाओं (अंग्रेजी, फ्रांसीसी, जर्मन आदि) तक पहुँचा है। प्लेटो पाश्चात्य काव्यशास्त्र का आदि चिंतक है। प्लेटो से ही पाश्चात्य काव्यशास्त्रीय चिंतन का भी श्रीगणेश होता है। इसके तुरन्त बाद प्लेटो का ही प्रबुद्ध शिष्य अरस्तू हुआ। अरस्तू ने अपने गुरु प्लेटो की मान्यताओं का दृढ़तापूर्वक खण्डन किया और उनके तार्किक समाधान प्रस्तुत किए। इस प्रकार यूनान में आरम्भ से ही दो तरह की चिंतन धाराओं की टकराहट दिखाई देती है। एक दार्शनिक नैतिक प्रत्ययवादी परम्परा जिसके प्रवर्तक प्लेटो थे, दूसरी भौतिकवादी तर्काश्रित परम्परा जिसके प्रवर्तक प्लेटो के शिष्य अरस्तू थे। वास्तव में देखा जाए तो आगे लम्बे समय तक पाश्चात्य काव्य शास्त्र की परम्परा इन दोनों के खण्डन-मंडन के आधार पर ही अग्रसर होती है। आगे लांजाइनस और हॉरेस से होते हुए हम आई॰ ए॰ रिचर्ड्स और टी॰ एस॰ इलियट तक पहुँचते हैं। अब हम संरचनावाद और विखण्डनवाद जैसी उत्तर आधुनिक समीक्षा प्रवृत्तियों के सामने खड़े हैं।

9. प्लेटो के काव्य सिद्धांत

प्लेटो (427-347 ई॰पू॰) पाश्चात्य काव्यशास्त्र के प्रथम आचार्य हैं। एथेंस (यूनान) में एक कुलीनवंश में जन्मे प्लेटो पराजित, निराश और प्रायः शक्तिहीन यूनान के बिखरे हुए आध्यात्मिक मूल्यों की नए सिरे से प्राण प्रतिष्ठा करने वाले प्रतिभाशाली दार्शनिक थे। पश्चिम को तत्कालीन सामाजिक पतनशीलता के गहन अंधकार में आदर्शवाद के प्रकाश का एक अलौकिक पुंज प्लेटो के रूप में दिखाई दिया। इसी से उनका महत्त्व समझा जा सकता है।

प्लेटो को उनके माता-पिता ने 'अरिस्तोक्लीस' नाम दिया था। उनका शरीर हृष्ट-पुष्ट था। इसलिए उनके मल्लगुरु ने उनें 'प्लातोन' नाम दिया था। प्लातोन का अर्थ है—चौड़ा-चकला। अरबी-फ्रासी में यही नाम 'अफलातून' के रूप में प्रसिद्ध हुआ। किन्तु विश्व की अधिकांश भाषाओं में उन्हें 'प्लेटो' नाम से ही जाना जाता है।

प्लेटो की पारिवारिक पृष्ठभूमि राजनीतिक थी। किन्तु उन्होंने स्वयं कभी राजनीति में हिस्सा नहीं लिया। हाँ, पारिवारिक पृष्ठभूमि के कारण उनके संस्कार और विचारों में राजनीति की गहरी समझ विद्यमान है। युवावस्था में प्लेटो का सम्पर्क उस समय के महान दार्शनिक सुकरात से भी रहा। तब प्लेटो की उम्र 20 वर्ष थी। सुकरात की छत्रछाया में ही प्लेटो की शिक्षा-दीक्षा हुई। प्लेटो ने अनेक वर्षों तक कई देशों का भ्रमण किया और विभिन्न दार्शनिक मत-मतांतरों का गहन अध्ययन किया। बाद में उन्होंने एक अकादमी की स्थापना की। यह यूरोप का सर्वप्रथम विश्वविद्यालय था।

प्लेटो का चिंतन उनके लिखे 'संवादों' में मुखरित हुआ है। उनके कुछ संवाद 'पोलितेइया', 'रिपब्लिक' तथा 'ईऑन' में संकलित हैं। प्लेटो की 28 प्रामाणिक रचनाओं की जानकारी मिलती है। यह बात ध्यान देने की है कि प्लेटो ने स्वतंत्ररूप से काव्यशास्त्र का कोई ग्रंथ नहीं लिखा उनके 'संवादों' (Dialogues) में प्रसंगवश काव्य एवं कला के विविध पक्षों की चर्चा मिल जाती है। इन्हीं के आधार पर हम उनके काव्य सिद्धान्त समझ पाते हैं।

काव्य और कला के संबंध में प्लेटो की बुनियादी चिंता है—'रिपब्लिक' या आदर्श गणराज्य में काव्य या कलाओं की उपयोगिता। इस उपयोगिता का निर्णय

करने के लिए ही प्लेटो ने काव्य की प्रेरणा, काव्य का स्वरूप, काव्य के विषय, काव्य के रूप, काव्य और सत्य का संबंध, काव्य और सौन्दर्य, काव्य और लोक मंगल, कला की परिभाषा, कलाओं का काव्य में स्थान, जीवन और कविता आदि अनेक विषयों पर चर्चा की है। हालांकि इन विषयों पर किसी व्यवस्थित क्रम में चर्चा नहीं है, और न व्यापकता है। फिर भी इन पक्षों को समझने के लिए उनके विचार यत्र-तत्र बीज रूप में छिटके पड़े हैं। आइए इन पर चर्चा करते हैं।

1. काव्य की प्रेरणा

प्लेटो का मानना है कि काव्य और कला अंतःप्रेरणा की देन है। इसे वे दैवी प्रेरणा कहते हैं। उनकी धारणा है कि कोई कवि काव्य रचना में सोच-विचार कर प्रवृत्त नहीं होता, बल्कि दैवी प्रेरणा अथवा अंतःप्रेरणा ही उसे प्रेरित करती है। अपने कई संवादों में उन्होंने कवि के 'दिव्य पागलपन' (Divine Insanity) की चर्चा की है। कहा है कि सृजन के क्षणों में ईश्वर कवियों से उनका मस्तिष्क छीन लता है। विद्या की देवी सरस्वती (Muse) कवि के अंदर एक ऐसी कल्पना शक्ति जाग्रत कर देती है कि वह भावावेश की प्रेरणा के बिना रह नहीं सकता। प्रेरणा दिव्य शक्ति के रूप में कवि को संचालित करती है और एक अटूट श्रृंखला बनती चली जाती है। प्लेटो का विचार है कि इस अवस्था में वह केवल एक यंत्र, एक माध्यम मात्र रह जाता है। उस मनः स्थिति में उच्चरित अमूल्य वाणी का वक्ता स्वयं कवि नहीं होता, वह दैवीय उक्तियों का माध्यम मात्र होता है।"

अर्थात् दैवीय अनुकम्पा के बिना कोई कवि नहीं हो सकता। कविता एक सुनिश्चित या सुनियोजित प्रयास से जन्म नहीं लेती। इसलिए वह शिल्प नहीं है।

सबसे बड़ी बात जो प्लेटो कहते हैं वह यह है कि कविता कवि की अंतःप्रेरणा से जन्म लेती है, इसलिए वह सत्य नहीं होती। सत्य से दूर होने के कारण समाजोपयोगी भी नहीं होती। उन्होंने ग्रीक कवि होमर की कृतियों—'इलियड' और 'ओडसी'' पर विचार करते हुए कहा है कि उनकी कविताओं में भावावेग और कल्पना का अतिरेक है। इसलिए 'दुनियाभर के लोगों को झूठ बोलना होमर ने ही सिखाया है'।

2. काव्य सत्य और अनुकरण

प्लेटो काव्य को जीवन का अनुकरण मानते हैं उन्होंने इस क्रिया को 'भीमेसिस' कहा है'। जिसका अंग्रेजी अनुवाद है—इमीटेशन अर्थात् अनुकरण। प्लेटो की स्पष्ट धारणा है कि काव्य सत्य से दूर होता है, इसलिए काव्य में सत्य का अनुकरण नहीं किया

जाता। उन्होंने 'अनुकरण' का प्रयोग दो संदर्भों में किया है—(1) विचार जगत् और गोचर जगत् के बीच संबंध की व्याख्या के लिए, (2) वास्तविक जगत् और कला के बीच संबंध निरूपण के लिए।

प्लेटो का मत है कि मूलसत्य 'प्रत्यय' (आइडिया) है। उस मूल सत्य (आइडिया) का अनुकरण प्रकृति है। उस अनुकरण (प्रकृति) का अनुकरण कविता या कलाकृति में दिखाई देता है। अतः जो अंतर सत्य और असत्य के बीच है, ज्ञान और धारणा के बीच है वही अस्तित्व और आभास के बीच है। कविता आभास है, सत्य नहीं है। कला या कविता का स्वभाव अनुकरणात्मक है। अर्थात् असत्यमूलक है। अनुकरण का अनुकरण होने के कारण कविता सत्य से तीन गुना दूर हो जाती है।

वे कहते हैं कि अनुकर्ता कवि या चित्रकार यथार्थ वस्तुओं का चित्रण नहीं करने, बल्कि 'प्रतीयमान' वस्तुओं का चित्रण करते हैं। क्योंकि मूल में यथार्थ वस्तु तो महान शिल्पी परमात्मा की बनाई हुई है, कवि-कलाकार तो उसका अनुकरण मात्र करते हैं। सार रूप में कहें तो प्लेटो के अनुसार काव्य 'मूल प्रकृति' का अनुकरण है एवं 'प्रकृति' सत्य का अनुकरण करती है। अनुकरण का अनुकरण होने के कारण कला वास्तविकता से तीन गुना दूर होती है। इसलिए कवि का अनुकरण सच्चा नहीं होता, झूठा होता है, अतः वह आदर का पात्र नहीं है। वह सत्य को प्रस्तुत कर ही नहीं सकता। ईश्वर ही एक मात्र सत्य है।

सारांश यह कि प्लेटो के अनुसार—

(i) मूल सत्य एक है, जो अखंड है और उसका कर्त्ता ईश्वर है।
(ii) यह वस्तु जगत् इस परम सत्य का अंश नहीं है बल्कि अनुकरण है।
(iii) कवि या कलाकार इस अनुकरण का भी अनुकरण करता है।

3. प्लेटो का प्रत्ययवाद

प्लेटो मूलतः प्रत्यावादी (idealistic) दार्शनिक थे। उनका प्रत्ययवाद काव्य और कला को गहनता से समझने का तार्किक आधार प्रदान करता है। इसके अनुसार प्रत्यय अर्थात् विचार ही परम सत्य है। वह एक है, अखण्ड है, नित्य है और परमेश्वर ही उसका रचयिता है। यह दृश्यमान जगत् उस परम सत्य या प्रत्यय (विचार) (अथवा कह लें कि ईश्वर) का अनुकरण (Imetation) है। क्योंकि कलाकार किसी वस्तु को ही अपनी कल्पना शक्ति द्वारा या अपनी कला द्वारा निर्मित कर पाता हैं। अंकित या चित्रित कर पाता है या रच पाता है। इसलिए वह अनुकरण का अनुकरण (Imetation of imetation) कर पाता है। कला यही है। इस दृष्टि से कला तीसरे स्थान पर है—पहला स्थान प्रत्यय या विचार का/ईश्वर का है, दूसरा स्थान उसके आभास या

प्रतिबिम्ब अथवा वस्तु जगत् का और तीसरा स्थान वस्तु जगत् के अनुकरण या प्रतिबिम्ब अर्थात् काव्य या कला कृति का है। इसलिए परम सत्य से कला का तिहरा अलगाव है और अनुकरण का अनुकरण होने के कारण वह मिथ्या या झूठ है। यही प्रत्ययवाद है। प्लेटो के शब्दों में कविता या कला सत्य से तिगुना दूर (Thrice removed from reality) होती है।

प्लेटो ने अपने इस सिद्धान्त को समझाने के लिए पलंग का उदाहरण दिया है। उनका कहना है कि यथार्थ पलंग वह है जिसका रूप हमारे प्रत्यय या विचार में है और इस रूप का निर्माण ईश्वर ने किया है। उस विचार में मौजूद रूप के आधार पर बढ़ई लकड़ी से पलंग का निर्माण करता है और बढ़ई द्वारा बनाए गए पलंग का चित्र कवि या कलाकार बनाता है। चित्रित करता है। इस प्रकार तीन पलंग हुए—(i) प्रथम वह जिसका निर्माण ईश्वर करता है, और जो हमारे विचार में है। यानी, प्रत्यय या विचार के रूप में पलंग। (ii) दूसरा वह जिसका निर्माण बढ़ई लकड़ी से करता है। और (iii) तीसरा वह जिसका निर्माण कलाकार या चित्रकार करता है। इन तीनों पलंगों में अंतर है।

इस प्रकार हम देखते हैं कि मूल वस्तु प्रत्यय या विचार में ही स्थित होती है। फिर तो उसका अनुकरण या अनुकरण का अनुकरण है। नकल है। कलाकार—अर्थात् कवि, चित्रकार, मूर्तिकार,-अपनी-अपनी प्रतिभा और साधनों से (शब्द के माध्यम से, रंग से या लकड़ी-पत्थर आदि से) उस ठोस वस्तु का अनुकरण कर एक नया रूप देता है। इस तरह वह तीसरे स्थान पर रहता है। यही कारण है कि प्लेटो के अनुसार कविता या कलाकृति अनुकरण का अनुकरण है, नकल की नकल है, छाया की छाया अथवा प्रतिबिम्ब का प्रतिबिम्ब है। इसलिए हर काव्य या कला मिथ्या है। सत्य से दूर है।

इस मत की स्थापना के साथ ही प्लेटो ने प्राचीन कवियों-नाट्य लेखकों की कृतियों की आलोचना करते हुए उन्हें एक आदर्श राज्य के लिए घातक माना। उनमें नैतिकता और सत्य के प्रति इस सीमा तक आग्रह था कि वे हर तरह की कला की निंदा करते हैं। वे यहाँ तक कहते हैं कि इन कृतियों को पढ़ने, देखने, सुनने से अच्छे नागरिकों का निर्माण आदर्श राज्य के लिए सम्भव नहीं है।

प्लेटो के कुछ महत्त्वपूर्ण तर्क इस प्रकार हैं—

(i) होमर के महा काव्यों-'इलियड' और 'ओडसी'-में देवताओं का चरित्र मिथ्या है। वह अनुचित भी है। उनमें देवत्व का अभाव है इसलिए ऐसे मिथ्या चरित्र मनुष्य के उन्नयन में सहायक नहीं हो सकते।

(ii) होमर और हैसिओड के काव्य में कई ऐसे स्थल आते हैं, जो पाठक को वीर

एवं साहसी बनाने के बदले दुर्बल और कायर बनाते हैं। वे युवकों में शौर्य एवं उत्सर्ग की भावना भरने वाले काव्य को ही श्रेष्ठ मानते हैं।

(iii) कवि प्रायः भोग-विलास की कामना से भर कर आवेशमय और कामुकतापूर्ण भावों की सृष्टि करते हैं। इन भावों से शुद्धता और संयम में बाधा पड़ती है तथा चरित्रहीनता, भोग लिप्सा और अराजकता फैलती है। इसलिए कविता त्याज्य है।

(iv) होमर के काव्य में ऐसी कई कहानियाँ भरी पड़ी हैं जिनमें दुष्ट जन सुख भोगते हुए चित्रित किए गए हैं और सज्जन दुःख से व्याकुल दिखाए गए हैं। जहाँ सदाचार के लिए दण्ड और दुराचार के लिए सुख-वैभव एवं पुरस्कार मिलेगा वहाँ नैतिकता कैसे टिकेगी? कोमल बुद्धि वाले बालकों पर ऐसी कहानियों का बुरा प्रभाव पड़ता है।

(v) नाट्यलेखक प्रायः ओछे, हँसोड़, टुच्चे, मसखरे, कामुक और तुच्छ भावों का चित्रण करना पसंद करते हैं। दर्शकों का एक वर्ग भी रंगशाला में ऐसे अभिनयों की दाद देता है। फलतः नाट्य लेखक उदात्त भावों से सर्वथा दूर रहते हैं और समाज में निकृष्ट भावों का वर्चस्व बढ़ जाता है।

(vi) काव्य या नाटक की सृष्टि अंतःप्रेरणा या भावोच्छवासों के तीव्र आवेग से होती है। तर्क से नहीं। अतः उनमें भावावेशमय हृदय की प्रधानता होती है, तर्क-बुद्धि या मस्तिष्क की नहीं। बुद्धि और हृदय के सामंजस्य के अभाव में ऐसी कला व कविता उदात्त की सृष्टि नहीं कर सकती। वह मनोवेगों का पोषण करती है। परिणामतः काव्य सत्य और शिव या लोक मंगल से दूर हो जाता है।

(vii) काव्य में प्रायः अन्योक्ति (Allegory) की रचना होती है। बालकों में इतनी समझ नहीं होती कि वे अन्योक्ति और यथार्थ में अंतर कर सकें। इसलिए बच्चों के लिए शुद्ध, यथार्थ और नैतिक विचारों की कहानियाँ ही लिखी जानी चाहिए। मिथ्या, असत्य, अनैतिक और अतिकाल्पनिक कहानियाँ उनसे दूर रहनी चाहिए।

4. श्रेष्ठ काव्य के गुण

प्लेटो ने जहाँ कविता, नाटक और अन्य कलाकृतियों की असत्यता एवं अनैतिकता के आधार पर निंदा की है, वहीं श्रेष्ठ काव्य के गुणों की ओर संकेत भी किया है। संक्षेप में प्लेटो के अनुसार काव्य के गुण इस प्रकार हैं।

(1) **सरलता**–प्लेटों ने सरलता को काव्य का प्रमुख गुण माना है। उन्होंने कहा

कि जो काव्य सरलता से समझ में न आए, वह महत्त्वहीन है। वे काव्य में अभिधा के पक्षधर थे, व्यंजना के नहीं। क्योंकि उनके अनुसार साधारण-जन व्यंजना का वास्तविक अर्थ ग्रहण नहीं कर पाता है। वह अर्थ का अनर्थ कर देता है।

(2) **काव्य का विषय धार्मिक या नैतिक**–प्लेटो के मत से श्रेष्ठ काव्य का विषय धार्मिक या नैतिक होना चाहिए। साथ ही उसमें वीरों, राष्ट्रनायकों एवं देवताओं के श्रेष्ठ गुणों का वर्णन अपेक्षित है। विषय के आधार पर उन्होंने साहित्य को 'सत्' और 'असत्'– दो वर्गों में बाँटा है। इनमें से 'सत्' साहित्य ही उनकी दृष्टि में वरेण्य है, क्योंकि 'सत्' साहित्य में सत्य, देव-स्तुति एवं श्रेष्ठ उदात्त भावों का वर्णन रहता है।

(3) **अतिशय कल्पनाशीलता एवं भावुकता से दूरी**–प्लेटो मूलतः आत्मवादी चिंतक, नैतिकता के पक्षधर और तर्कशील दार्शनिक थे। इसलिए वे श्रेष्ठ काव्य उसी को मानते थे, जिसमें अतिशय कल्पना न हो। जो अतिशय भावुकता से दूर हो। वे कहते थे कि काल्पनिक बिम्बों की सृष्टि से भाव-तुष्टि होती है, जो आत्म परिष्कार में बाधक है। इससे भावनाएँ भड़कती हैं। भावुकता एवं भावोद्वेलन भ्रांति पैदा करते हैं और उन भावों एवं मनोवेगों को विकसित तथा पल्लवित करते हैं, जिनसे विकार उत्पन्न होते हैं। अतः श्रेष्ठकाव्य में ऐसे अंश नहीं होने चाहिए। इसी आधार पर उन्होंने होमर की रचनाओं में से ऐसे अंशों को निकाल देने की बात कही है।

(4) **सत्यं-शिवं का समावेश**–प्लेटो ने श्रेष्ठ काव्य में सत्य और शिव के समावेश को आवश्यक माना है। वे इसलिए कल्पना का विरोध करते हैं, साथ ही उपदेश को भी ठीक नहीं मानते। उनके अुनसार काव्य को व्यक्ति-स्वभाव की महत्ता को प्रस्तुत करना चाहिए। इसी में सत्य, शिव और सौंदर्य निहित है। "The right function of art is to put before the soul, the images of what is intrinsically great beautiful."

(5) अन्य विचार

(अ) **काव्य-प्रयोजन**–प्लेटो ने काव्य के तीन प्रयोजन माने हैं-(i) सत्य का उद्घाटन (ii) मानव-कल्याण (iii) राष्ट्रोत्थान। यही कारण है कि उन्होंने

काव्य की कसौटी सत्य और सदाचार को माना है। कला या काव्य को शिक्षा से अलग करके वे देख नहीं सकते। प्लेटो के मत से कवि और काव्य उसी सीमा तक श्रेष्ठ है, जहाँ तक वह समाज का शिक्षक हो।

(ब) **काव्य के रूप**—प्लेटो ने काव्य के दो भेद माने हैं-(i) सत् काव्य, (ii) असत् काव्य। सत् काव्य वह है, जिसमें देव-स्तुति, सज्जन-प्रशस्ति और सत्य की प्रतिष्ठा करने वाली कथा को समाहित किया गया हो। सत् काव्य को ही उन्होंने श्रेष्ठ माना और देवकथाओं एवं यथार्थ की उपेक्षा करने वाले 'असत्' काव्य की निंदा की।

(स) **काव्य की शैली**—प्लेटो की दृष्टि में शैली कवि या कलाकार के चरित्र का प्रतिबिम्ब है। उनका कहना है कि जैसा व्यक्ति का चरित्र होगा, वैसी ही उसकी शैली होगी। इसी के साथ उन्होंने भाषा के तीन गुण स्वीकार किए हैं—कठोर, मधुर और कोमल। उनकी मान्यता है कि शैली में व्यवस्था और संयम पर आधारित सरलता होनी चाहिए। शैली और भाषा सरल एवं सुबोध होनी चाहिए, जिससे सामान्य पाठक भी आसानी से समझ सकें। वे काव्य में वस्तु और शैली के औचित्य (Decorum) के पक्षधर हैं।

योगदान

प्लेटो का पाश्चात्य समीक्षा जगत् में शीर्ष स्थान है। वे प्रथम पाश्चात्य काव्य शास्त्री और काव्य चिंतक आचार्य हैं। उन्होंने ही सर्वप्रथम काव्य-समीक्षा को एक व्यवस्थित स्वरूप प्रदान किया। एक नैतिकतावादी या प्रत्ययवादी दार्शनिक होने के नाते प्लेटो ने काव्य पर सजग तार्किकता के साथ विचार किया और मनुष्य को व्यापक परिवेश में सोचने के लिए प्रवृत्त किया। प्लेटो के समय तक कविता शिल्प-कला की मात्र एक प्रक्रिया समझी जाती थी। उन्होंने कविता को एक स्वतंत्र रूप प्रदान किया तथा उसे मानव-जीवन के साथ जोड़कर देखा।

प्लेटो के चिंतन का परवर्त्ती काव्य चिंतन पर गहरा प्रभाव देखा जा सकता है। यहाँ तक कि आज भी विद्वान् प्लेटो द्वारा कविता पर लगाए गए आक्षेपों से जूझ रहे हैं और उनका सम्यक् समाधान आज भी उनको नहीं मिल पा रहा है। प्लेटो के संवादों में परवर्त्ती काव्यशास्त्र में विकसित अनेक सिद्धांतों के बीज मिलते हैं। विरेचन सिद्धांत की भूमिका तो निश्चय ही प्लेटो के काव्य-चिंतन में निहित है। आज चर्चित विरुद्धों के सामंजस्य का सिद्धांत भी बीज रूप में वहाँ देखा जा सकता है। प्लेटो के शिष्य

अरस्तू ने उनके विचारों की विवेकपूर्ण और दृढ़ आलोचना करते हुए नए विचार प्रस्तुत किए। यदि प्लेटो के विचार सामने नहीं होते, तो अरस्तू के विचार कहाँ से जन्म लेते? इसी तरह एक लम्बी कालावधि तक प्लेटो चर्चा के केन्द्र में रहे। यहाँ तक कि बीसवीं सदी के प्रख्यात आलोचक टी॰ एस॰ इलियट तक ने भी अपनी समीक्षा के लिए प्लेटो के विचारों का सहारा लिया। एलियट ने भी प्लेटो का परोक्ष प्रभाव ग्रहण करते हुए कवि की व्याख्या सर्जक के रूप में नहीं माध्यम के रूप में की है। अंततः यह कि पाश्चात्य काव्यशास्त्र का यह श्लाका पुरुष अपने विचारों के लिए आज भी प्रासंगिक है।

10. अरस्तू के काव्य-सिद्धांत

अरस्तू (374 ई॰पू॰ से 322 ई॰पू॰) पाश्चात्य ज्ञान-विज्ञान के शिखर पुरुष हैं। मकदूनिया के समुद्रतट पर स्थित एक यूनानी उपनिवेश में अत्यन्त प्रतिष्ठित परिवार में जन्मे दार्शनिक अरस्तू बाल्यकाल से ही अत्यंत मेधावी और कुशाग्र बुद्धि थे। वे प्लेटो के परमप्रिय शिष्य थे, जिन्हें प्लेटो अपने विद्यापीठ का मस्तिष्क कहा करते थे। उन्हें सिकंदर महान का गुरु होने का भी गौरव प्राप्त है। ज्ञान-विज्ञान के लगभग सभी क्षेत्रों पर उनका समान अधिकार था। यही कारण है कि अरस्तू को पाश्चात्य ज्ञान-विज्ञान की विधाओं का आदि आचार्य माना जाता है। उनकी कृतियों की संख्या 400 मानी गई है, किन्तु उनकी प्रतिष्ठा के लिए दो ही उपलब्ध ग्रंथ पर्याप्त हैं- 'तेख़नेस रितेरिकेस' जो भाषण कला से सम्बन्धित है। इसका अनुवाद 'भाषण कला' (Rheroric) किया गया है, दूसरा 'पेरिपोइतिकेस' जो काव्यशास्त्र से सम्बन्धित है। जिसका अनुवाद 'काव्यशास्त्र' (Poetics) किया गया है। हालांकि 'काव्यशास्त्र' का यह ग्रंथ वृहत् ग्रंथ न होकर एक छोटी-सी पुस्तिका मात्र है, जिसमें कोई व्यवस्थित विस्तृत काव्य शास्त्रीय सिद्धांत निरूपण नहीं है। माना जाता है कि इसमें उनके द्वारा अपने विद्यापीठ में पढ़ाने के लिए तैयार की नई समाग्री को उनके विषयों ने एकत्र कर दिया है। फिर भी यह एक अत्यंत महत्वपूर्ण संदर्भ ग्रंथ बन पड़ा है।

यहाँ यह बताना आवश्यक है कि अरस्तू प्लेटो के शिष्य अवश्य थे, किन्तु उन्होंने प्लेटो के काव्य विषयक विचारों की दृढ़तापूर्वक और प्रतिभायुक्त समीक्षा की। उनका खण्डन किया तथा कई मौलिक सिद्धांत प्रस्तुत किए।

अरस्तू का काव्य शास्त्रीय चिंतन

अरस्तू ने जिन काव्यशास्त्रीय सिद्धांतों का प्रतिपादन किया, उनमें से तीन सिद्धांत विशेष महत्त्व रखते हैं—

(i) अनुकरण सिद्धांत,

(ii) त्रासदी

(iii) विरेचन सिद्धांत।

इन सिद्धांतों का संक्षिप्त परिचय इस प्रकार है।

(i) अनुकरण सिद्धांत

जैसा कि हमने प्लेटो के काव्यसिद्धांतों के अंतर्गत देखा, प्लेटो काव्य को जीवन का 'अनुकरण' मानते थे। इसकी चर्चा उन्होंने दार्शनिक एवं नैतिकतावादी दृष्टि से की थी। इसके विपरीत अरस्तू की दृष्टि सौंदर्यवादी है।

अरस्तू ने कला को 'प्रकृति की अनुकृति' माना है। यहाँ यह बात ध्यान देने योग्य है कि अनुकरण उनके यहाँ 'बाह्यरूप की अनुकृति' नहीं है, जैसी कि प्लेटो की धारणा थी। बल्कि वे कहते हैं कि अनुकरण प्रकृति के बाह्यरूपों का नहीं, उसकी सर्जन-प्रक्रिया का है। कलाकार बाह्यजगत् से सामग्री चुनता है और उसे अपने तरीके से छाँटकर और तराशकर इस प्रकार पुनः संयोजित करता है कि वह कलाकृति कलात्मक अनुभूति को जन्म देती है। प्रकृति में जो कुछ अपूर्णता रह जाती है, उसे कलाकर पूर्ण करने की चेष्टा करता है। इस प्रकार कई बार वह प्रकृति का भी अतिक्रमण कर देता है। अतः अरस्तू की दृष्टि में अनुकरण की प्रक्रिया सामान्य नकल से ऊपर एक सर्जनशील प्रक्रिया है।

अरस्तू के अनुसार काव्य की विषयवस्तु का चित्रण तीन रूपों में सम्भव हैं-

(i) प्रतीयमान रूप में, अर्थात् जो वस्तु जैसी है, वैसी ही दिखाई दे।

(ii) सम्भाव्य रूप में, अर्थात् जो वस्तु जैसी नहीं है, किंतु वैसी हो सकती है।

(iii) आदर्श रूप में, अर्थात् किसी वस्तु को ऐसा होना चाहिए।

इनमें पहली स्थिति यथातथ्यात्मक अनुकरण मानी जा सकती है। जबकि दूसरी एवं तीसरी स्थितियों में वास्तविक जगत् के अनुकरण से भिन्नता होती है। इन स्थितियों में कविता के संदर्भ में कहें तो, कवि बाह्य जगत् को आधार बनाता है किन्तु वह कल्पना तथा आदर्श भावना का आधार लेकर उस वस्तु का चित्रण कुछ इस प्रकार करता है कि वह बाह्य, इन्द्रियगोचर या भौतिक जगत् की सीमा से बहुत ऊपर उठ जाती है।

अरस्तू की दृष्टि में ऐसी रचनाएँ ही श्रेष्ठ हैं।

अरस्तू का एक और विचार महत्वपूर्ण है। वह है इतिहास को लेकर। इतिहास और काव्य की तुलना करते हुए अरस्तू ने काव्य के सत्य को इतिहास के तथ्य से ऊँचा माना है। इसका कारण वे यह मानते हैं कि–

(i) इतिहास केवल घटित हो चुकी घटनाओं का उल्लेख करता है, जबकि काव्य में सम्भाव्य तथा आदर्श स्थितियों का भी चित्रण होता है।

(ii) इतिहास केवल बाह्य जगत् की विशिष्ट घटनाओं का उल्लेख एवं विवेचन प्रस्तुत करता है, अर्थात् स्थिति विशेष को सामने लाता है। जबकि काव्य का सत्य घटना विशेष तक ही सीमित नहीं होता, बल्कि 'सामान्य' होता है।

(iii) इतिहास वस्तुपरक होता हे। इसके विपरीत काव्य में अनुभूति एवं विचार का सहारा लिया जाता है। श्रेष्ठ काव्य में तो दर्शन तत्त्व की भी प्रधानता होती है।

समग्रतः अरस्तू अपनी 'अनुकरण' विषयक अवधारणा में इस तथ्य पर बल देते हैं कि काव्य में केवल बाह्य जगत् में प्रत्यक्ष जीवन का ही अनुकरण नहीं किया जाता, बल्कि सूक्ष्म, आंतरिक और अमूर्त जीवन का भी अनुकरण किया जाता है। इसके लिए कवि या कलाकर अनुभूति एवं कल्पना का आश्रय ग्रहण करता है।

वे अनुकरण के तीन विषय मानते हैं—1. प्रकृति 2. इतिहास 3. कार्यरत मनुष्य।

2. त्रासदी

अरस्तू ने त्रासदी (Tragedy) की भी गहन चर्चा की है। त्रासदी ग्रीक साहित्य की महत्त्वपूर्ण विधा रही है। यह मूलतः नृत्य-गीत परम्परा से विकसित नाट्यरूप था। ईसा पूर्व पाँचवीं शताब्दी तक आते-आते यूनान में त्रासदी एक प्रतिष्ठत परिपक्व विधा बन चुकी थी, जिसे एस्खिलुस और सोफ़ोक्लीज जैसे नाट्यकारों ने समृद्ध किया।

यों तो उस युग में कामदी, महाकाव्य और गीतिकाव्य जैसी साहित्यिक विधाएँ भी यूनान में खूब प्रचलित थीं, किन्तु अरस्तू ने अपनी पुस्तक 'पेरिपोइतिकेस' (पोयटिक्स) में सर्वाधिक महत्त्व त्रासदी को ही दिया। बल्कि समीक्षक तो यह मानते हैं कि पाश्चात्य काव्य-चिंतन की आधारशिला त्रासदी ही रही है। त्रासदी, त्रास अर्थात् कष्ट देने वाली विधा को कह सकते हैं, किन्तु अरस्तू ने त्रासदी की परिभाषा देते हुए कहा है कि "त्रासदी किसी गम्भीर स्वतःपूर्ण निश्चित आयाम से युक्त कार्य की अनुकृति है।" साथ ही उसके लक्षण बताए हैं कि यह आख्यान के रूप में न होकर कार्य-व्यापार के रूप में होती है। इसका माध्यम नाटक के विभिन्न भागों में तदनुरूप प्रयुक्त सभी प्रकार के आभरणों से अलंकृत भाषा है। उसमें करुणा तथा त्रास के उद्रेक के द्वारा इन मनोविकारों का उचित विरेचन किया जाता है।

उपर्युक्त परिभाषा एवं लक्षणों के आधार पर हम त्रासदी की विशेषताओं को इस प्रकार रेखांकित कर सकते हैं—

1. त्रासदी 'कार्य की अनुकृति' है। व्यक्ति की अनुकृति नहीं।
2. त्रासदी में वर्णित 'कार्य' गम्भीर तथा स्वतःपूर्ण होता है। इसका क्षेत्र तथा विस्तार निश्चित होता है।
3. इसमें जीवन व्यापार अथवा कार्य का व्याख्यात्मक अर्थात् वर्णनात्मक रूप नहीं होता, बल्कि यह प्रदर्शन के रूप में प्रस्तुत किया जाता है।

4. त्रासदी की शैली अलंकारपूर्ण होती है।
5. इसमें करुणा और त्रास का उद्रेक होता है।
6. इस उद्रेक के द्वारा इन मनोविकारों का उचित 'विरेचन' किया जाता है। 'विरेचन' एक पारिभाषिक शब्द है। इसकी विस्तृत व्याख्या 'विचेन-सिद्धांत' के रूप में अरस्तू द्वारा अलग से की गई है।

अरस्तू ने त्रासदी के छह तत्त्व माने हैं—(i) कथानक(Plot), (ii) चरित्र (Character), (iii) विचार (Thought), (iv) पदविन्यास (Diction), (v) दृश्यविधान (Spectacle), (vi) गीत (Song)।

इन सभी तत्त्वों का विवेचन अरस्तू ने विस्तारपूर्वक किया है और स्थापित किया है कि इनका संबंध अनुकरण से है।

अरस्तू ने त्रासदी की परिभाषा में उसके वस्तु तत्त्व (Matter), साधन (Means), शैली (Manner) तथा प्रयोजन पर मत व्यक्त किया है। त्रासदी का विषय है—कार्य या जीवन व्यापार का अनुकरण। अनुकरण का साधन है—कलात्मक अनुकरणों से युक्त भाषा।

पद्य और संगीत इस अनुकरण के साधन हैं। त्रासदी की शैली नाटकीय या संवादात्मक होती है, वर्णनात्मक नहीं होती। त्रासदी का प्रयोजन है—करुणा एवं त्रास अथवा दया एवं भय को जगाने वाली घटनाओं का प्रस्तुतीकरण करके इन भावों का 'विरेचन' करना।

अरस्तू ने त्रासदी में सर्वाधिक महत्त्व कथानक को दिया। चरित्र को इतना महत्त्व नहीं दिया। यहाँ तक कि वे चरित्र के अभाव में भी त्रासदी की सत्ता स्वीकार करते हैं। डॉ॰ नगेंद्र ने अरस्तू द्वारा कथानक को प्रमुखता दिए जाने के निम्नांकित आठ कारण बताए हैं—

(i) त्रासदी अनुकृति है, व्यक्ति की नहीं जीवन की।
(ii) जीवन कार्य-व्यापार का ही नाम है। अतः जीवन की अनुकृति में कार्य-व्यापार का ही प्रामुख्य रहना चाहिए।
(iii) काव्यगत भाव का स्वरूप है सुख अथवा दुःख और यह कार्यों पर निर्भर रहता है। अतः कार्य या घटनाएँ ही त्रासदी का साध्य हैं।
(iv) चरित्र कार्य-व्यापार (कथानक) के साथ गौण रूप से स्वतः आ जाता है।
(v) बिना कार्य-व्यापार के त्रासदी नहीं हो सकती, बिना चरित्र-चित्रण के हो सकती है।
(vi) चरित्र-व्यंजक भाषण, विचार या पदावली—चाहे वह कितनी ही परिष्कृत क्यों न हो, वैसा सारभूत कारुणिक प्रभाव उत्पन्न नहीं कर सकती, जैसा

कि कथानक तथा घटनाओं के कलात्मक गुम्फन से होता है।

(vii) त्रासदी में सबसे प्रथम रागात्मक तत्त्व, स्थिति-विपर्यय तथा अभिज्ञान नाम के ही अंग हैं।

(viii) इसलिए, नवोदित कलाकार भाषा के परिष्कार तथा चरित्र-चित्रण में तो पहले सिद्धि प्राप्त कर लेते हैं, परन्तु कथानक का सफल निर्माण करने में इन्हें समय लगता है।

इस सबका मूल कारण यह है कि अरस्तू के समय में कथानक को या वस्तु पक्ष को विशेष महत्त्व दिया जाता था।

यहाँ यह भी उल्लेख करना आवश्यक है कि अरस्तू ने कथानक पर विस्तार से चर्चा की है। उन्होंने कथानक के तीन भेद माने हैं–1. दन्त कथा, 2. कल्पनामूलक कथा 3. इतिहासमूलक कथा। इसी तरह वे शिल्प की दृष्टि से कथानक को दो वर्गों में रखते हैं–सरल और जटिल। वे श्रेष्ठ कथानक में एकान्विति, पूर्णता, सम्भाव्यता, सहज विकास और कौतूहल को आवश्यक मानते हैं।

अस्तु ने त्रासदी को सभी विधाओं में सर्वोच्च स्थान दिया है। यों उन्होंने कामदी(Comady) और महाकाव्य पर भी चर्चा की है; किन्तु इस चर्चा में भी त्रासदी का संदर्भ है। वे कामदी को सामान्य से नीचे दर्जे का मानते हैं और हल्की विधा कहते हैं। जबकि त्रासदी को गम्भीर।

इसी तरह वे महाकाव्य को विस्तृत फलक, उसकी कथा में अनेक प्रासंगिक कथाओं के गुँथे रहने रहने के कारण उसके प्रभाव में बिखराव की बात करते हैं। दूसरी ओर महाकाव्य की अपेक्षा त्रासदी को अधिक प्रभावशाली एवं श्रेष्ठ सिद्ध करते हैं। क्योंकि उनके अनुसार त्रासदी में अधिक गठन तथा अन्विति होती है। इसलिए त्रासदी का प्रभाव महाकाव्य की अपेक्षा अधिक सघन होता है। साथ ही त्रासदी अभिनेय और पाठ्य दोनों होती है। संगीत तथा अभिनय उसके अतिरिक्त गुण हैं, जो त्रासदी के प्रभाव को तथा उसके आनंद को बढ़ा देते हैं।

और अंत में यह कि त्रासदी हमारे त्रासदायक मनाभावॉ को उभार कर उनका विरेचन या शमन कर देती है। इसमें हमारा उद्वेग दूर हो जाता है और हमारे मनोभाव संतुलित हो जाते हैं। यही तो त्रासदी कला का चमत्कार है कि सुखद स्थितियाँ भी हमारे आनंद का कारण बन जाती हैं। यह प्रक्रिया विरेचन(Catharsis) कहलाती है।

3. विरेचन सिद्धांत

जैसा कि हमने पीछे उल्लेख किया है, अरस्तू त्रासदी को सर्वश्रेष्ठ मानते थे। और त्रासदी को सर्वश्रेष्ठ मानने के कारणों में से विरेचन(Catharsis) भी एक प्रमुख कारण

है। अर्थात् अरस्तू के अनुसार त्रासदी दर्शकों के मन में करुणा एवं त्रास की भावनाओं को उकसाकर उनका विरेचन कर देती है। इससे दर्शक के उद्वेग शांत हो जाते हैं और उसके मनोभावों में संतुलन आ जाता है। यह स्थिति आनंददायक होती है अर्थात् वह त्रासद होने के बाद भी अंततः कलात्मक आनंद से परिपूर्ण होती है।

अरस्तू को चिकित्सा शास्त्र (वैद्यक) की जानकारी थी। उनके पिता स्वयं एक राजवैद्य थे। ग्रीक 'कैथर्सिस' (Catharsis) शब्द का हिंदी अनुवाद 'विरेचन' वैद्यक से जुड़ा है। इन दोनों शब्दों का अर्थ है उपयुक्त औषधि के प्रयोग से शरीर के विकारों को निकाल बाहर करना और राहत प्रदान करना। इसका सबसे सटीक उदाहरण है पेट के कब्ज़ को साफ करना। अरस्तू ने करुणा और त्रास के भावों को उभारकर उनके परिशमन को त्रासदी का उद्देशीय और एक सर्जनात्मक प्रक्रिया माना है। यह प्रक्रिया उनकी दृष्टि में 'विरेचन' है। संगीत के क्षेत्र में यह और भी अधिक सटीक बैठती है। यह एक प्रकार से मनोविकारों को उभारकर शांत करने और करुण एवं त्रास से आवेशित व्यक्तियों को 'शुद्धि का अनुभव' प्रदान करने की प्रक्रिया है, जो अन्ततः आनंद प्रदान करती है।

कालांतर में अरस्तू के 'विरेचन सिद्धांत' की कई दृष्टियों से व्याख्या की गई। उसकी धर्मपरक व्याख्या भी हुई, नीतिपरक व्याख्या भी हुई, सौंदर्यपरक व्याख्या के साथ ही संरचनापरक व्याख्या भी की गई।

साररूप में 'विरेचन' दुःखद स्थितियों के चित्रण के बाद भी सुखानुभूति का प्रभाव पैदा करता है। इस संदर्भ में अरस्तू का मानना है कि विरेचन के माध्यम से जो गुण मिलता है वह आत्मा की शुद्धि, विशदता और प्रसन्नता का पर्याय है। समीक्षकों ने अरस्तू के विवेचन सिद्धांत की समीक्षा करते हुए उसके नैतिक पक्ष को रेखांकित किया है। इनमें से बूचर का मत उल्लेखनीय है। बूचर के अनुसार त्रासदी से प्राप्त सुख का कारण त्रासदी की कलात्मक प्रक्रिया है। त्रासदी में दुःख और करुण की योजना जानबूझकर की जाती है। इन भावनाओं से आक्रांत होने वाला पात्र हालांकि दुष्ट या कुटिल नहीं होता, किन्तु उसकी कोई चारित्रिक त्रुटि या नैतिक चूक ही उसके त्रास का कारण बन जाती है। प्रेक्षक त्रासदी में इस प्रकार की चूक या भूल तथा उसके दुखद परिणाम को देखता है तो उसे अनैतिकता की पराजय और नैतिकता की विजय का संतोष होता है। उसकी वृत्ति नैतिकता तथा समाज के लिए शुभ एवं मंगलकारी कर्मों की ओर झुकती है। इस शुभ प्रेरणा के कारण त्रासदी दुख के स्थान पर आनंद देती है।

विरेचन की यह प्रक्रिया भारतीय काव्य शास्त्र के अंतर्गत साधारणीकरण की अवधारणा से मेल खाती है।

11. लांजाइनस के काव्य सिद्धांत

लांजाइनस के विषय में प्रामाणिक जानकारी का अभाव है। उन्हें ईसा की पहली शती का माना जाता है।

सन् 1554 में रॉबर्टेलो ने 'पेरिइप्सुस' नामक कृति की खोज की। इससे पूर्व लगभग 1200 साल तक यह अज्ञात थी। इस कृति के अतिरिक्त उनके विषय में जानकारी का अन्य कोई स्रोत नहीं है। यह कृति भी खंडित है। इसके कई अनुवाद, कई तरह के मिलते हैं। यथा–'हाइट ऑफ इलोक्वेंस' (वाणी की पराकाष्ठा) (1662), 'लॉफ्टीनेस ऑर एलीगेंसी ऑफ स्पीच' (भाषा का लालित्य या उत्तुंगता) आदि। इसी के अनुरूप हिन्दी में 'काव्य में उदात्त तत्त्व' (डॉ॰ नगेन्द्र एव नैमिचंद जैन) तथा 'उदात्त के विषय में' (डॉ॰ निर्मला जैन) जैसी पुस्तकें सामने आईं। ये पुस्तकें रीज़ रॉबट्र्स की पुस्तक 'लांगिनुस ऑन द सब्लाइम' (1899) के आधार पर लांजाइनस के काव्य सिद्धांत की लगभग प्रामाणिक समीक्षा हैं।

वस्तुतः पुनर्जागरण युग में 16वीं सदी में जब पहली बार 'पेरिइप्सुस' कृति सामने आई तब यह मत प्रचलित हुहा कि लांजाइनस शास्त्रवाद से प्रभावित, तीसरी सदी में पालचीरा की महारानी ज़ेनोविया के अत्यंत विश्वासपात्र यूनानी मंत्री थे। जिन्हें बाद में महारानी के लिए मृत्यु का वरण करना पड़ा। 1928 में स्कॉट-जेम्स ने इस मत को पुनःस्थिापित करते हुए उन्हें 'पहला स्वच्छंदतावादी आलोचक' कहा है।

पश्चिम में लांजाइनस से पूर्व काव्यशास्त्रीय चिंतन की एक सुदृढ़ परम्परा का विकास हो चुका था। प्लेटो तथा अरस्तू ने उसका श्रीगणेश कर दिया था। लांजाइनस ने इन दोनों की अवधारणाओं को आत्मसात् करके नई काव्यशास्त्रीय वैचारिकी प्रस्तुत की। संक्षेप में यही कि जहाँ प्लेटो के लिए साहित्य 'उत्तेजक' था, अरस्तू के लिए 'विरेचक' था, वहीं लांजाइनस के लिए वह 'उदात्त' था। उनकी यह अवधारणा इतनी युगांतकारी सिद्ध हुई कि आगे चलकर उसे शास्त्रवाद से जोड़ा गया, स्वच्छंदतावाद से जोड़ा गया, आधुनिकतावाद से भी जोड़ा गया और यथार्थवाद से भी जोड़कर देखा गया। डॉ॰ निर्मला जैन के अनुसार लांजाइनस रोमांटिक या क्लासिकी जैसे एक दायरे में नहीं बँधते, दोनों के तत्त्व लेते हुए वे 'दोनों प्रवृत्तियों की सीमा का अतिक्रमण कर एक अनूठा मार्ग' निकालते हैं। इस मार्ग का अनूठापन यह था कि लांजाइनस दोनों

प्रवृत्तियों की शक्ति को पहचानने और सीमाओं को त्यागने का काम यथार्थवादी आधार पर करते हैं।

लांजाइनस से पूर्व काव्य की महत्ता दो रूपों में मूल्यांकित की जाती थी–(1) शिक्षा प्रदान करना, (2) आनंद प्रदान करना। एरिस्टोफेनिस सुधारवाद का पक्षधर था, होमर मनोरंजन का। काव्य के साथ गद्य का रूप भी अनुनय (Persuasion) पर आधारित था। इसके लिए शैलीगत चमत्कार की अपेक्षा थी। अतः साहित्य (काव्य और गद्य) दोनों का ही आधार था–"To instruct, to delight, to persuade" अर्थात शिक्षा देना, आहलादित करना और प्रोत्साहित करना। इसमें आलंकारिक, चमत्कारिक और आडम्बरपूर्ण भाषा-शैली महत्त्व रखती थी। उस समय तक काव्य के भाव तत्त्व को महत्त्व नहीं दिया गया था। लांजाइनस ने इस ओर ध्यान दिया।

लांजाइनस का उदात्त तत्त्व

यद्यपि लांजाइनस ने उदात्त तत्त्व की स्वतंत्र एवं व्यापक व्याख्या नहीं की है, तथपि उसको साहित्य के सभी गुणों में सर्वाधिक महत्त्वपूर्ण माना है। उन्होंने यहाँ तक कहा हे कि उदात्तता एक ऐसा गुण है जो अन्य छोटी-मोटी त्रुटियों के रहते हुए भी साहित्य को सच्चे अर्थों में प्रभावपूर्ण बना देता है।

उनके अनुसार–"अभिव्यक्ति की विशिष्टता और उत्कर्ष ही औदात्य है–Sublimity is always an eminence and excellence in language." इसी आधार पर यह स्थापना सामने आती है कि किसी रचना में औदात्य तत्त्व उपयुक्त तथा महिमापूर्ण शब्द-विधान, आवेग को दीप्त करने वाली अलंकार-योजना तथा रचना-विधान का होना है।

लांजाइनस ने उदाहरण देते हुए उदात्त का विश्लेषण किया है। वे कहते हैं कि कला में उदात्त किसी विशेष भाव या विचार के कारण नहीं, बल्कि अनेक 'विरुद्धों के सामंजस्य' अथवा भावों के संघात से उत्पन्न होता है। भावों के साथ कला के साधनों में भी संघात होता है। भाव और अभिव्यक्ति में संघात अथवा विरुद्धों का सामंजस्य देखनेवाली यह द्वंद्वात्मक उद्धति लांजाइनस को अपने युग से बहुत आगे का सिद्ध करती है।

उदात्त के अनेक प्रसंग तथा पक्ष हैं। सूत्र रूप में कहना चाहें तो आत्मा की गरिमा सर्जक से जुड़ी है और प्रभाव की सृष्टि भावक या सहृदय (पाठक अथवा दर्शक) में होती है। इन दोनों के बीच की कड़ी काव्य, कला या अभिव्यक्ति है। कलाकार सृष्टा रचना और पाठक के बीच यह तारतम्य सजीव मानव-व्यापार है और मनुष्य की परिस्थितियाँ उसे प्रभावित करती हैं। इसी के सापेक्ष हम उदात्त के प्रसंग एवं पक्षों की चर्चा कर सकते हैं।

1. परिवेश-व्यक्ति और अभिव्यक्ति

लांजाइनस का मानना है कि एक वर्ग की मनोवृत्तियाँ उदात्त की शत्रु हैं। स्वभाव या प्रकृति तथा अंतःप्रेरणा के रूप में व्यक्तित्व के भीतर जो उदात्त प्रकट होता है, उसका मनुष्य के सामाजिक परिवेश और नैतिक आचरण से गहरा संबंध है। यह संबंध मनुष्य के व्यक्तित्व-निर्माण में कई धरातलों पर सक्रिय होता है।

वे सामाजिक परिवेश और जातीय गुणों से व्यक्तित्व की अंतः प्रेरणा एवं गरिमा का संबंध निरूपित करते हैं और इस तरह एक याथार्थवादी चिन्तन-दृष्टि का विकास करते प्रतीत होते हैं। कलात्मक अभिव्यक्ति व्यक्तित्व की गरिमा के नाते उदात्त बनती है। वे मानते हैं कि ऐसा कलाकार इस तरह के शब्दों— बिम्बों-अलंकारों के पीछे नहीं भागता, जो विषय से जुड़े हुए न हों। अलग तरह के भाव-संदर्भ में वह अलग तरह की भाषा का प्रयोग करता है। एक जैसी भाषा का प्रयोग नहीं करता। इसी तरह चरित्र और प्रसंग के अनुसार भाषा के प्रयोग से प्रसंग उदात्त बन जाता है।

2. संवेग-कल्पना-तर्क और यथार्थ

प्लेटो आदर्शवादी विचार के थे, लांजाइनस ने इसे माना; किन्तु प्लेटो की कल्पनाजन्य असंगतियों को स्वीकार नहीं किया। इसी तरह उन्होंने अरस्तू की द्वंद्वात्मक पद्धति को ध्यान में तो रखा किन्तु इसकी शास्त्रीयता से वे दूर रहे। अरस्तू ने त्रासदी के संदर्भ में करुण और त्रास को अपने चिंतन केन्द्र में रखा। लांजाइनस ने इन दोनों भावों को क्षुद्र और अनुपयुक्त मानकर एक नए चिंतन का सूत्रपात किया। उनके अनुसार उदात्त का संबंध न तो केवल भाव संवेग से है, न गिने-चुने भावों से। एक और, 'अनेक उदात्त अंश संवेग से दूर होते हैं', दूसरी ओर, सुनियोजित न होकर 'स्वाभाविक विस्फोट का भ्रम' उत्पन्न करने वाले संवेग उदात्त के लिए सार्थक होते हैं।' संवेग अपने आप में महत्वपूर्ण हैं, किन्तु उसी दशा में जब वे यथार्थ से जुड़ें। अन्यथा न तो वे उदात्त के कारण बनते हैं, न प्रेरक। वे यथार्थ से जुड़कर ही भव्य और कलात्मक बन पाते हैं। ऐसा तभी हो पाता है, जब उनमें अनेक प्रसंगों का संघात होता है। इकहरे संवेगों का इतना महत्व नहीं है।

यही शर्त कल्पना के साथ भी है। कल्पना का महत्व भी यथार्थ से सम्बद्ध होने अथवा उसे प्रत्यक्ष करने में है। यह स्थापित करते हुए लांजाइनस ने कहा है कि कल्पनाशक्ति का ह्रास होने पर होमर जैसे लेखक भी 'चरित्र-चित्रण की ओर उन्मुख हो जाते हैं।' इसी तरह उदात्त के लिए भावात्मक शक्ति आवश्यक है।

यहाँ यह बात ध्यान रखने की है कि लांजाइनस साधारण यथार्थ का विरोध करते हैं, वे 'ब्योरेवार यथातथ्यता' के स्थान पर 'केवल महानतम' के चुनाव में उदात्त की

सम्भावना देखते हैं। कलात्मक उद्देश्य पर आधारित चयन दृष्टि इसमें सहायता करती है, क्योंकि यह दृष्टि ही यथातथ्य चित्रण करने वाले प्रकृतिवाद से या ब्यौरेवार चरित्र-चित्रण से महानतम यथार्थ को अलग करती है। वे बार-बार यथार्थ की विश्वसनीयता पर भी बल देते हैं। इसे ठीक से समझने की ज़रूरत है। यथार्थ साधारण होता है, उदात्त असाधारण। किन्तु यह असाधारण उदात्त साधारण यथार्थ पर निर्भर है। सत्यता और वास्तविकता का यह आग्रह लांजाइनस को काल्पनिक एवं अलौकिक विचारों से दूर खड़ा कर देता है। समग्रतः वे सुसंगत यथार्थवादी दृष्टिकोण के पक्षधर हैं। और ऐसा तभी सम्भव है जब रचनाकार कल्पना की 'तर्कपूर्ण शैली' का आधार ग्रहण करे। भव्यता का अवतरण कल्पना से होता है, लेकिन विश्वसनीय हुए बिना कल्पना उदात्त नहीं हो सकती, और उसे विश्वसनीयता मिलती है तर्क से।

इस तरह हम देखते हैं कि लांजाइनस के उदात्त की अवधारणा संश्लिष्ट है, जो संवेग, कल्पना, तर्क एवं यथार्थ के आपसी संबंध से निर्मित होती है।

3. अलंकार-बिम्ब-भाषा

लांजाइनस काव्य में अलंकारों के स्वाभाविक प्रयोग के पक्षधर हैं और उनके अनुसार पाठक को प्रयोग का पता चलना चाहिए। वे औचित्य एवं उदात्तता के पोषक अलंकारों के पक्षधर हैं, उसमें भी उन्होंने अतिशयमूलक अलंकारों को विशेष महत्त्व दिया है। उनके अनुसार अलंकार-प्रयोग स्वतःसिद्ध है, परन्तु उदात्त शैली के लिए उसमें औचित्य की स्थिति अनिवार्य है। इसी तरह वे मनोवैज्ञानिक प्रभावों के लिए अलंकारों को उपयोगी मानते हैं। चमत्कार प्रदर्शन उनका मुख्य उद्देश्य नहीं है। क्योंकि लांजाइनस भावोत्कर्ष को आनंद का हेतु मानते थे। इसी क्रम में वे कहते हैं कि अलंकार साधन हैं, साध्य नहीं, जो कि शैली को उत्कर्ष प्रदान करते हैं।

अलंकार के औचित्य का उनका विचार इसी से समझा जा सकता है कि वे कहते हैं—'प्रत्येक वाक्य में अलंकार की झंकार व्यर्थ का आडम्बर होगा।' इसलिए अलंकारों का प्रयोग वहीं होना चाहिए जहाँ आवश्यक हो और उचित हो। यही नहीं, बल्कि अलंकारों का प्रयोग इस तरह होना चाहिए कि उनपर अलग से ध्यान न जाए-वे 'वस्तु' का अंग बन जाएँ। ऐसा होने पर ही वे उदात्त से शक्ति ग्रहण कर पाते हैं अर्थात् सच्चे सौंदर्य से भर सकते हैं। आगे वे कहते हैं कि भव्यता के आलोक में अलंकारों को उसी तरह छिप जाना चाहिए जैसे सूर्य के आगे आसपास के मद्धिम प्रकाश में छिप जाते हैं।

जैसा पीछे उल्लेख किया गया है, कल्पना की भूमिका विषय को प्रत्यक्ष करने की होती है। इस मूर्तिविधान को ही बिम्ब कहा जाता है। बिम्ब सघन भाव और उद्दीप्त

कल्पना से निर्मित कला के घटक हैं। लांजाइनस के समय में बिम्ब विधान और सौंदर्यशास्त्र पर विस्तृत विवेचन नहीं हुआ था किन्तु उन्होंने -भावों के उद्‌दीपन' और 'रचनाकार की उत्तेजना' में पाठक की हिस्सेदारी के संदर्भ में अलंकारों की अपेक्षा 'साहसपूर्ण बिम्ब विधान' को अधिक महत्त्व दिया है। वे बिम्ब को भी अलंकार की भाँति भावोद्‌दीपन का साधन मानते हैं। पुनः वे अलंकार की तरह उचित एवं विश्वसनीय बिम्ब-विधान को प्राथमिकता देते हैं।

भाषा के बारे में लांजाइनस ने भी अपना मत व्यक्त किया है। वे कहते हैं—'महान और राजसी शब्दावली' वैसे ही हानिक्रर है, जैसे अत्यावश्यक होने पर 'तिरस्कारणीय और गर्हित भाषा' भी सहायक हो जाती है। रंग और गंध की रुचियों की तरह भाषा की जातीय लय होती है। शब्द और अर्थ की एकता होने से भाषा रंग-गंध की अपेक्षा जातीय संस्कृति से और भी सीधा संबंध रखती है। लांजाइनस ने यह भी कहा है कि "रचना एक प्रकार की शब्दगत लय है—ऐसे शब्द जो मानव-प्रकृति के अंग हैं और जिनका प्रभाव उसके कामों पर ही नहीं बल्कि सीधे उसकी आत्मा पर भी पड़ता है।"

उत्कृष्ट या भव्य भाषा के अंतर्गत शब्द-चयन, भाषा-सज्जा (उपयुक्त एवं मनोहारी पदों और वाक्यांशों का) विवेकपूर्ण चयन, प्रयोग और रूपक आदि के प्रयोग आते हैं। इनके द्वारा पाठक उस मनः स्थिति में पहुँच जाता है जिस मनःस्थिति में काव्य, काव्य-सर्जन के समय होता है। इसका पाठक पर सम्मोहनकारी प्रभाव पड़ता है। लांजाइनस का मानना है कि सुंदर शब्द ही वास्तव में विचार को विशेष प्रकार का आलोक प्रदान करते हैं। यह तभी सम्भव है जब उचित स्थान, उचित प्रसंग में उचित शब्दों का प्रयोग हो।

औदात्य के विरोधी तत्त्व

लांजाइनस ने उदात्त शैली के विरोधी तत्त्वों की चर्चा भी उदात्त के तत्त्वों के साथ ही की है। वे कहते हैं कि 'रुचिहीन, वाक् स्फीति, भावाडम्बर, शब्दाडम्बर, आदि उदात्त-विरोधी हैं। भाव-गरिमा के अभाव में नियोजित अनावश्यक वागडम्बर, अवसर -प्रतिकूल एवं खोखले आवेग का प्रदर्शन, संयम के स्थान पर असंयम इत्यादि बातें उदात्त विरोधी तत्त्व हैं। यही नहीं, बल्कि अभिव्यक्ति की क्षुद्रता, अत्यधिक संक्षिप्त जड़ाव ओर संगति एवं लय की अधिकता भी प्रायः उदात्तता के लिए घातक है। निस्कृष्ट एवं कुत्सित अर्थ के वाचक शब्दों को भी उदात्त की बाधाओं में परिगणित किया गया है। क्योंकि, लांजाइनस के विचार से ये भाषा पर कलंक प्रतीत होते हैं।

समग्रतः शब्द की संक्षिप्तता अथवा अस्पष्टता, बालेयता (Childishness), असंयत विस्तार, अस्त-व्यस्त पद-रचना, हीन अर्थ के वाचक शब्दों का प्रयोग, अनुचित विस्तार, असंयत अभिव्यक्ति, अनावश्यक अलंकरण और अत्यधिक लयात्मकता एवं संगीत को लांजाइनस ने उदात्त-विरोधी तत्त्वों में माना है।

लांजाइनस के काव्य चिंतन का महत्त्व

लांजाइनस का पाश्चात्य समीक्षा के क्षेत्र में महत्वपूर्ण स्थान है। उनकी प्रमुख देन यह है कि उन्होंने रीतिवादी शास्त्रीय आलोचना-दृष्टि का सुव्यवस्थित ढंग से खण्डन किया और उसके स्थान पर जनतांत्रिक दृष्टिकोण की प्रतिष्ठा की। कला के रूपगत पक्षों पर चर्चा करते हुए उन्होंने प्रकृति पर ध्यान दिया और स्वच्छंदतावाद के तत्त्वों का समावेश किया। उन्होंने उदात्त को सबसे बड़ा मूल्य निर्धारित किया। अपने विवेचन के क्रम में यथार्थवाद और द्वन्द्ववाद की आधारशिला रखी। उनकी 'कसौटियों की विविधता' विनसाट ब्रक्स के अनुसार, एक असाधारण विशेषता है। उन्होंने लांजाइनस को 'तुलनात्मक आलोचना' का एक पड़ाव माना है, जबकि डॉ. निर्मला जैन के अनुसार वे 'व्यावहारिक आलोचना' के लिए स्थायी औजार प्रदान करने वाले अग्रगण्य समीक्षक हैं। उनकी सबसे बड़ी देन है–दोष-रहित, भावावेगपूर्ण काव्य-रचना की महत्ता को स्वीकार करना और कला एवं काव्य के अपूर्ण रूप को पूर्णता प्रदान करना। उनके सिद्धान्त से विशेषरूप से महती अवधारण(Grandeur of Canception) से प्रभाव ग्रहण कर आगे चलकर ड्राइडन, एडिसन, पोप और वर्ड्सवर्थ आदि समीक्षकों ने अपनी समीक्षा दृष्टि सामने रखी।

12. जॉन ड्राइडन के काव्य सिद्धांत

अंग्रेजी की विश्लेषणात्मक समीक्षा के संस्थापक के रूप में जॉन ड्राइडन (जन्म 1631) का नाम आदर के साथ लिया जाता है। इंग्लैण्ड में उनसे पूर्व आलोचना की कोई व्यवस्थित परम्परा नहीं थी। हालांकि रचनात्मक दृष्टि से उनका पूर्ववर्त्ती समय काफी समृद्ध था। यह पुनर्जागरण का युग था, जिसमें मार्लो, शेक्सपियर तथा बेनजॉनस जैसे उच्चकोटि के रचनाकार हुए। समीक्षा का क्षेत्र उर्वर नहीं था। जो समीक्षा प्रचलित थी वह पांडित्यपूर्ण, निर्णायक एवं शास्त्रीय पद्धति की थी, जिसमें उद्धरणों की भरमार रहती थी। किसी रचना के प्रामाणिक एवं व्यावहारिक विवेचन-विश्लेषण का प्रयास उसमें नहीं था और न मूल्य-निर्णय के लिए तत्युगीन किसी रचना को आधार बनाया गया। यूनानी तथा रोम के काव्यशास्त्रीय प्रतिमानों का प्रभाव उस समय के समीक्षकों पर बहुत अधिक था। ऐसे समय में एक जागरूक समीक्षक के रूप में जॉन ड्राइडन का उदय ऐतिहासिक घटना की तरह था।

यों तो ड्राइडन का रचनाकाल पुनर्स्थापना युग (restoration Age 1660-1700) है, किन्तु उनकी रचनाओं से भिन्न समीक्षा दृष्टि ने बहुत आगे तक की अंग्रेजी समीक्षा को प्रभावित किया। ड्राइडन मूलतः नाट्य लेखक थे। सैद्धान्तिक समीक्षा पर उनकी एकमात्र पुस्तक–'एस्से ऑन ड्रामेटिक पोइट्री' है। सन् 1668 ई॰ में प्रकाशित इस पुस्तक का नाम-'ऑफ ड्रामेटिक पोइज़ी' (नाट्यकाव्य) भी मिलता है। यह पुस्तक संवाद के रूप में है, जिसमें प्राचीन और नवीन, फ्रेंच और एलिजाबेथयुगीन नाट्य साहित्य की विवेचना की गई है। इस रचना में जो पात्र संवाद करते हैं वे चार हैं–क्रिटेस, यूजेनियस, लिसिडीयस और निएण्डर। इन पात्रों की ऐतिहासिकता की पहचान भी की गई है, और माना गया है ड्राइडन ने इन्हें यूनानी नाम दे दिए हैं। निएण्डर स्वयं ड्राइडन है। निएण्डर का अर्थ होता है–'नया आदमी'। ठीक भी है, ड्राइडन उस समय समीक्षा का एकदम नया आदमी था। विद्वानों ने उन्हें 'पुनर्जागरण को नव्यशास्त्रवादी युग से जोड़ने वाली कड़ी' माना है।

ड्राइडन का काव्य-विषयक विवेचन

ड्राइडन ने नाट्य के रूप में काव्य की विस्तृत समीक्षा की है। वे सर्वप्रथम नाट्य

(काव्य) की परिभाषा प्रस्तुत करते हैं, इसके बाद काव्य-प्रयोजन पर चर्चा करते हैं। आइए सर्वप्रथम नाट्य (काव्य) के पारिभाषिक स्वरूप पर चर्चा करते हैं।

ड्राइडन ने नाट्य (अर्थात् काव्य) का स्वरूप इन शब्दों में रेखांकित किया है—'नाटक मानव प्रकृति का यथातथ्य और जीवंत प्रतिबिम्ब है'। (A just and lively image of human nature)। इसे और विस्तृत रूप में इस प्रकार कहा गया है—'काव्य मानव प्रकृति की यथार्थ और सप्रमाण मानसिकता है जो मानव जाति को आनंद और शिक्षा प्रदान करने के निमित्त मानव प्रकृति के भावों, मनः स्थितियों तथा भाग्य-परिवर्तनों को प्रस्तुत करता है। "Poetry is just and lively image of human nature, representing its passions and humours and the changes of fortune to which it is subject for the delight and instruction of mankind "

काव्य की इस परिभाषा में पाँच बातें कही गई हैं—

(i) नाट्य/नाटक या काव्य का संबंध मानव प्रकृति से है।

(ii) काव्य मानवीय प्रकृति का प्रतिबिम्ब है।

(iii) इसमें यथा तथ्यता होनी चाहिए।

(iv) इसमें जीवंतता होनी चाहिए।

(v) इसका लक्ष्य आनंद और शिक्षा प्रदान करना है।

'प्रतिबम्ब' (Image) के द्वारा ड्राइडन जीवन के आभासी स्वरूप पर बल देते हैं। वे मानव-प्रकृति के प्रतिबिम्ब और मानव प्रकृति के सत्य में कोई अंतर नहीं मानते। प्रतिबिम्ब यदि यथातथ्य होता है और उसका आधार वास्तविक होता है तो वह सच्चा होगा। साथ ही केवल यथातथ्य प्रतिबिम्ब से काम नहीं चलता, उसे जीवंत (Lively) भी होना चाहिए। जीवंतता के लिए रचनाकार में प्रतिभा और कल्पना आवश्यक है। ऐसा काव्य या नाटक में ही सम्भव हो पाता है, ज्ञान के अन्य रूपों में प्रायः नहीं।

ड्राइडन ने मानव प्रकृति (Human nature) को केंद्र में रखा है। उनकी दृष्टि में काव्य की प्रतिबद्धता मनुष्य और उसकी प्रकृति के प्रति है। काव्य में (और विशेषरूप से नाटक में) मानव-प्रकृति का अनुकरण या चित्रण रहता है। मानव-प्रकृति कोई स्थिर या जड़ वस्तु नहीं है, चेतन और जीवंत है। सतत् परिवर्तनशील भी है। इसकी चेतनता और जीवंतता का आधार हैं—भाव (passions) और मनोदशाएँ (humours)। भाव हृदय से जुड़े हैं, जबकि मानोदशाओं का संबंध बुद्धि से होता है। दोनों मिलकर मानव-प्रकृति की संवेदनात्मक एवं बौद्धिक प्रतिक्रिया का अर्थ व्यक्त करते हैं। जैसे-जैसे जीवन आगे बढ़ता जाता है, संश्लिष्टता बढ़ती चली जाती है। ड्राइडन प्लेटो, अरस्तू और सिडनी के विचारों की पृष्ठभूमि में जीवन और संसार की सत्यता-असत्यता और उसके काव्य में अनुकरण पर विचार प्रस्तुत करते हैं। वे कहते हैं कवि संसार को

जैसा देखता है और समझता है, वैसा ही चित्रित करता है। याद रखना होगा कि प्लेटो, अरस्तू और सिडनी-तीनों ने कला (और काव्य) को 'अनुकरण' कहा था हालांकि तीनों विचारकों के लिए 'अनुकरण' का अर्थ अलग-अलग है। प्लेटो जहाँ कहते हैं कि कवि अनुकरण (छाया) का अनुकरण करता है। अरस्तू का मानना था कि 'अनुकरण' की इस प्रक्रिया में भाव भी छिपा रहता है। सिडनी के अनुसार कवि दृष्टिमान विश्व का नहीं, अपितु अपने मानस के आदर्श संसार की भावना का अनुकरण करता है। इनसे अलग ड्राइडन ने 'अनुकरण' शब्द का प्रयोग न करके 'प्रतिबिम्ब' शब्द का प्रयोग किया है। इसे 'मानसचित्र' या 'बिम्ब' भी कह सकते हैं।

यहीं यथार्थ की बात आती है। ड्राइडन जब यह कहते हैं कि 'कविता (या नाटक) मानव प्रकृति का यथातथ्य और जीवंत प्रतिबिम्ब है' तो वे मानव प्रकृति की यथार्थता की बात करते हैं। अर्थात् उनकी दृष्टि में काव्य रूपी चित्र को यथार्थ होना चाहिए। यथार्थ-यथातथ्य (just) तथा जीवंत (lively)। यथार्थ अथवा यथातथ्य का तात्पर्य ड्राइडन के मत से यह है कि मानव-प्रकृति को उसके कार्यों,भावों और भाग्य के परिर्वनों के माध्यम से प्रकट करना। जब हम काव्य के किसी पक्ष को भाग्य के भीतर पाते हैं, तभी उसके वास्तविक भावों और मनोदशाओं को ठीक-ठीक समझ पाते हैं। इसे आधुनिक समीक्षक मनोवैज्ञानिक यथार्थवाद (Psychological Realism) कहते हैं।

काव्य-प्रयोजन पर ड्राइडन का मत एकदम स्पष्ट है। वे कहते हैं—मानव जाति को आनंद प्रदान करना और शिक्षा देना काव्य का लक्ष्य है। जैसा कि हमने पीछे काव्य की परिभाषा के संदर्भ में देखा, ड्राइडन ने कहा है कि नाटक या काव्य में "मानव-जाति के आनंद और शिक्षा के लिए उसके भावों, मनोदशाओं और भाग्य के उतार-चढ़ाव का चित्रण किया जाता है।"

इसमें प्रथम स्थान पर 'आनंद' है, तब 'शिक्षा'। याद करें प्लेटो ने प्रथम स्थान पर शिक्षा (नैतिक शिक्षा) को दिया था, जबकि प्लेटो के शिष्य अरस्तू ने प्रथम स्थान पर 'आनंद' को रखा था। होरेस ने आनंद और शिक्षा दोनों को। जबकि लांजाइनस ने भावोद्रेक को। ड्राइडन अपने मत पर स्थिर हैं, और स्पष्टता के साथ घोषित करते हैं—"कविता का प्रमुख उद्देश्य है आनंद, भले ही वह एकमात्र उद्‌देश्य न हो। शिक्षा को स्वीकार तो किया जा सकता है। लेकिन दूसरे स्थान पर, क्योंकि कविता आनंद प्रदान करने की प्रक्रिया में ही शिक्षा देती है।"

इस तथ्य को ड्राइडन कई अन्य स्थलों पर भी रेखांकित करते हैं कि—"कवि का कार्य निश्चित ही अपने श्रोताओं को आनंद प्रदान करना है।" वे एक अन्य स्थल पर कहते हैं, चूंकि काव्य मानव-प्रकृति का यथार्थ चित्र प्रस्तुत करता है, इसलिए पाठकों,

दर्शकों अथवा श्रोताओं को उससे ज्ञान प्राप्त होता है। ज्ञान की उपलब्धि स्वयं में आनंददायक अनुभूति है। इस प्रकार काव्य हमें आनंद प्रदान करता है। काव्यानंद का दूसरा कारण है– "काव्य की सप्रमाणता अथवा प्राणवत्ता। तात्पर्य यह है कि मानव-प्रकृति के चित्र की सप्राणता अथवा प्राणवत्ता के कारण और मनोवैज्ञानिक यथार्थताओं को काव्यगत पात्रों में देखने से हमें आनंद की प्राप्ति होती है।"

काव्य से आनंद-प्राप्ति अपनी जगह है, किन्तु ड्राइडन इसे और आगे जाकर उच्च आदर्शों से जोड़ते हैं। वे मानते हैं कि आनंद का संबंध पाठक या दर्शक वर्ग की अभिरुचि से भी होता है। यह आवश्यक नहीं है कि दर्शक हमेशा अच्छे नाटक देखकर ही आनंद प्राप्त करते हों। इसके विपरीत यह भी जरूरी नहीं कि जिन नाटकों को दर्शक पसंद करते हों, वे अनिवार्य रूप से अच्छे ही होते हैं। इसका कारण यह है कि 'दर्शकों पाठकों की अभिरुचि आवश्यक नहीं कि अच्छी ही होती हो, वह विकृत भी हो सकती है। और इस प्रकार विकृत रुचिवाले पाठक या दर्शक स्वस्थ साहित्य की अपेक्षा सस्ते साहित्य में रुचि ले सकते हैं। अतः पाठक या दर्शक की रुचि किसी कृति की श्रेष्टता का मापदण्ड नहीं है नाटक या साहित्य पर प्रतिक्रिया के लिए पाठक या दर्शक की रुचि का परिष्कार आवश्यक है।

एक ओर कोई काव्य-रचना आनंद तो प्रदान करती हो, किन्तु उसमें नियमों का पालन न किया गया हो, दूसरी ओर, कोई रचना नियमों के अनुसार तो रची गई हो या नियमबद्ध हो, किन्तु वह पाठक या दर्शक को आनन्द प्रदान न करे–इन दोनों ही स्थितियों को ड्राइडन स्वीकार नहीं करते। वे दोनों के समन्वय के पक्षधर हैं। यदि कोई रचना, ड्राइडन के अनुसार, आनंद प्रदान करती है और उसमें संरचनात्मक अन्विति है, आरम्भ-मध्य और अंत ठीक जगह पर हैं एवं कलात्मक ढंग से आपस में सम्बद्ध हैं तो वह एक सफल रचना अवश्य सिद्ध होगी। इनके अभाव में उसकी सफलता संदिग्ध है।

समग्रतः हम पाते हैं कि काव्य के स्वरूप और काव्य-प्रयोजन के संदर्भ में ड्राइडन का चिंतन नवीनता लिए हुए है। इस दृष्टि से उन्होंने शास्त्र-जड़ अंग्रेजी समीक्षा को आधुनिकता प्रदान की और उसे एक नया आधार प्रदान किया। यह ठीक है कि शास्त्र को उन्होंने पर्याप्त सम्मान दिया, किन्तु वहीं तक जहाँ तक आवश्यक था। यह कह लें कि प्रस्थान बिंदु तक, जो बहुत दूर तक उसकी सहायता नहीं करता। लेकिन वे परम्परा का परिष्कार अवश्य करते दिखाई देते हैं।

13. वड्र्सवर्थ का काव्य सिद्धांत

उन्नीसवीं शताब्दी के पाश्चात्य समीक्षकों में वड्र्सवर्थ का नाम आदर के साथ लिया जाता है। अपने युग के पतनोन्मुख साहित्य की दशा देखकर एवं उस साहित्य के नकारात्मक प्रभावों से चिन्तित होकर विलियम वड्र्सवर्थ ने काव्य को नई दिशा देने के लिए एक नई समीक्षा-दृष्टि प्रदान की। वे अंग्रेजी के 'स्वच्छन्दतावाद' के प्रवर्तक हैं। उनके साथ ही कॉलरिज का भी नाम लिया जाता है। इन दोनों के सुप्रसिद्ध ग्रंथ का नाम है–'लिरिकल बैलेड्स, जो सन् 1798 में प्रकाशित हुआ। इनको यह ग्रंथ 'स्वच्छंदतावाद' का जनक या आरम्भ बिंदु माना जाता है।

यों तो वड्र्सवर्थ मूलतः एक श्रेष्ठ कवि थे। माना जाता है कि शेक्सपियर और मिल्टन के बाद अंग्रेजी के तीसरे महान कवि। किंतु उन्होंने अपनी विश्व साहित्य की अमूल्य धरोहर माने जाने वाली कविताओं तथा प्रगीतों के अतिरिक्त सैद्धांतिक समीक्षा के नए द्वार खोले। इस नए रूप में उनका सहयोग किया उनके मित्र कॉलरिज ने। यद्यपि वड्र्सवर्थ के लिए समीक्षक की यह भूमिका तद्युगीन ऐतिहासिक-सामाजिक पस्थितियों की देन है।

यहाँ संक्षेप में यह बताना जरूरी है कि युगीन परिस्थितियों ने वड्र्सवर्थ के चिंतन को कहाँ तक और किस तरह प्रभावित किया। ऐसी अनेक घटनाओं में से दो मुख्य घटनाएँ हैं, जिनका प्रभाव गहराई तक पड़ा। एक ऐतिहासिक घटना है–फ्रांसीसी राज्यक्रांति की। फ्रांसीसी राज्यक्रांति विश्व भर में प्रसिद्ध है, जो 1789 में हुई थी। उसी दौरान (1790 में) कुछ समय के लिए वड्र्सवर्थ फ्रांस गए थे। स्वाभाविक है कि इस राज्यक्रांति के विचारों का उन पर काफी प्रभाव पड़ा। उस समय वे कैम्ब्रिज के छात्र थे। कैम्ब्रिज में तीन वर्ष तक पढ़ने के उपरान्त वे पुनः कुछ समय के लिए नवम्बर 1791 में वे फ्रांस गए और एक वर्ष तक वहाँ रहे। यहाँ यह ध्यान देना जरूरी है कि वड्र्सवर्थ की पहली कविता-पुस्तक 'पोइटिकल स्केचेज' 1793 में प्रकाशित हुई, जो उन्होंने अपने फ्रांस प्रवास में ही लिखी थी। समीक्षक मानते हैं कि यह पुस्तक उनके 'फ्रांस प्रवास का काव्यात्मक आलेख' है। निश्चय ही इस कृति पर फ्रांसीसी राज्य क्रांति का वैचारिक प्रभाव है। इस क्रांति ने ही फ्रांस में राजशाही की सत्ता उखाड़ फेंकी थी। राजशाही के समर्थक समुदाय को भी निस्तेज कर दिया था। इंग्लैण्ड के

बुद्धिजीवी भी इंग्लैण्ड में औद्योगिक क्रांति के चलते इसी विचारधारा के समर्थक थे। वे इंग्लैण्ड में भी राष्ट्रीय प्रगति के लिए फौज एवं नौकरशाही में अभिजात वर्ग के वर्चस्व को समाप्त कर दिए जाने के पक्षधर थे।

जैसा कि सब जानते हैं फ्रांसीसी राज्यक्रांति ने मानवमात्र की समानता की घोषणा की थी। स्वतंत्रता, समानता और भाईचारा—इसके तीन प्रमुख नारे थे।

वड्र्सवर्थ उन दिनों पश्चिमी बुद्धिजीवियों के बीच अत्यन्त सम्मानित थे। इसका मूल कारण था, फ्रांसीसी राज्यक्रांति के प्रति उनका समर्थन और इस विचारधारा के अनुरूप अभिजात्य के स्तर पर सामान्य जन की प्रतिष्ठा का रचनात्मक दृष्टिकोण। वड्र्सवर्थ की रचनाओं में न केवल भाव के स्थान पर, बल्कि भाषा के स्तर पर भी सामान्य जन को महत्त्व दिया गया है। उनके ही शब्द हैं—"कवि केवल कवियों के लिए ही नहीं लिखते, मानव-मात्र के लिए लिखते हैं।" (Poets do not write for poets alone, but for men)। ध्यान रहे कि नव-आभिजात्यवादी युग में कवियों का ध्यान प्रायः दूसरे कवियों पर रहता था। इसलिए वड्र्सवर्थ ने यह बात कही थी। आगे उन्होंने कहा था, "कवि समूची पृथ्वी पर फैली हुई और हमेशा रहने वाली मानव-जाति के विशाल साम्राज्य को संवेदना और ज्ञान द्वारा एक ही सूत्र में बाँधते हैं।" मानव-जाति समूची पृथ्वी पर फैली हुई है।

फ्रांसीसी राज्यक्रांति के अतिरिक्त दूसरी महत्वपूर्ण ऐतिहासिक घटना थी-औद्योगिक क्रांति। 18वीं सदी के उत्तरार्द्ध में घटित इस क्रांति ने पश्चिमी समाज में हलचल मचा दी। वहाँ कृषि और उद्योग का प्राचीन परम्परा में चलता आ रहा अटूट बन्धन, छिन्न-भिन्न हो चला था। इससे छोटे किसान और विशेषरूप से ग्रामीण मझोले किसान अपनी कृषि भूमि बेचने के लिए बाध्य हो चले थे। ग्रामीण कामगारों-दर्जी, बढ़ई, लुहार, बुनकर आदि का पेशा ही चौपट हो गया था और ये सब गाँव छोड़कर शहरों की ओर चले आ रहे थे। उन्होंने अपने काम छोड़कर शहरों में फैक्ट्री मजदूर बनना अपने लिए ठीक समझा। उस युग में स्वच्छंदतावादी कवियों ने गाँव की हर पीड़ा को पूरी संवेदना के साथ व्यक्त किया है। मानवीय करुणा से ओतप्रोत ग्राम्य जीवन का चित्रण वड्र्सवर्थ में भी मिलता है। उन्होंन उच्चवर्ग की औद्योगिक सभ्यता की कटु आलोचना की है।

उपर्युक्त वैचारिकता से लैस वड्र्सवर्थ जब काव्य-समीक्षा की ओर उन्मुख होते हैं, तो नितांत नए काव्यशास्त्र की आधार शिला रखते प्रतीत होते हैं जो आभिजात्यवाद के विरुद्ध जनसामान्य की संवेदना और शिल्प का उद्घाटन है। इसी संदर्भ से हम वड्र्सवर्थ की काव्यशास्त्रीय मान्यताओं को समझने की चेष्टा करें।

कविता क्या है?

वड्र्सवर्थ ने कविता को 'तीव्र मनोवेगों का सहज उच्छलन (Spontanious overflow of feelings) कहा है। साथ ही वे कहते हैं कि इसका उदय शांति के क्षणों में भाव पुनः स्मरण से होता है। वे कविता में 'भाव' तथा 'विचार' दोनों को समान रूप से स्वीकार करते हैं, दोनों में कोई अंतर्विरोध नहीं मानते। हाँ, इतना अवश्य है कि वे द्वंद्वात्मक रूप से एक-दूसरे की सीमा का अतिक्रमण करते हुए एक-दूसरे को प्रभावित करते रहते हैं। भावों को, उनकी दृष्टि में, विचार संशोधित और नियंत्रित करते हुए दिशा प्रदान करते रहते हैं। साथ ही 'हमारे भावों का सतत अंतः प्रवाह हमारे विचारों से संशोधित और निर्देशित तो होता ही रहता है, ये विचार भी वस्तुतः अतीत की हमारी सम्पूर्ण भावनाओं के प्रतिनिधि हैं।' भाव और विचार के इस सामंजस्य को ध्यान में रखते हुए उन्होंने कविता को इन शब्दों में परिभाषित किया है—"कविता तीव्र मनोवेगों का सहज उच्छलन है। शांति के क्षणों में भाव-भाव के पुनः स्मरण से इसका उदय होता है। भाव के अनुचिंतत के क्रम में, एक विशेष प्रकार की अभिक्रिया द्वारा, प्रशांतता धीरे-धीर तिरोहित हो जाती है और पुनः वैसे ही भावदीप्त मनोदशा उत्पन्न हो जाती है जैसी कि आरम्भ में हुई थी। यह मनःस्थिति कुछ देर तक बनी रहती है। इसी मनोदशा में सामान्यतः सफल रचना की शुरुआत होती है और ऐसी ही मनोदशा में यह प्रक्रिया जारी रहती है।" इसे उन्होंने 'आनंददायक अनुभूति' माना है।

यह परिभाषा कविता की रचना-प्रक्रिया को भी खोलती है। उनकी दृष्टि में कविता की रचना-प्रक्रिया के ये तीन चरण हैं—1. भावों का सहज अच्छलन, 2. शांति के क्षणों में उनका पुनः स्मरण, 3. कविता में उनकी अभिव्यक्ति। उनकी कविताएँ स्वयं इसी रचना-प्रक्रिया से निःसृत हैं। ऊपर से देखने पर यह एक भावदशा अथवा मनोभावों का ज्वार भले ही लगे, किन्तु वास्तव में वड्र्सवर्थ इसे संतुलित मनोदशा कहते थे, जो विचार से उत्पन्न होती है—That same state of feelings which arises out of thoughts.

कविता का साधारण जीवन से संबंध

वड्र्सवर्थ कविता को भले ही कवि के तीव्र मनोवेगों का सहज उच्छलन कहते हों, किंतु वे मनोवेग सुविचारित होते हैं। कविता इसीलिए उनकी दृष्टि में संतुलित मनोदशा का परिणाम होती है। यहीं एक तरह से कविता का प्रयोजन भी छिपा है। वह प्रयोजन प्रकारांतर से जीवन से जुड़ा है। उन्होंने अपनी कविताओं का प्रयोजन स्पष्ट करते हुए स्वयं लिखा है कि, "इन कविताओं का प्रमुख उद्देश्य है—साधारण जीवन से घटनाओं एवं स्थितियों का चयन करना, मनुष्यों द्वारा वास्तविक रूप में प्रयुक्त भाषा में उन्हें

प्रस्तुत करना। साथ ही साथ उन पर कल्याण का ऐसा रंग चढ़ाना, जिसके द्वारा साधारण वस्तुएँ अपने असाधारण रूप में मन के सम्मुख प्रस्तुत हो सकें। इसके अतिरिक्त और इससे अधिक महत्वपूर्ण उद्‌देश्य इन घटनाओं और स्थितियों में मानवीय प्रकृति के मौलिक नियमों का वास्तविक रूप में उद्‌घाटन करते हुए उन्हें रमणीय बना देना है।"

इस तरह उनके उपर्युक्त कथन में चार स्थितियाँ बनती हैं–

(i) साधारण जीवन में से कवि द्वारा घटनाओं और स्थितियों का चुनाव।

(ii) मनुष्य की भाषा में इन चुनी हुई स्थितियों का प्रस्तुतीकरण।

(iii) इन स्थितियों को कल्पना के रंग में इस प्रकार रंग देना कि वे सर्वथा नए और असाधारण रूप में प्रतीत हों।

(iv) इन घटनाओं एवं स्थितियों में मानवीय प्रकृति के मौलिक नियमों का उद्‌घाटन कर उन्हें आनंददायक बनाना।

समग्रतः वड्‌र्सवर्थ कविता का प्रयोजन आनंद और शिक्षा दोनों मानते हैं। जैसा कि वे काव्यानंद के संदर्भ में कहते हैं, "जो कुछ आनंद से प्रसारित किया जाता है उसके अलावा हमारी किसी में कोई दिलचस्पी नहीं है।...जहाँ कहीं हम दुख से सहानुभूति करते हैं, वहाँ यह पता चलेगा कि सहानुभूति की यह भावना आनंद के सूक्ष्म समन्वय के साथ उत्पन्न और गतिशील होती है।" इसी तरह वे समाज के नैतिक क्षरण के प्रति भी सचेष्ट थे। मानवीय प्रकृति के मौलिक नियमों के उद्‌घाटन पर भी उनका बल था।

वड्‌र्सवर्थ कवि को साधारण मनुष्यों की तुलना में कहीं अधिक संवेदनशील मानते थे। साथ ही कहा करते थे कि मानव प्रकृति की उसकी समझ औरों की तुलना में अधिक गहरी होती है और उसकी आत्मा भी अधिक विशाल होती है। वह अनेक मामलों में असाधारण होता है।

काव्य-भाषा

कविता की भाषा के संदर्भ में विलियम वड्‌र्सवर्थ की अवधारणा विशेष रूप से उल्लेखनीय है। जैसा कि हमने उपर कविता की परिभाषा के क्रम में देखा, वड्‌र्सवर्थ का कहना है कि कविता की भाषा मनुष्य की वास्तविक भाषा होनी चाहिए अर्थात् वे कविता में आभिजात्य वर्ग की भाषा के स्थान पर जनसाधारण की भाषा के पक्षधर थे।

यों वड्‌र्सवर्थ से पूर्व अनेक रचनाकार काव्य-भाषा का प्रश्न उठा चुके थे। उस समय में अनेक काव्य रीतियाँ (Poetic Diction) सामने आ चुकी थीं। ऐसा होना

असामान्य बात नहीं है। हर युग में और हर भाषा के साहित्य में ऐसी स्थितियाँ बनती-बिगड़ती रहती हैं। जब भी कोई काव्य रीति रूढ़ हो जाती है, उसके प्रति किसी महान् साहित्यकार की प्रतिभा उसे तोड़ने की कोशिश करती है। विलियम वड्र्सवर्थ ने भी अपने युग की काव्य रीति की जड़ता को तोड़कर अपनी सर्जनात्मक विद्रोही प्रतिभा का परिचय दिया।

18वीं सदी में अंग्रेजी भाषा के साहित्य की भाषा पर एक साहित्यकार ग्रे का यह कथन पठनीय है—"युग की भाषा कभी भी कविता की भाषा नहीं होती है, ऐसी बात केवल फ्रांसीसी भाषा में मिलती है। वहाँ के विचारक पद्य में विचार और उसका समर्थन नहीं करते। वहाँ का पद्य गद्य से भिन्न नहीं होता। इसके विपरीत हमारी कविता के लिए ऐसी विचित्र भाषा है, जिसे प्रायः प्रत्येक लेखक ने विदेशी मुहावरों, शब्दों और कभी-कभी निज में अर्थात् अपने द्वारा गढ़े हुए शब्दों में समृद्ध किया है। इस दिशा में शेक्सपियर और मिल्टन महान् रचनाकार रहे हैं। पोप और ड्राइडन इस प्रकार की नवसर्जना की सर्वाधिक छूट लेने वाले साहित्यकार थे।"

कहना न होगा कि ग्रे के इस आदर्शानुसार अंग्रेजी साहित्य में काव्य रीति-रूढ़ियाँ हो चली थीं। वड्र्सवर्थ ने इनके प्रति विद्रोह किया और काव्य-भाषा में एक नया रक्त-संचार किया। अपने प्रथम काव्य संग्रह की भूमिका में उन्होंने लिखा, "मैंने प्रयोग स्वरूप इन कविताओं को यह देखने के लिए लिखा है कि काव्यात्मक आनंद देने के लिए मध्य और निम्न मध्य-वर्ग द्वारा प्रयुक्त बोलचाल की भाषा कितनी अनुकूल पड़ती है।"

अर्थात् सामान्य मनुष्य की साधारण भाषा भी काव्य-भाषा हो सकती है। यह एक प्रयोग था। उस युग में आभिजात्यवादी भाषा-व्यवहार और काव्य-रीति को तोड़ने का प्रथम प्रयास। सामान्य शब्दावली में अर्थच्छायाओं का नया समावेश। हालांकि आज भी यह कहा जाता है कि जैसा कि पहले पहल प्रसिद्ध कवि पोप ने 'इलियड' की भूमिका में लिखा था, "हम होमर को काव्य भाषा का जनक मानते हैं। वह पहला व्यक्ति था जिसने मनुष्यों को देवताओं की भाषा का ज्ञान कराया।"

प्रश्न यहाँ पुनः वही है, कृत्रिम और आडम्बनापूर्ण भाषा के प्रति विद्रोह, जो वड्र्सवर्थ में साफ-साफ दिखाई देता है। पुनः दुहराना उचित रहेगा कि उनका मानना था, कविता में ऐसी भाषा का प्रयोग करना चाहिए जो आम जनता की भाषा से ली गई हो। अभिजात वर्ग की भाषा आम जनता की भाषा नहीं है। अतः उसे (अभिजात वर्ग की भाषा को) कविता की भाषा बनाए रखना कदापि उचित नहीं है। उनकी मान्यता थी, जैसा कि डॉ॰ रामविलास शर्मा ने अपने पुस्तक 'आस्था और सौंदर्य' में एक जगह पर लिखा है, "अभिजात वर्ग के भाव बहुत छिछले होते हैं। गहराई से चीजों

को देखने, उनका अनुभव करने, उनके प्रति अपनी संवेदनाएँ प्रकट करने की क्षमता आम जनता में होती है, उच्च वर्गों में नहीं।"

कहने का अर्थ यह है कि वड्‌र्सवर्थ कविता को अभिजात वर्ग की भाषा के व्यामोह से बाहर निकालकर लाए। 'लिरिकल बैलेड्स' काव्य-रचना का उनका प्रामाणिक दस्तावेज है। यद्यपि उस समय के आलोचकों ने इनकी कविताओं की कटु आलोचना की, तथापि इस महान कृति के आगामी दो संस्करणों में उन्होंने जो मान्यताएँ सामने रखीं वे पाश्चात्य अलोचना के क्षेत्र में मील का पत्थर हैं। इस महान् कृति में वे लिखते हैं, "साधारण और देहात का जीवन आमतौर पर इसलिए चुना गया कि उस स्थिति में मानव-हृदय के मूल भावों को परिपक्व होने के लिए अधिक अच्छी ज़मीन मिलती है, वहाँ उनके ऊपर उतना प्रतिबंध नहीं होता और वे (ग्रामीण जन) अधिक ज़ोरदार और अधिक साफ भाषा बोल सकते हैं; जीवन की उस दशा में हमारे मूल भाव एकदम साधारण या प्रकृत स्थिति में रहते हैं, अतः उनका ठीक-ठीक चिंतन मनन सम्भव है और उन्हें ज़्यादा कारगर ढंग से सम्प्रेषित किया जा सकता है, ग्रामीण जीवन के आचार-व्यवहार ऐसे मूल भावों से और ग्रामीण पेशों की ऐसी आधारभूत विशेषताओं से उत्पन्न होते हैं जो सहज संबंध बन सकते हैं और स्थायी रूप ग्रहण कर सकते हैं, और अंत में उस दशा में मानवीय भावों का प्रकृति के रमणीय और स्थायी रूपों के साथ सामंजस्य हो सकता है।"

यहाँ अनुभूति और अभिव्यक्ति की एकता पर बल है। वाणी की स्वाभाविकता, सच्चाई और ईमानदारी अधिक प्रभावशाली होती है, कृत्रिम और झूठी शब्दावली वाली अभिजात भाषा की तुलना में।

वे कृत्रिम काव्य भाषा के साथ-साथ कृत्रिम छंद विधान का भी विरोध करते हैं। इसी तरह वे गद्य और पद्य की भाषा में अंतर नहीं मानते। एक स्थल पर उन्होंने यही कहा है—"हर अच्छी कविता के अधिकांश की भाषा, चाहे उसका स्वर कितना भी उदात्त क्यों न हो, अच्छे गद्य की भाषा से भिन्न नहीं होती।" पुनः वे छंदोबद्ध रचना और गद्य की भाषा में कोई अंतर नहीं मानने को इन शब्दों में उद्‌घोषित करते हैं—"गद्य और छंदोबद्ध रचना की भाषा में मूलतः न तो कोई अंतर है और न हो सकता है—"(There neither is nor can be any essential difference between the language of prose and metrical Composition.) ऐसा क्यों है? इसका भी संक्षिप्त उत्तर उनके पास है। वह यह कि शब्द अपने आप में काव्यात्मक या अकाव्यात्मक नहीं हुआ करते, भाषा में प्रयोग के आधार पर ही वे अपना स्वरूप अर्जित करते हैं। और गद्य-पद्य के बोलने एवं सुनने के अंग एक ही हैं। उन दोनों के परिधानों में कोई तात्त्विक अंतर नहीं है, वे एक ही हैं।....दोनों की शिराओं में एक ही मानवीय रक्त प्रवाहित होता है।

हालांकि वड्र्सवर्थ की काव्य और काव्य-भाषा विषयक मान्यताओं की पुरजोर आलोचना हुई है। स्वयं उनके सहयोगी कॉलरिज ने आलोचना की किंतु उनके समर्थक भी कम नहीं हैं। आलोचनाओं से वड्र्सवर्थ की मान्यताओं का महत्त्व कम नहीं हो जाता। सामान्यजन की भाषा को कविता में स्थान देकर उन्होंने बहुत बड़ा काम किया है।

14. कॉलरिज के काव्य सिद्धांत

सेमुअल टेलर कॉलरिज (1772-1834) वड्र्सवर्थ के साथ स्वच्छंदतावाद के प्रवर्तकों में से हैं। उनको भी उतना ही आदर प्राप्त है जितना वड्र्सवर्थ को। कॉलरिज मूलतः कवि थे, किंतु बाद में चलकर उन्होंने दर्शन, मनोविज्ञान और साहित्य-समीक्षा के क्षेत्र में अविस्मरणीय कार्य किया। साहित्य समीक्षा को दर्शन और मनोविज्ञान से जोड़कर कॉलरिज ने नई समीक्षा प्रणाली विकसित की। उनकी सर्वाधिक चर्चित कृति है—"बायोग्राफिया लिटरेरिया" जो 1817 में प्रकाशित हुई। उनकी प्रमुख देन है सृजन-प्रक्रिया तथा कवि-प्रतिभा की गहन व्याख्या और कल्पना को स्वच्छंदतावादी साहित्य के केंद्र में प्रतिष्ठापित करना। उनका कल्पना-सिद्धांत पश्चिमी काव्यशास्त्र में आज भी मील का पत्थर है।

विलियम वड्र्सवर्थ कॉलरिज के मित्र थे। दोनों ने मिलकर एक युगांतकारी पुस्तक प्रकाशित की, जिसका नाम था—"लिरिकल बैलेड्स"। इस कृति में उन्नीस कविताएँ वड्र्सवर्थ की थीं, और चार कविताएँ कॉलरिज की। कुल 23 कविताओं का यह संग्रह अपने समय में एक नई प्रवृति का द्योतक बनकर सामने आया। इसमें सर्वथा नया भावबोध था। इस संग्रह के चार संस्करण प्रकाशित हुए और तीनों संस्करणों ने, विशेष रूप से उनमें लिखित भूमिकाओं ने समीक्षा के क्षेत्र में नई ज़मीन तलाश की। सन् 1798 में प्रकाशित इसके प्रथम संस्करण की भूमिका 'एडवर्टिजमेंट' में यह उल्लेख किया गया था कि ये कविताएँ प्रयोग के रूप में हैं, प्रयोग यह कि इनका उद्देश्य यह जानना है कि समाज के 'मध्य तथा निम्न वर्ग में प्रचलित बोलचाल की भाषा' में कविता रची जा सकती है या नहीं। इस पर पाठकों और आलोचकों की मिलीजुली प्रतिक्रिया मिली। इसका दूसरा संस्करण 1800 में प्रकाशित हुआ, जिसमें वड्र्सवर्थ ने अपनी 48 कविताएँ और जोड़ दी। इसकी भूमिका भी विस्तृत कर दी गई, जिसमें आलोचकों के आक्षेपों का तर्कपूर्ण जवाब दिया गया था। यह भूमिका 'प्रिफेस टु लिरिकल बैलेड्स' नाम से प्रसिद्ध है। इस भूमिका में ही नव आभिजात्यवादी काव्य-भाषा की प्रखर आलोचना है तथा नई काव्य भाषा का पक्ष प्रस्तुत किया गया है, जो जनसामान्य की भाषा से निर्मित है। जब 1802 में इस संग्रह का तीसरा संस्करण आया तो इसमें एक परिशिष्ट के अतिरिक्त कवि के स्वरूप एवं

कविता तथा विकास के सम्बन्ध के विषय में लगभग 10 पैराग्राफ जोड़ दिए गए। इस संस्करण में काव्य में 'कल्पनाशीलता' पर विशेष बल दिया गया है। चौथे संस्करण के नए आमुख को 'एस्से सप्लीमेंट्री' नाम दिया गया।

वस्तुतः इस समूचे आयोजन के सूत्रधार भले ही वड्र्सवर्थ थे, किंतु कॉलरिज की कविताओं और विशेषरूप से संग्रह के तीसरे संस्करण की भूमिका-लेखन में कॉलरिज का बड़ा योगदान है। काव्य में कल्पना तत्त्व और कवि के स्वरूप पर जो विचार व्यक्त किए गए हैं, वे कॉलरिज के ही हैं। यह भी संयोग ही है कि एक साथ चलने वाले इन दो कवि-समीक्षकों की विचारधारा में अंतर भी है। कॉलरिज ने वड्र्सवर्थ की काव्य भाषा विषयक मान्यताओं की यथावश्यक आलोचना भी की है। उदाहरण के लिए जहाँ वड्र्सवर्थ ग्राम्य जीवन और अशिक्षित गंवारों की भाषा को कविता में इसलिए महत्त्व देने के पक्षधर हैं कि वह खरा, सरल और साफ होता है, वहीं कॉलरिज कहते हैं कि कविता का आधार है शिक्षा, उसकी कमी नहीं। वे तर्कपूर्वक समझाते हैं कि, "गाँव के श्रमनिष्ठ जीवन में उसका मस्तिष्क अपेक्षित प्रेरणा के अभाव में सिकुड़कर कठोर हो जाता है और वह व्यक्ति स्वार्थी, इंद्रियलोलुप, गँवार और क्रूर हृदय हो जाता है। अशिक्षित व्यक्ति जो कुछ व्यक्त करता है उसके निर्णायक घटक असम्बद्ध और खण्डित होते हैं। उसमें परिप्रेक्ष्य की कमी होती है।"

कविता क्या है?: कॉलरिज के विचार

जिस प्रकार वड्र्सवर्थ यह मानते थे कि पद्य और गद्य की भाषा में कोई अंतर नहीं होता, उसी प्रकार कॉलरिज भी कहते हैं गद्य और कविता का माध्यम एक ही है। दोनों ही माध्यम के रूप में शब्दों का प्रयोग करते हैं। लेकिन प्रयोजन के अनुसार दोनों में शब्दों का प्रयोग अलग-अलग ढंग से किया जाता है। इसी प्रयोजन का दृष्टिपथ में रखते हुए कॉलरिज ने कविता की परिभाषा इन शब्दों में दी—"A poem is that species of composition, which is opposed to works of science, by proposing for its immediate object pleasure, not truth, and from all other species ..... it is discriminated by proposing to itself such delight from the whole, as it compatible with a distinct gratification from each component part."

(कविता रचना का वह प्रकार है जो वैज्ञानिक कृतियों से इस अर्थ में भिन्न है कि उसका तात्कालिक प्रयोजन आनंद है, सत्य नहीं, और रचना के अन्य सभी प्रकारों से इसमें अंतर यह है कि इसमें सम्पूर्ण से वही आनंद प्राप्त होना चाहिए जो उसके प्रत्येक घटना से प्राप्त होने वाले परितोष के अनुरूप हो।)

इस व्यापक परिभाषा में एक तरह से 'रचनात्मक साहित्य' और 'विज्ञान' या 'शास्त्र' से अंतर रेखांकित किया गया है।

उपर्युक्त परिभाषा की अपेक्षा कॉलरिज की दी हुई यह संक्षिप्त परिभाषा अधिक ग्राह्य एवं लोकप्रिय है–"Poetry is the best words in the best order" (कविता सर्वोत्तम शब्दों का सर्वोत्तम क्रम विधान है। कविता को गद्य से अलगाते हुए वे गद्य को इन शब्दों में परिभाषित करते हैं–"Prose is words in their best order" (गद्य शब्दों का सर्वोत्तम क्रम-विधान है।)

समग्रतः यह कि कॉलरिज कविता में सर्वोत्तम शब्दों और उनके सर्वोत्तम क्रम पर बल देते हैं। इस कार्य में कवि की रचनात्मक कल्पनाशक्ति उसकी सहायता करती है। यानी कवि-प्रतिभा कविता-रचना के लिए अनिवार्य है। कवि प्रतिभा के लिए संक्षेप में उन्होंने चार लक्षण आवश्यक बताए हैं–

1. पद्य रचना का उत्कृष्ट माधुर्य।
2. लेखक की निजी रुचियों तथा परिस्थितियों से सर्वथा दूरवर्त्ती विषयों का चयन।
3. बिम्ब का प्रबलभाव के साथ सामंजस्य।
4. वैचारिक गम्भीरता और ऊर्जस्विता।

कॉलरिज का कल्पना सिद्धांत

कॉलरिज की स्थापनाओं में कल्पना विषयक स्थापनाओं का विशेष महत्त्व है। कॉलरिज से पूर्व क़ल्पना के विषय में अनेक तरह की असंगत धारणाएँ प्रचलित थीं। इनमें एक प्रमुख धारणा यह थी कि कल्पना प्रकृति का वरदान है या कल्पना एक दिव्य रहस्यमयी शक्ति है, इसलिए इसकी व्याख्या तर्क के आधार पर नहीं की जा सकती। यानी, यह दिव्य, अलौकिक एवं तर्कातीत शक्ति है। एक 'दिव्य दृष्टि' के रूप में यह कवियों को जन्मजात प्राप्त होती है।

कॉलरिज ने कल्पना पर तर्कसंगत ढंग से विचार किया और कहा ग्रह बेशक दिव्य शक्ति हो सकती है, किंतु रहस्यमय नहीं है। इसकी व्याख्या की जा सकती है। और उन्होंने व्यवस्थित ढंग से कल्पना की व्याख्या की भी।

कॉलरिज ने कल्पना के दो भेद माने हैं–1. मुख्य या प्रारम्भिक (Primary) और 2. गौण या विशिष्ट (Secondary)।

मुख्य या प्रारम्भिक कल्पना आद्य कल्पना है। इसे उन्होंने 'इन्द्रियगोचर पदार्थों की प्रतीतानुभूति की क्षमता' (Power of perceiving the objects of senser) कहा है। उनकी दृष्टि में इन्द्रियों द्वारा जिन विभिन्न वस्तुओं का बोध होता है, यह कल्पना ही उन्हें व्यवस्था में ढालती है। अव्यवस्थित बिखरे हुए बिम्बों को धीरे-धीरे ज्ञान का रूप प्रदान करती है। यह एक जीवित एवं महत्त्वपूर्ण शक्ति है, जिससे हमें मानवीय पदार्थों का बोध होता है। यह वास्तव में एक सहज एवं स्वाभाविक मानवीय गुण है।

विशिष्ट या गौण (Secondary) कल्पना विशिष्ट लोगों में पाई जाती है। यह एक आत्मिक उर्जा है जिसमें मनःशक्ति अथवा आत्मशक्ति के अन्य सभी पहलू प्रत्यक्ष ज्ञान शक्ति (Power of Perception), विचार शक्ति (Intellect), संकल्पशक्ति (will power), मनोवेग (Emotion) आदि सभी समाहित हो जाते हैं।

पुनः देखें, कॉलरिज के अनुसार, "मेरे विचार से कल्पना या तो मुख्य होती है या गौण। मुख्य कल्पना एक जीवंत शक्ति है और यह मानव के सम्पूर्ण इन्द्रिय ज्ञान का प्रमुख साधन है। यह सीमित मन की असीमसत्ता की आवृत्ति है। गौण कल्पना को मैं इसी मुख्य कल्पना की प्रतिध्वनि मानता हूँ। इसका अस्तित्व सचतेन इच्छा-शक्ति के साथ है। इन दोनों में भेद मात्रा और कार्य-पद्धति का है, साधन के प्रकार का नहीं। यह पुनः सृजन के उद्देश्य से (मुख्य कल्पना की दुनिया का) विलयन करती रहती है, उसे गलाती-पिघलाती रहती है अथवा जहाँ यह प्रक्रिया सम्भव नहीं हो पाती वहाँ भी हर हालत में यह आदर्शीकरण और एकीकरण के लिए संघर्ष करती है। यह अनिवार्य रूप से जीवंत होती है जबकि सभी वस्तुएँ (वस्तु रूप में) अनिवार्यतः स्थिर और निर्जीव होती हैं।

इसके विपरीत, ललित कल्पना के, स्थिरता और सुनिश्चितता के अतिरिक्त, अन्य कोई साधन नहीं होते जिनको लेकर वह व्यस्त रहे। ललित कल्पना मुख्यतः देश-काल के बन्धन से मुक्त स्मृति का ही एक प्रकार है। यह चयन की अनुभव मूलक क्रिया से मिश्रित और संशोधित होती है। किंतु सामान्य स्मृति के साथ ही यह सम्पूर्ण सामग्री, जो पहले से ही बनी-बनाई होती है, बराबर साहचर्य-नियम के द्वारा ग्रहण करती है।"

कल्पना की यह विस्तृत व्याख्या है, जो काव्य की रचना प्रक्रिया में बहुत सहायक है। इस आधार पर वे मुख्य या प्रारम्भिक कल्पना को हमारे सम्पूर्ण इंद्रिय ज्ञान का आधार मानते हैं। यह जीवंत और कहें कि 'सक्रिय' (Active) होती है। इसके विपरीत गौण कल्पना को वे 'मुख्य कल्पना की प्रतिध्वनि' मानते हैं। यों दोनों में, उनके अनुसार कोई गुणात्मक अंतर नहीं है किंतु यह अंतर 'मात्रा और कार्यपद्धति' का है।

कॉलरिज ने बार-बार कल्पना के महत्त्व को रेखांकित किया है। वे कहते हैं, "कल्पना के द्वारा ही काव्य हृदयग्राही, मर्मस्पर्शी और सजीव बनता है, अतः कल्पना की क्षमता और महत्त्व अक्षुण्ण है। कल्पना प्रयोग की अंतः शक्ति कवि का सर्वश्रेष्ठ गुण है और उसका समुचित प्रयोग काव्योत्कर्ष के क्षणों की समुचित देन है।" (The imagination is a power which the artist can only use where he is at his best)

कवि या साहित्यकार के पास कल्पना ही एक ऐसी शक्ति है, जिसके आधार पर वह सर्वजन मनोहारिणी रचनाएँ प्रस्तुत करता है। बल्कि यह भी कहा जा सकता है कि कल्पना जगत् ही कवि की 'वास्तविक' दुनिया है। वह कल्पना का स्वयं भी आनंद लेता है तथा दूसरों को भी इस आनंद-सागर में डुबकियाँ लगवाता है।

कल्पना में गौण (या विधायक कल्पना कह लें) कल्पना का भी महत्त्व कॉलरिज ने विस्तारपूर्वक रेखांकित किया है। इसे 'मुख्य कल्पना की प्रतिध्वनि' तो माना ही है, साथ ही इसकी कार्य पद्धति को व्याख्यायित किया है। काव्य-सर्जना के क्षणों में यह किस प्रकार क्रियाशील रहती है, इसकी ओर संकेत किया है। वस्तुतः उनकी दृष्टि में यह गौण (विधायक) कल्पना पुनः सृजन के उद्देश्य से सम्पूर्ण काव्य-सामग्री का विलयन करती रहती है। उसे पिघलाती और गलाती रहती है। उस तरह यह नाश और निर्माण दोनों करती रहती है।

विधायक कल्पना में सर्जना की यही अद्‌भुत शक्ति होती है। इस शक्ति के बल पर ही रचना में 'विरुद्धों के सामंजस्य' की स्थिति बनती है। इसे ही 'कल्पना की संश्लेषणात्मक और जादुई शक्ति' कहा गया है। इस संदर्भ में कॉलरिज का कथन है—"यह शक्ति विसंवादी अथवा परस्पर विरोधी तत्त्वों के सामंजस्य में व्यक्त होती हैः जैसे साम्य का वैषम्य के साथ, सामान्य का विशेष के साथ, प्रत्यय का बिम्ब के साथ, वैयक्तिक का प्रतिनिधिक के साथ, नवीनता और ताज़गी की चेतना का पुराने-परिचित पदार्थों के साथ, भावावेश का सामान्य से अधिक संयम के साथ, चिर जाग्रत विवेक ओर मनस्विता का उत्कट उमंग और गहन भावनुभूति के साथ। यह प्राकृतिक और कृत्रिम तत्त्वों के बीच समन्वय और सामंजस्य स्थापित करते समय कला को प्रकृति के, रूप को वस्तु के और कवि के प्रति हमारे आदर-भाव को, काव्य के प्रति हमारी सहानुभूति के अधीन रखती है।"

इस तरह कल्पना काव्य की रचना-प्रक्रिया का महत्वपूर्ण तत्त्व है। वही सामान्य को विशेष बनाती है।

कॉलरिज का काव्य चिंतन निश्चय ही पाश्चात्य काव्यशास्त्र को एक नई दिशा देने वाला है। उन्होंने अपने कल्पना विषयक सिद्धांत को अपने समय की रचनाशीलता के संदर्भ में प्रामाणिकता के साथ व्याख्यायित किया और भविष्य के महत्त्वपूर्ण काव्य शास्त्रीय चिंतन की आधारशिला रखी।

15. मैथ्यू आर्नल्ड का काव्यचिंतन

24 दिसम्बर सन् 1822 ई॰ को जन्मे मैथ्यू आर्नल्ड एक कवि, निबंधकार एवं आलोचक थे। उनकी ख्याति आलोचक के रूप में ही अधिक है। वे अंग्रेजी समीक्षा के प्रतिष्ठित समालोचक हैं, जिनकी मुख्य स्थापना है कि काव्य को मात्र आनंदप्रद ही नहीं होना चाहिए, बल्कि सांस्कृतिक उन्नयन एवं परिष्करण का साधन भी होना चाहिए। इस तरह वे अपने समय के आलोचनात्मक अराजकता के दौर में जीवन और साहित्य में नैतिक आदर्शों के प्रेरक और संस्कृति के पोषक के रूप में उभर कर सामने आए। उन्होंने कविता और जीवन के नए प्रतिमान स्थिर करने की चेष्टा करते हुए जीवन तथा साहित्य के बीच की दूरी को पाटने का उपक्रम किया।

मैथ्यू आर्नल्ड की प्रमुख कृतियाँ हैं—'द स्ट्रेंड रेवेलर' (1849), 'एम्पेडोक्लस ऑन एटना' (1852), 'पोयम्स बाइ मैथ्यू आर्नल्ड' (1853)' 'पोयेम्स (1855) न्यू पोयम्स (1857), 'ऐसेज इन क्रिटिसिज्म' (1865 और 1888) तथा 'कल्चर एण्ड अनार्की' (1869) इत्यादि।

काव्य के संदर्भ में मैथ्यू आर्नल्ड के विचार

आर्नल्ड कविता को एक आदर्श धरातल पर प्रतिष्ठित करना चाहते हैं। इस विचार से वे प्राचीन क्लासिकल युग के समर्थन में खड़े दिखाई देते हैं। उन्होंने अपने समय की रोमांटिक (स्वच्छंदतावादी) प्रवृत्तियों और मान्यताओं का खण्डन किया तथा प्राचीन क्लासिकता(आभिजात्यवादी) सिद्धांतों की पुनर्स्थापना की। वे प्राचीन यूनानी काव्यशास्त्रीय चिंतन, विशेष रूप से अरस्तू तथा होमर के विचारों और सिद्धांतों को श्रेष्ठ मानते थे। इसलिए उनके विचार इनसे प्रेरित हैं और बहुत कुछ उनसे मेल खाते हैं। उनकी यह दृढ़ मान्यता थी कि महान काव्य के लिए उसकी विषयवस्तु (Content) उदात्त होनी चाहिए और शैली भव्य। समसामयिक विषय पर लिखे काव्य को वे बहुत अच्छा नहीं मानते थे और कहते थे कि वह कभी चिर-स्थायी नहीं हो सकता। इसके पीछे उनका तर्क यह था कि समसामयिक समस्याएँ और विषय बदलते रहते हैं। जब वे नहीं रहेंगे, तब उन पर लिखा काव्य भी प्रासंगिक नहीं रहेगा। यही कारण है कि वे अपने समय में चल रहे 'स्पैजमोटिक' नामक काव्यन्दोलन के विरोधी रहे, जो समसामयिक विषयों

को लेकर लिखने के लिए प्रेरित कर रहा था। वे स्थायी भावों और संवेदनाओं को लेकर लिखे जानेवाले काव्य को ही स्थायी मानते थे।

प्राचीन यूनानी काव्य क्यों सफल और स्थायी महत्त्व का है? इसका कारण वे मानते थे–काव्य व्यापार की महानता, चरित्रों की उदात्तता और स्थितियों की तीव्रता। इसीलिए उन्होंने काव्य-रचना में चार बातों पर विशेष बल दिया–

(i) काव्य की विषयवस्तु (Content) महान हो। महत्वपूर्ण हो।

(ii) उसमें संरचनात्मक अन्विति, अनुपात तथा सामंजस्य पर ध्यान दिया गया हो।

(iii) वर्णन-शैली भव्य (Grand) हो।

(iv) वह काव्य आनंद प्रदान करने के साथ-साथ नैतिक–सांस्कृतिक उन्नयन भी करे।

इस प्रकार उन्होंने हर दृष्टि से और हर स्थिति में वस्तु और रूप के सामंजस्य पर बल दिया। सांस्कृतिक उन्नयन और भाव परिष्कार जैसे काव्य प्रयोजन को रेखांकित करते हुए आर्नल्ड ने कविता की कालजयी परिभाषा इस प्रकार दी थी–

"Poetry is at bottom a criticisom of life; that the greatness of a poet lies in his powerful and beautiful application of ideas to life,—to the question: how to live."

अर्थात् उनकी महत्त्वपूर्ण स्थापना है,"कविता जीवन की आलोचना है।" कवि की महत्ता इस बात में है कि वह अपने जीवन संबंधी विचारों को इस प्रश्न से कितने सशक्त एवं सुन्दर ढंग से जोड़ पाता है कि–'जीवन कैसे जीना चाहिए?"

वे 'काव्य सत्य' एवं 'काव्य सौन्दर्य' के निर्धारित-नियमों के अधीन ही कविता को जीवन की आलोचनां स्वीकार करते हैं। उनके यहाँ यही कविता का वास्तविक लक्ष्य है।

आर्नल्ड ने कविता में विषयवस्तु की मूल्यवत्ता एवं अभिव्यक्ति की लालित्यमयी सुंदरता को बार-बार रेखांकित किया है। विषयवस्तु की मूल्यवत्ता से तात्पर्य है महत् कार्य अर्थात् ऐसी विषयवस्तु जो संस्कृति की उन्नायक एवं नैतिक मूल्यों की प्रतिष्ठा करने वाली हो, जो मनुष्य के संस्कारों का परिष्कार करे, उन्हें आंदोलित और प्रेरित करे। इसी तरह शैली को वे उदात्त, भव्य और सुन्दर रखने के पक्षधर हैं।

आलोचक और आलोचना

काव्य के स्वरूप एवं प्रयोजन को लेकर मैथ्यू आर्नल्ड ने अच्छा विवेचन किया है। इसी में वे आलोचक और आलोचना पर भी चर्चा करते हैं। वे आलोचक और समाज,

आलोचक तथा रचना के आपसी सम्बन्धों के विषय में भी बहुत ही मूल्यवान विचार प्रस्तुत करते दिखाई देते हैं। इन विचारों को अंग्रेजी साहित्यशास्त्र में उनकी बहुत बड़ी देन माना गया है।

आर्नल्ड के अनुसार एक सुधी समीक्षक में निम्नांकित गुण होने चाहिए—

(i) आलोचक को चाहिए कि वह पढ़े, समझे तथा वस्तुओं का यथार्थ रूप देखे।

(ii) जो कुछ एक आलोचक सीखता है, उसे वह दूसरे लोगों के लिए हस्तांतरित कर दे, जिससे कि उत्तम भावनाएँ सभी जगह सबलता प्राप्त करें तथा दुनिया को बदल सकें। कहने का अर्थ यह है कि आलोचक का कार्य धर्म-प्रचारक जैसा उत्साहपूर्ण एवं कर्मठतायुक्त होना चाहिए।

(iii) आलोचक को चाहिए कि वह सृजनात्मक क्षमता की क्रियाशीलता के लिए उपयुक्त वातावरण तैयार करे, ताकि अनुकूल समय और अवसर मिलते ही साहित्यकार उसमें सृजनात्मक साहित्य की लहलहाती फसल पैदा कर सके और उस फसल से संसार का पोषण कर सके। ऐसा करके एक आलोचक समाज को पूर्णता की ओर ले जा सकेगा,उसे सिखा सकेगा कि किस प्रकार जीवन व्यतीत करना चाहिए। और इस प्रकार वह संस्कृति के विकास में अपना अमूल्य योगदान कर सकेगा।

उन्होंने अपनी प्रसिद्ध पुस्तक 'कल्चर एण्ड एनार्की' में इसी पक्ष पर बल दिया है। संभवतः इसीलिए आधुनिक अंग्रेजी आलोचक और कवि इलीयट ने आर्नल्ड को "प्रोपेगेण्डा करने वाला अर्थात् प्रचारक" कहा था, और कहा था कि वह "आलोचक की अपेक्षा आलोचना का पिता था।"

आलोचक में जहाँ आर्नल्ड ने खुली आँखों से यथार्थ को देखने के लक्षण की बात की है, वहीं वह उसके नैतिक पक्ष को अनदेखा नहीं करते। क्योंकि आर्नल्ड साहित्यकार के लिए यह ज़रूरी मानता है कि वह समाज में सत्य की प्रतिष्ठा करे, नैतिक तथा सामाजिक भावों से प्रेरित होकर साहित्य रचना करे। उसका यह दायित्व है कि वह केवल ज्ञान के द्वारा नहीं, बल्कि समाज-कल्याण की नैतिक तथा सामाजिक भावना के द्वारा संस्कृति के नैतिक पक्ष का संवर्धन करे। इस विचार से किसी समीक्षक में विशिष्ट सामाजिक चेतना, विवेक एवं उदार धार्मिक दृष्टिकोण का होना आवश्यक है।

आर्नल्ड समीक्षक में निष्पक्षता के गुण को आवश्यक मानते थे। उनके यहाँ 'निष्पक्षता' शब्द का व्यापक अर्थ है। निष्पक्षता का अर्थ वे निरपेक्ष दृष्टि, पूर्वाग्रहविहीनता एवं तटस्थ होकर किसी रचना का विवेचन मानते हैं। इस विचार से जब वे कहते हैं कि आलोचक को निष्पक्ष होना चाहिए, तो वे यह कहना चाहते हैं कि आलोचक को

ऐसी सभी बातों से मुक्त होना चाहिए, जो बौद्धिक एवं नैतिक पूर्णता के मार्ग में बाधक हों। उसे साधारण जनों की अंधी भावाकुलता से भी मुक्त होना चाहिए और आभिजात्यवर्ग के पूर्वाग्रहों से भी। उसे रूढ़िवादिता, धर्मान्धता, धनार्जन एवं विलासिता के साथ-साथ बाहरी दिखावे और भौतिक/यांत्रिक जीवन की कृत्रिमता से भी दूर रहना चाहिए। इस संदर्भ में ही वे कहते हैं कि निष्पक्ष आलोचक वह है जो सांस्कृतिक पूर्णता की ओर उन्मुख रहता है, जीवन की क्षुद्रताओं तथा घृणित-गलित सामान्य रुचियों से प्रभावित नहीं होता। सच्चा आलोचक सदैव कलाकार के दृष्टिकोण को समझकर उसकी कृति की आलोचना उपर्युक्त दृष्टि से करता है। इसलिए आलोचक का एक कर्त्तव्य कवि के लिए भूमि तैयार करना भी है। यहाँ हम उन्हीं के शब्दों का अनुवाद प्रस्तुत करते हुए इस तथ्य को समझने की चेष्टा कर सकते हैं कि, "सृजनात्मक साहित्य जिन तत्त्वों पर आधारित होता है, वे हैं—विचार, वे विचार जो अपने समाज के सर्वश्रेष्ठ विचार होते हैं और इन तत्त्वों को, इन पौष्टिक विचारों को आलोचक ही कवि को प्रदान करता है। कवि का कार्य तो केवल आलोचक द्वारा खोजे गए तथा प्रतिपादित किए गए विचारों का संश्लेषण करना है।"

यहाँ आर्नल्ड कविता या सर्जनात्मक साहित्य और समीक्षा में अंतर नहीं करने का आग्रह करते प्रतीत होते हैं। वे इस विचार के हैं कि समीक्षा के बिना उत्कृष्ट कवि का निर्माण नहीं हो सकता, क्योंकि युग को पहचानने के लिए समीक्षा शक्ति आवश्यक है।

कविता के मूल्यांकन के लिए आर्नल्ड ने आलोचना की तीन पद्धतियों की ओर संकेत किया है—वैयक्तिक (Personal), ऐतिहासिक (Historical) और वास्तविक (Real)। इनमें से वे प्रथम दो की तो आलोचना ही स्वीकार नहीं करते। उनकी दृष्टि में वास्तविक आलोचना ही सच्ची आलोचना है, इसलिए ग्राह्य है।

इसी तरह वे एक आदर्श काव्य को मॉडल के रूप में सामने रखकर उसी मानदण्ड से समीक्षा करने की सलाह देते हैं।

16. टी॰एस॰ इलियट के काव्य सिद्धांत

टी॰एस॰ इलियट आधुनिक पाश्चात्य समीक्षकों में महत्वपूर्ण स्थान रखते हैं। परम्परा को नई दृष्टि से समझने और साहित्य में उसकी प्रतिष्ठापना में उनके सिद्धान्त विशेष रूप से उल्लेखनीय हैं। अपने बारे में उन्होंने स्वयं यह कहा था, "मैं राजनीति में राजतंत्रवादी, धर्म में एंग्लोकैथोलिक और साहित्य में क्लासिकवादी हूँ।" वे एक भिन्न अर्थ में परम्परावादी थे। वे परम्परा को अंधानुकरण न मानकर साहित्य के प्रभाव के साथ जुड़ने, ऐतिहासिक चेतना और उसके ज्ञान को मानते थे। वे स्वच्छंदतावादी आवधारणा और एक सीमा तक विकासवाद की अवधारणा के विरोधी थे।

इलियट के काव्य सिद्धांतों को समझने के लिए उनकी कविताओं की अपेक्षा उनके निबंध कहीं अधिक मददगार हैं। इस संदर्भ में उनका सर्वाधिक चर्चित निबंध है—Traditionl and Individual Talent.

परम्परा की अवधारणा और मौलिकता

परम्परा का शाब्दिक अर्थ है—पहले से चली आई हुई धारणाएँ या मान्यताएँ। इलियट का मानना है कि, "परम्परा अत्यन्त महत्वपूर्ण वस्तु है। परम्परा को छोड़ देने से हम वर्तमान को भी छोड़ बैठेंगे।" (By losing tradition, we lose our held on the present)। इस प्रकार वे परम्परा के महत्त्व को रेखांकित करते हैं। वे परम्परा को परिभाषित भी करते हैं। कहते हैं—"परम्परा में वे सभी स्वाभाविक कार्य, रीति रिवाज (धार्मिक कृत्यों से लेकर नावागंतुक को अभिवादन करने में स्वीकृत तरीके), तर्क, जो एक स्थान में रहनेवाले एक समुदाय के व्यक्तियों के रक्त संबंध समाहित हैं।" (Tradition involves all those habitual actions, habits and customs from the most religious to our conventional ways of greeting stranger, which repersents the blood kinship of the same people living the same place.) उनकी दृष्टि में परम्परा का सर्वाधिक महत्त्वपूर्ण तत्त्व है-इतिहास-बोध। वे इस बात के पक्षधर हैं कि परम्परा से प्राप्त ज्ञान का अर्जन और उसका विकास करना चाहिए। इसीलिए उन्होंने कहा है, आग्रह इस बात का होना चाहिए कि कवि को अतीत की चेतना का विकास अथवा अर्जन करना चाहिए और फिर आजीवन इस चेतना को निरंतर विकसित करते रहना चाहिए।"

वे क्लासिकवादी थे अवश्य, किन्तु यह क्लासिकी कब और कैसे अर्जित की जा सकती है; इस पर भी उन्होंने सम्यक् चिंतन किया है। उनके अनुसार क्लासिक साहित्य की सृष्टि तभी हो सकती है, जब सभ्यता, भाषा और साहित्य प्रौढ़ हो और स्वयं रचनाकार का मस्तिष्क भी प्रौढ़ हो। इन तीन गुणों को उन्होंने मस्तिष्क की प्रौढ़ता, शील की प्रौढ़ता और भाषा की प्रौढ़ता कहा है। इतिहास बोध इस प्रौढ़ता में बहुत सहायक होता है, खासतौर से मस्तिष्क की प्रौढ़ता में। वे कहते हैं कि इसके लिए कवि को अपने ही देश की सभ्यता और संस्कृति का अध्ययन नहीं करना चाहिए, बल्कि अन्य देशों की संस्कृति और सभ्यता का इतिहास पढ़ना चाहिए। अपने देश की सभ्यता को प्रभावित करने वाली अन्य किसी भी देश की सभ्यता और संस्कृति का उसे गहराई के साथ अध्ययन करना चाहिए। समग्रतः वे अतीत के व्यापक और गहन अध्ययन का परामर्श देते हैं।

जैसा कि हमने पहले संकेत किया है, इलियट से पहले स्वच्छन्दतावाद का बोलबाला था। स्वच्छंदतावाद कविता को आत्मनिष्ठ मानता है। इलियट ने इसका प्रबल विरोध किया। एक तरह की अराजकता उन्होंने अनुभव की और देखा कि साहित्य अपने मूल उद्देश्य से भटक रहा है। यह भी अनुभव किया है समसामयिक कविता परम्परा से पूरी तरह कटी हुई है। ऐसे में इलियट को यही श्रेयस्कर प्रतीत हुआ कि कविता के केंद्र में परम्परा को रखा जाए और तब वैयक्तिकता के कारण फैली हुई भावक्षेत्र की अव्यवस्था को व्यवस्थित किया जाए। इस विचार से उन्होंने परम्परा से कटे हुए वैयक्तिकतावाद की विभिन्नताओं को सर्वप्रथम परम्परा से जोड़ने की आवश्यकता पर बल दिया। उन्होंने समझाया कि परम्परा सामान्य वस्तु नहीं है और न इसे आसानी प्राप्त किया जा सकता है। बल्कि, "परम्परा अत्यन्त महत्वपूर्ण वस्तु है। इसे विरासत के रूप में उपलब्ध नहीं किया जा सकता। यदि कोई इसे प्राप्त करना चाहता है तो उसे श्रम करना होगा । इसके लिए सर्वप्रथम ऐतिहासिक बोध की आवश्यकता है।" इसी क्रम में वे ऐतिहासिक बोध को भी रेखांकित करते हैं। उनके अनुसार, "ऐतिहासिक बोध का अर्थ है–न केवल अतीत को उसके अस्तित्व में देखना, अपितु उसके वर्तमान में भी देखना।"

वे परम्परा का सम्बन्ध ऐतिहासिक बोध ही नहीं, संस्कृति के साथ भी जोड़ते हैं। संस्कृति में किसी जाति या समुदाय के जीवन, कला, साहित्य, दर्शन आदि के उत्कृष्ट अंश सन्निविष्ट रहते हैं। उसमें एक प्रकार का नैरंतर्य विद्यमान रहता है। इसे समझने के लिए अतीत को प्रयत्नपूर्वक जानना आवश्यक होता है।

इलियट ने संस्कृति को धर्म से भिन्न माना है, फिर भी वे कहते हैं कि संस्कृति धर्म से नियंत्रित होती है। संस्कृति के निर्माण में सर्वाधिक योगदान तो कला और

साहित्य का है। अतः उनकी दृष्टि में एक कलाकार को संस्कृति की सांस्कृतिक परम्परा का पूर्ण बोध होना चाहिए। यही सर्वाधिक महत्वपूर्ण तत्त्व है, जो परम्परा को समझने में हमारी सहायता करता है। इसलिए वे बार-बार कहते हैं,"यदि वर्तमान युग की अव्यवस्था को दूर करके एक व्यवस्था स्थापित करनी हो तो ऐसे लोग अवश्य होंगे जो यह अनुभव करेंगे कि शासकीय या अर्थशास्त्रीय ढंग में एकता स्थापित करने की अपेक्षा संस्कृतिक एकता स्थापित करना अधिक आवश्यक है। वे यह अनुभव करेंगे कि नवीन एकता पुरानी जड़ों पर ही सम्भव है,"इन जड़ों के लिए इलियट ईसाई निष्ठा और क्लासिकल भाषा-समूह मानते हैं।

इलियट धर्म और संस्कृति को एक नहीं मानते। बेशक संस्कृति धर्म से नियंत्रित होती है। साथ ही हमें याद रखना चाहिए कि संस्कृति अपने अत्यधिक अंशों में धर्म से उत्पन्न होती है। दूसरे, वर्ग पर आधारित समाज में वर्गहीन समाज की अपेक्षा संस्कृति के विकास एवं उसकी सुरक्षा के लिए अधिक अवसर रहता है। यह एक महत्वपूर्ण सूत्र है, जो इलियट ने सोच विचारकर प्रस्तुत किया है। वे प्रत्येक देश की अपनी संस्कृति होने की वकालत करते हैं।

यहीं वे संस्कृति की मौलिकता का प्रश्न उठाते हैं। वैयक्तिक प्रज्ञा का प्रश्न भी इस संदर्भ में महत्वपूर्ण है। उनके विचार से परम्परा-पालन के साथ अगर मौलिकता नहीं होगी तो परम्परा लाभप्रद नहीं होगी। हालाँकि परम्परा का यह सिद्धान्त इलियट का मौलिक आविष्कार नहीं है।

इसी तरह इलियट ने परम्परा के पालन में रूढ़िवादिता का विरोध किया है। अर्थात् इलियट का परम्परा-सिद्धांत न तो रूढ़ि-पालन है और न मौलिकता का विरोधी। साहित्य का गत्यात्मक विकास तो रूढ़ियों के कारण ही अवरुद्ध होता है। परम्परा गतिशील चेतना, चिर गतिशील सर्जनात्मक सम्भावनाओं की समष्टि है। परम्परा जहाँ हमें नवीन का मूल्यांकन करने का निकष प्रदान करती है, वहीं प्राचीनता के विकास के साथ-साथ मौलिकता का सृजन भी करती है। इसीलिए वे सर्जनात्मक विकास के लिए अतीत में विद्यमान श्रेष्ठ तत्त्वों का बोध अनिवार्य मानते हैं। परम्परा के ज्ञान के बिना हम यह कैसे जान सकते हैं कि मौलिकता क्या है और कहाँ है? यानी, उनके अनुसार अतीत को वर्तमान में देखना ही मौलिकता है। यह रूढ़िवादिता नहीं है।

निर्वैयक्तिकता का सिद्धांत

इलियट के समीक्षा सिद्धांतों में निर्वैयक्तिकता का सिद्धांत भी उतना ही महत्वपूर्ण है, जितना उनका परम्परा विषयक विचार। निर्वैयक्तिकता को Impersonal Theory of

Poetry कहा जाता है। उन पर इस सम्बन्ध में एज़रा पाउण्ड के विचारों का प्रभाव परिलक्षित होता है। निर्वैयक्तिक प्रज्ञा उन्हीं की मान्यता है। एज़रा पाउण्ड ने यह माना है कि कवि वैज्ञानिक की तरह ही निर्वैयक्तिक एवं वस्तुनिष्ठ होता है। कवि का कार्य आत्मनिरपेक्ष होता है। इलियट अनेकता में एकता में बाँधने के लिए परम्परा को आवश्यक मानते हैं। इस तरह साहित्य में आत्मनिष्ठता पर नियंत्रण हो कर वस्तुनिष्ठता की प्रतिष्ठा हो जाती है।

इलियट ने कला को भी निर्वैयक्तिक घोषित किया है वे काव्य के स्वरूप पर विचार करते हुए व्यक्तित्व एवं कवि-मन को केवल एक 'माध्यम' मानते हैं। काव्य की प्रक्रिया, उनके अनुसार, पुनः स्मरण नहीं है, बल्कि एकाग्रता से सम्बन्धित है वे काव्य को इसी एकाग्रता का प्रतिफलन मानते हैं और मानते हैं कि काव्य-रचना सायास नहीं, बिना परिश्रम के हो जाती है। इसीलिए वे कहते हैं कि "कवि व्यक्तित्व की अभिव्यक्ति नहीं करता है, अपितु वह विशिष्ट माध्यम मात्र है।"

एक वैज्ञानिक प्रक्रिया का उदाहरण देते हुए इलियट ने काव्य की रचना-प्रक्रिया को समझाया है। ऑक्सजीन और सल्फर आयोडाइड के कक्ष में यदि प्लेटिनम का तार डाल दिया जाए तो ऑक्सीजन और सल्फर डायोक्साइड मिलाकर सल्फर एसिड बन जाते हैं, लेकिन प्लेटिनम पर कोई प्रभाव नहीं पड़ता और न एसिड में प्लेटिनम का कोई चिह्न दिखाई देता है। कवि का मन भी प्लेटिनम का तार है। व्यक्तिगत भावों की कला अभिव्यक्ति नहीं है, वरन् उससे पलायन का नाम कला है। कलाकार की प्रगति आत्मोत्सर्ग तथा व्यक्तित्व का निरंतर निर्वापन है।

कलाकार की दो भूमिकाएँ होती हैं—वह परम्परा से कुछ लेता है और परम्परा को कुछ देता है। इस प्रक्रिया से परम्परा में लेने के लिए कलाकार को आत्म-अवसान (व्यक्तित्व का विलय) या आत्म-त्याग करना पड़ता है। इलियट के शब्दों में—"The progress of an artist is a continual self-sacrifice, a continual extinction of personality."

अर्थात् इसे यों कहेंगे कि कलाकार की उन्नति का आधार व्यक्तित्व-विरहित होना और व्यक्तित्व का परित्याग ही है। कला के क्षेत्र में यह प्रक्रिया—निर्वैयक्तिकरण (Depersonalisation) की प्रक्रिया कहलाती है। इसमें कलाकार के व्यक्तित्व का लगातार अवसान होता है।

यहीं इलियट ने एक और महत्त्व की बात कही है। वे कहते हैं कि परम्परा से प्राप्त तत्त्वों का सृजन में प्रयोग अर्थात् सांस्कृतिक मूल्यों के माध्यम से आए तत्वों का प्रयोग, कवि या कलाकार के वैयक्तिक संयोगों को नियंत्रित करता है। श्रेष्ठ काव्य का सृजन ऐसी स्थिति में ही सम्भव है। इसी में कलाकार के व्यक्तित्व का बलिदान

निहित है। वे एक स्थान पर कहते हैं कि "व्यक्तिगत भावों की अभिव्यक्ति कला नहीं है, बल्कि उसमें व्यक्तिगत भावों का पलायन कला है।" "Poetry is not a tuming loose of emotion, but on escape from emotion, it is not expession of personality, bout and escape from personality."

अतः स्पष्ट है कि इलियट काव्य में कवि-व्यक्तित्व को महत्त्व नहीं देते, व्यक्तित्व के विलय को महत्त्व देते हैं। इससे भी आगे बढ़कर वे यह स्थापित करते हैं कि कविता इसलिए महान् नहीं होती, क्योंकि उसमें कवि-व्यक्तित्व का आरोपण है अथवा कवि ने उसमें कोई महान् वैयक्तिक संदेश दिया है, महान, उद्भावना की है, वरन् कविता इसलिए महत्वपूर्ण होती है, क्योंकि उसमें रचनाकार का वह निस्पृह मस्तिष्क कार्यरत होता है जो विशिष्ट एवं विभिन्न भावनाओं को स्वच्छंदतापूर्वक बिना किसी पूर्वग्रह अथव दुराग्रह के मिश्रण करके एक नवीन सृजन करता है।"

किसी भी रचना की इसी निर्वैयक्तिकता, निष्पृहता एवं तटस्थता को महत्वपूर्ण मानने के कारण ही उन्होंने लिखा है, "कलाकार जितना अधिक पूर्ण होगा, उसके सृजन-संलग्न मन में पृथकत्व होगा।" (The more perfect the artist, the more complete separate in him will be the man who suffers and the mind which creats."

वैयक्तिकता का आशय यह है कि कवि यह मानकर चलता है कि मैं रचना करता हूँ। इस स्थिति में वह अपने अंतर्मन को प्रकट करता है, परंतु सृजन प्रक्रिया के क्षणों में उसे इस बात का बोध नहीं रहता है कि वह सृजन क्रिया के मध्य है। आत्म-विस्मृति की दशा में उसकी वैयक्तिक चेतना तिरोहित हो जानी चाहिए। इसलिए इस स्थिति को इलियट यह मानते हैं कि कवि मध्यस्थ होता है, एक माध्यम-भर उसके निजी संवेग मात्र माध्यम का कार्य कर सकते हैं। उन्हें वे 'पदार्थ' मानते हैं। इस प्रक्रिया को वे रसायन विज्ञान की उत्प्रेरण की क्रिया से भी समझाते हैं। वे कहते हैं कि जो कार्य विज्ञान में उत्प्रेरक (कैटेलिटिक एजेंट) करता है, वही कार्य काव्य की रचना-प्रक्रिया में वैयक्तिक संवेगों का है।

इलियट ने निर्वैयक्तिकता के दो रूप माने हैं—

(i) प्राकृतिक, जो कुशल शिल्पी मात्र के लिए होती है,

(ii) प्रौढ़ कलाकारों द्वारा उपलब्ध।

उनकी मान्यता है कि "प्रौढ़ कवि का वैयक्तिक अनुभव-क्षेत्र भी निर्वैयक्तिक होता है।"

इस सिद्धान्त के अनुसार कविता का जीवन स्वतंत्र होता है। वह उपयुक्त माध्यम अर्थात् कवि-मन और कवि-मस्तिष्क पाकर स्वयमेव अवतरित हो जाती है। अर्थात् कवि कविता को लिखता नहीं है, बल्कि कविता स्वतः ही कवि के माध्यम से

शब्द-विधान-द्वारा कागज पर उतर आती है। यह रच जाती है, रची नहीं जाती। उत्पन्न हो जाती है, उत्पन्न की नहीं जाती। यह एक कला-प्रक्रिया है। इस दृष्टि से इलियट यह मानते हैं कि भावों की अपेक्षा कला-प्रक्रिया अधिक महत्त्व रखती है, जिसमें कवि का सन्निवेश नहीं होता।

एक स्थल पर इलियट ने यह भी कहा है कि वास्तव में जिनके पास व्यक्तित्व तथा भाव हैं, वे ही यह जानने में सफल होते हैं कि अपने व्यक्तित्व और भावों से पलायन करने का क्या अर्थ है। वे यह भी कहते हैं कि,"जो व्यक्ति कवि होता है, उसके व्यक्तित्व के दो अंश होते हैं–एक वह जो वास्तविक भावों का भोक्ता होता हैं, और दूसरा वह, जो कविता के अवतरण का माध्यम होता है।"

यह भी कि, "कवि के मस्तिष्क पर जो तत्त्व मिलते हैं, वे दो प्रकार के होते हैं–वास्तविक जीवन के भाव और कविगत भाव। काव्य रचना का प्रभाव पाठकों अथवा दर्शकों पर कला के अतिरिक्त वस्तुओं के प्रभाव से भिन्न होता है। कला का प्रभाव केवल एक वास्तविक भाव होता है अथवा अनेक भावों से निर्मित हो सकता है। विशिष्ट शब्दों, वाक्यांशों अथवा बिम्बों में कवि के लिए निहित विविध कलागत अनुभूतियाँ अन्तिम उपलब्धि के निमित्त उसके साथ जोड़ी जा सकती हैं अथवा महान कविता किसी भी वास्तविक भाव के प्रत्यक्ष उपयोग के बिना भी निर्मित हो सकती है, यह केवल कलागत अनुभूतियों द्वारा निर्मित होती है"

अर्थात् यह कह लें कि इलियट के अनुसार कविता स्थिति के द्वारा उत्पन्न वास्तविक भाव की निर्मिति है, किन्तु उसका प्रभाव विवरण की अत्यधिक मिश्रितता-द्वारा उत्पन्न होता है।

इस संदर्भ में इलियट का एक भाषण उद्धृत करना भी अप्रासंगिक नहीं होगा, जिसमें उन्होंने कविता के तीन स्वरों की चर्चा की है। उन्होंने समझाया था कि कविता के तीन स्वर होते हैं। प्रथम स्वर वह है, जिसमें कवि अपने आप से बातें करता है। द्वितीय स्वर वह है, जिसमें कवि अन्य (श्रोताओं) से बातें करता है। तृतीय स्वर में कवि स्वयं वक्ता न होकर पात्रों के माध्यम से बोलता है। प्रथम स्वर में कवि का लक्ष्य सम्प्रेषण (अर्थात् दूसरों तक अपने भाव पहुँचाना) नहीं होता। वह तो एक प्रकार के भाव से व्यथित रहता है और अपनी बात कहकर इस व्यथा से मुक्त हो जाना चाहता है। इस प्रकार की कविता में आंतरिक वस्तु अपना रूपाकार स्वयं निर्मित करने की ओर अग्रसर होती है। अतः वस्तु और रूप का विकास साथ-साथ होता चलता है। यही है, "कविता के स्वयं अवतरित" हो जाने की व्याख्या। ऐसी स्थिति में 'कवि केवल माध्यम' होता है। दूसरे स्वर में कविता किसी सजग सामाजिक उद्देश्य के निमित्त लिखी जाती है। मनोरंजन अथवा उपदेश के लिए लिखा गया साहित्य व्यंग्य

काव्य, नीति काव्य इसी श्रेणी में आते हैं। यही स्वर महाकाव्यों में भी प्रमुख होता है। तीसरे स्वर के अंतर्गत नाटक आते हैं। इलियट दूसरे और तीसरे स्वरों की रचनाओं को अचेतनावस्था से निःस्रत नहीं मानते हैं। इन स्वरों से सृजित रचनाओं में रचनाकार पूरी तरह सजग रहता है और अपने व्यक्तित्व से कृति का निर्माण करता है। वह इसमें स्वव्यक्तित्व से पलायन नहीं करता, व्यक्तित्व का निर्माण करता है।

एक सम्यक् स्थिति यह है कि रचना में तीनों स्वरों की परस्पर संगति रहे।

अन्ततः यह कि निर्वैयक्तिकता वस्तुनिष्ठ समीकरण है। फिर भी इलियट आत्मनिष्ठता की सर्वथा अवहेलना नहीं करते। काव्यास्वाद के लिए दोनों आवश्यक हैं।

17. आई॰ ए॰ रिचर्ड्स के काव्य सिद्धांत

आई॰ ए॰ रिचर्ड्स अंग्रेजी के नए समीक्षकों में गिने जाते हैं, जिन्होंने समीक्षा के क्षेत्र में मूल्य और सम्प्रेषण को केन्द्र में रखकर एक नई पद्धति को जन्म दिया। पूर्ववर्त्ती समीक्षा का मूल्यांकन करते हुए उन्होंने कविता और कला की सम्प्रेषणीयता को सर्वोपरि माना। कहा कि इनकी श्रेष्ठता का मुख्य आधार सम्प्रेषण (communication) है। जो कविता या कलाकृति अपने मंतव्य को जितनी अधिक तीव्रता और सफलतापूर्वक सम्प्रेषित कर सकेगी, वह उतनी ही श्रेष्ठ मानी जाएगी अर्थात् सम्प्रेषणीयता ही किसी कविता की श्रेष्ठता का मानदण्ड है। उनकी चर्चित कृतियाँ हैं—'प्रिंसीपल्स ऑफ लिटरेरी क्रिटिसिज्म' तथा 'साइन्स एण्ड पोइट्री'।

रिचर्ड्स का महत्त्व न केवल सम्प्रेषण सिद्धांत के प्रस्तुकर्त्ता के रूप में है, बल्कि व्यावहारिक समीक्षा के पुरस्कर्त्ता के रूप में भी है। मूलतः वैज्ञानिक आइवर आर्मस्ट्रांग रिचर्ड्स ने मनोवैज्ञानिक एवं वैज्ञानिक दृष्टि अपनाते हुए भाषा पर सर्वाधिक गहनता के साथ विचार किया, साथ ही संवेदनों के संतुलन पर बल देते हुए एक नई समीक्षा पद्धति विकसित की। उन्होंने मनोविज्ञान, भाषाविज्ञान और अध्यात्म दर्शन के आलोक में अपने काव्यशास्त्रीय सिद्धांतों की स्थापना की है।

आई॰ ए॰ रिचर्ड्स ने कवि को एक सम्प्रेषक (communicator) कहा है और माना है कि, "सम्प्रेषण का कार्य अत्यन्त कठिन है। सम्प्रेषण किसी ठोस वस्तु के समान नहीं होता। काव्य या कलागत सम्प्रेषण वहीं सम्भव होता है, जहाँ एक मस्तिष्क (कवि या कलाकार) अपने परिवेश पर ऐसा प्रभाव डालता है अथवा उसका संयोजन करता है कि दूसरा मस्तिष्क (अर्थात् श्रोता या दर्शक) उससे प्रभावित हो उठे। उस दूसरे मस्तिष्क अर्थात् श्रोता या दर्शक की स्थिति ठीक पहले मस्तिष्क अर्थात् कवि या कलाकार के अनुरूप हो जाती है।"

इसके लिए वे मानते हैं कि किसी वस्तु या स्थिति के पूर्ण अवबोध के लिए कवि या कलाकार में जागरूक निरीक्षण-शक्ति होनी चाहिए। कलाकार में साधारणता (Normality) का गुण भी होना चाहिए। उसके अनुभव अन्य व्यक्तियों के अनुभव के मेल से प्रस्तुत होकर ही सम्प्रेषणीय हो सकते हैं।

कहने का अर्थ यह है कि कविता अथवा कलाकृति की प्रतिक्रियाएँ एक रूप/समरूप (Uniform) होनी चाहिए। उनमें वैभिन्य न हो। जैसा कि हमने ऊपर कहा, रिचड्र्स कवि या कलाकार में साधारणता के गुण को आवश्यक मानते हैं। यदि वह साधारण नहीं होगा तो उसकी मूल्यवान से मूल्यवान कृति भी सम्प्रेषित नहीं हो सकेगी। इसका कारण यह है कि साधारण स्तर से ऊपर उठने पर अथवा साधारण से कमतर स्तर की होने पर ग्राहक (Receipient) उसे ग्रहण (Receive) नहीं कर पाएगा। इसके साथ-साथ उन्होंने समीक्षक से भी यह अपेक्षा की है कि उसे विषय का पूर्ण ज्ञान हो। विषय के ज्ञान के अभाव में वह कृति का सही मूल्यांकन नहीं कर पाएगा। वह सम्प्रेषण की सफलता की परीक्षा तभी कर सकता है, जब वह रचना को सम्यक् रीति से पढ़ना जानता हो।

सम्प्रेषण में भाषा का विशेष महत्त्व है। रिचड्र्स कहते हैं, "कविता के सम्प्रेषण का माध्यम है—भाषा।" भाषा के दो भेद होते हैं—तथ्यात्मक (Referential) और रागात्मक (Emotional) । उनका यह भी विचार है कि कवि वैज्ञानिक के समान तथ्यों का अन्वेषण नहीं करता, बल्कि वह रागात्मक अवस्थाओं का सर्जन करता है। भाषा कुछ ऐसे प्रतीकों का समूह है, जो श्रोता और पाठक के मन में, कवि के मन के अनुरूप मनःस्थिति को उत्पन्न कर दे।...शब्द अपने आप में पूर्ण नहीं होते, न स्वतंत्र होते हैं। उनके साथ नाद, शब्द-पहचान, भाव-विचार, प्रसंग आदि भी जुड़े रहते हैं। भाषा के प्रभाव-स्तर इनसे ही निर्धारित होते हैं।

रिचड्र्स भाषा का जो दूसरा भेद बताते हैं—रागात्मक, वह वास्तव में रागात्मक अर्थ है। जबकि पहला भेद, तथ्यात्मक है, जो तथ्यों का ज्ञान कराता है। उनके मत से कविता की भाषा तथ्यात्मक अनुभूति नहीं कराती, रागात्मक अनुभूति कराती है। यही भाषा का रागात्मक अर्थ है। यह रागात्मक अर्थ कविता की भाषा का ही हो सकता है। यह उसी में सम्भव है, क्योंकि कविता मनुष्य के मन में राग अर्थात् प्रेम अथवा लावण्य का भाव पैदा करती है। मनुष्य के मन में रागात्मकता जगाने का काम कवि भाषा के रागात्मक अर्थ से ही कर पाता है। इस कार्य में तथ्यात्मक भाषा कोई सहायता नहीं कर पाती।

कविता में रिचड्र्स ने लय को अत्यावश्यक माना है। वे कहते हैं कि लय (Rythm) केवल ध्वनियों की व्यवस्था नहीं है, उसमें गम्भीर भावनाएँ और शब्दों के अर्थ भी नियोजित रहते हैं। कहने का अर्थ यह है कि लय की स्थिति केवल ऊपरी धरातल पर नहीं रहती, उसका विकास मन और भाषा की गहराई में होता है। प्रत्येक शब्द के अलग-अलग और कई तरह के प्रभाव हुआ करते हैं, जो उसके प्रयोग की स्थिति पर निर्भर रहते हैं। जैसी प्रयोग की स्थिति, वैसा ही उसका प्रभाव। एक लय

ऊपरी भी है, जो शब्दों के द्वारा आती है, किन्तु आंतरिक लय का कार्य भाषा के रागात्मक अर्थ से ही सम्भव है। कविता में दूसरी या बाह्य लय के लिए भी कोमल ध्वनि या नाद वाले शब्दों की आवश्यकता होती है। कोमल नाद या उच्चारणवाले शब्द निश्चित रूप से रागात्मक अर्थ वाले होंगे। यहीं यह बात स्मरण रखने की है कि कोमलकांत पदावली अर्थात् कोमल नाद वाले शब्द राग अथवा प्रेम के अतिरिक्त उग्र अथवा कठोर भाव उत्पन्न नहीं कर सकते। अंततः यही कि कविता में रागात्मक अर्थ वाली भाषा का प्रयोग होना चाहिए।

इस रागात्मक पक्ष का एक और उद्‌देश्य है। गहराई से विचार करें तो हम पाएँगे कि जैसा कि रिचड्र्स ने कहा है, "आज जब प्राचीन परम्पराएँ एवं आस्थाएँ समाप्त हो रही हैं, मूल्यों का विघटन हो रहा है, तो सभ्य समाज कविता के सहारे ही अपनी मानसिक व्यवस्था बनाए रख सकता है, क्योंकि काव्य से ही व्यक्ति और समाज में मानसिक संतुलन बढ़ता है।"

एक स्थल पर रिचड्र्स ने मनोविज्ञान का सहारा लेते हुए लिखा है कि मन आवेगों का तंत्र (System) है। विचित्र आवेगों (Impulses) के कारण संतुलन बिगड़ जाता है। मन में संतुलन लाने के लिए यह आवश्यक है कि आवेग व्यवस्थित होकर एक स्वर हो जाएँ। मानव जीवन में ऐसे संतुलन और असंतुलन बराबर होते रहते हैं। काव्य और कला का प्रयोजन ही यह है कि वे आवेगों में संतुलन स्थापित कर सकें और उन्हें ऐसा व्यवस्थित कर दें कि भावना को विश्रांति की अनुभूति हो।

यहीं काव्य-मूल्य का प्रश्न उपस्थित हो उठता है। सौन्दर्य को रिचड्र्स ने एक 'मूल्य' माना है। यह मूल्य-निरपेक्ष (absolute value) है। मनुष्य के मन में निरंतर 'आवेग' उठते-गिरते रहते हैं। उनमें से कुछ आवेग परस्पर सम्बद्ध और अनुकूल होते हैं। जबकि कुछ आवेग परस्पर असम्बद्ध और एक दूसरे के विरोधी या प्रतिकूल होते हैं। उदाहरण के लिए हर्ष और गर्व एक-दूसरे से सम्बद्ध तथा परस्पर अनुकूल हैं, जबकि भय और हर्ष परस्पर असम्बद्ध तथा एक-दूसरे के प्रतिकूल हैं। सौंदर्य के प्रभाव से इन सभी प्रकार के आवेगों में संतुलन या परस्पर सामंजस्य स्थापित हो सकता है। कला का मूल्य इसी बात में निहित है कि वह हमारे आवेगों में संगति और संतुलन स्थापित करे तथा हमारी अनुभूतियों (Sensiblities) के क्षेत्र को व्यापक बनाए। कहें कि हमारे हृदय को विस्तृत बनाए। वह आवेगों के संतुलन के साथ-साथ बाह्य क्रिया के लिए प्रेरित करे।

काव्य के प्रभाव और प्रयोजन के संबंध में रिचड्र्स ने मूल्य विषयक तीन सिद्धांत निरूपित किए हैं–

(i) कला अन्य मानव-व्यापारों से सम्बंधित है, उनसे अलग अथवा भिन्न नहीं है।

(ii) मानव की क्रियाओं में कला सर्वाधिक मूल्यवान है।

(iii) किसी भी मानव-क्रिया का मूल्य इस बात से निर्धारित होता है कि वह मनोवेगों में कहाँ तक सुव्यवस्था एवं संतुलन उत्पन्न कर पाती है। यह हमारी अनुक्रिया (Response) पर निर्भर है।

याद रहे कि रिचर्ड्स ने 'सौन्दर्य' शब्द के स्थान पर 'अनुभूति/मूल्य' शब्द का प्रयोग किया है। और इस 'मूल्य' की सत्ता हमारे भीतर उद्दीपन में न मानकर, अनुक्रिया में मानी है।

वे विज्ञान और कला का अंतर भी निरूपित करते हैं। पश्चिमी काव्यशास्त्र में इस विषय पर पहले भी चिंतन हो चुका है। रिचर्ड्स ने इसे एक नया चिन्तन आधार प्रदान किया। उनका मत है कि,"प्रत्येक कथन में वस्तुओं की ओर निर्देश किया जाता है। जब निर्दिष्ट वस्तुएँ सच्ची होती हैं और उनके मध्य निर्दिष्ट संबंध भी सच्चा होता है तो उस कथन को वैज्ञानिक कथन कहा जाता है। उदाहरण के लिए जब हम किसी कथन में यह निर्दिष्ट करते हैं कि आग के ताप से वायु हल्की होकर ऊपर उठती है तो हम यहाँ दो सच्ची वस्तुओं तथा उनके सच्चे संबंध की बात करते हैं। इस आधार पर यह कथन वैज्ञानिक माना जाएगा। इसके विपरित यदि किसी कथन में निर्दिष्ट वस्तुओं का सच्चा और झूठा होना महत्वपूर्ण न हो और न उन निर्दिष्ट वस्तुओं के बीच निर्दिष्ट संबंध ही महत्वपूर्ण हो, अपितु वह कथन हमारे भावों और अंतर्वेगों को जाग्रत करे तो ऐसे छद्म कथन को हम साहित्य कहेंगे।"

जैसा कि हम पहले भी कह चुके हैं कविता की भाषा तथ्यात्मक न होकर रागात्मक होती है। इसलिए उसका संबंध बौद्धिक सत्य से नहीं होता, रागात्मक क्रिया से होता है। हमारी भावनाओं को जो बात उचित लगती है तथा बाद में जो प्रतीत नहीं होती, वही काव्य-सत्य है। यह काव्य सत्य ही भाव सत्य या रागात्मक सत्य है।

रिचर्ड्स कविता या कलाओं को 'मनुष्य की सम्पर्णात्मक क्रिया का उत्कृष्ट रूप' मानते हैं। उन्होंने 'कला-कला के लिए' सिद्धांत का विरोध किया है। वे काव्यानुभूति को इस भौतिक जगत् से पृथक् नहीं मानते। उन्होंने नैतिकता को भी मनोवैज्ञानिक मानवतावादी दृष्टि से ही मापा है। उनका बहुत सीधा सा सूत्र है–अच्छा वही है, जो मूल्यवान हो और मूल्यवान वही है, जो मन में संगति एवं संतुलन स्थापित कर सके। अर्थात् 'कला जीवन के लिए' है। और अंततः यह कि "मूल्य और सम्प्रेषणीयता की भित्ति पर ही आलोचना के भवन का निर्माण सम्भव है।" यह रिचर्ड्स की मान्यताओं का संक्षिप्ततम परिचय है।